유일한 하나님, 그리고 예수

유일한 하나님, 그리고 예수

래리 허타도 지음 | 박운조 옮김

베드로서원

추천사

모든 역작이 그러하듯 이 책은 깊은 존경과 논란을 동시에 불러일으켰다. 하나님 한 분만을 섬기는 신앙을 자랑하는 신실한 유대인들이 예수를 그리스도로 고백하는 것을 넘어서 예배의 대상으로 찬양하기 시작했다. 허타도는 이 수수께끼를 고대 유대교의 문헌을 샅샅이 찾아 그것의 역사적, 신앙적 자원을 밝히고 유대적 전통을 넘어서는 혁신과 변이가 어떻게 가능했는지를 살핀다. 한 뛰어난 학자가 자신의 삶을 바쳐 거둔 연구의 결과를 찬찬히 읽으며 우리 신앙의 근원을 고고학적으로 탐색하는 지적 희열, 그리고 그 이상을 얻을 수 있다.

김학철 교수(연세대학교)

이 책은 초기 그리스도론에 대한 연구에 매우 유익하며 막대한 영향을 끼쳐왔다. 이 책은 이런 주제에 관해 관심이 있는 모두에게 필독서이다. 세 번째 판이 출판된 것을 진심으로 환영한다.

리처드 보컴 교수, 캠브리지대학교(Richard Bauckham, University of Cambridge, UK)

1988년 초판이 나올 때 이 책은 기독교의 기원에 관심 있는 사람들에게 필수적으로 읽어야 할 고전 서적이었다. 지난 20년간 때마다 연구가들과 토의된 내용으로 보충된 지금, 예수를 향한 종교적 헌신의 출현에 관하여 허타도의 읽기 쉽고 분명하며 신중히 형성된 논증은 앞으로 계속해서 신약성서의 그리스도론에 대한 논의를 끌고 갈 것이다. 반드시 읽어야 할 책이다!

로렌 스터켄브룩 교수, 루흐비티 막시밀리안 뮌헨대학교(Ludwig-Maxililians-Universität München, Germany)

래리 허타도의 중요한 연구 결과인 이 책은 초기 유대인 기독교 신자들의 예수에 대한 종교적 신앙의 진상을 발전시켰다. 이 책에 나오는 주장이 매우 타당해 보이는 이유는 이 책이 포함하고 있는 방대한 연구 결과와 초기 기독교에서 예수 경배에 대한 종교적 관행들을 끊임없이 연구한 허타도의 지속적인 헌신 때문일 것이다. 이 3판에서 제공된 최신 자료들은 이 책을 더욱더 생생하게 만들고, 그 자료들이 계속해서 영향을 주는 분야에 대해 관심 있는 자들에게 지속적으로 유익하게 만든다.

매리엔 메이 톰슨 교수, 풀러신학교(Marianne Meye Thompson, Fuller Theological Seminary, USA)

매우 유익하고, 흥미롭고, 혁신적이다. 나는 이 책만큼이나 초기 그리스도론에 대한 우리의 이해를 높이는 책은 없다고 생각한다.

마틴 헹겔 교수, 튀빙겐대학교(Formerly Professor Emeritus of Tübingen University, Germany)

다양한 유대교 자료들을 통하여 예수에 대한 초기 경배적 헌신을 조사한 래리 허타도는 이 책을 통하여 어떻게 그리스도에 대한 신앙이 유일신론을 신봉하는 유대교에서 생겨났는지 보여주면서 초기 '고등' 그리스도 신학을 설명한다. 이 책은 과거 두 번의 버전이 출판된 바 있었고, 두 판 모두 많은 사람의 찬사와 사랑을 받았다. 최근에는 Cornerstones(Bloomsbury)에서 세 번째 판을 출판하여 학계의 지대한 관심을 받았다.

래리 허타도(Larry W. Hurtado)는 영국의 에딘버그대학(University of Edinburge, UK)의 신약학(New Testament Language and Literature) 명예교수이다.

목 차

프롤로그 ■ 9

서론 / 문제점 ■ 11
    초기 기독론과 연대기 ■ 13
추기 ■ 17
    고대 유대교의 복합성 ■ 19
    역사적 접근 ■ 22
추기 ■ 23
    유일한 하나님과 예수 신앙 ■ 25

chapter 1 / 고대 유대 유일신론의 신적 대리행위
    신적 대리행위에 대한 고찰 ■ 35
세 가지 유형 ■ 34
다양한 유형 ■ 35
요약 ■ 39
    바빌론 포로기 이후 유대 신앙의 모습 ■ 40
    천사론과 유일신론 ■ 42
부세(W. Bousset)의 관점 비평 ■ 43
문헌 자료들 ■ 49
결론 ■ 59
    유일신론과 기타 신적 대리자 ■ 60
    요약 ■ 65

chapter 2 / 신적 대리자로서의 의인화된 신적 속성

    의인화된 신적 속성 ■ 70

지혜 ■ 70

로고스 ■ 74

    신적 대리행위의 언어 ■ 79

chapter 3 / 신의 대리자로 승임 받은 족장들

    에녹에 관한 추론 ■ 86

인자로서의 에녹 ■ 88

천사로서의 에녹 ■ 90

    승임 받은 모세의 전통 ■ 92

집회서(Sirach) ■ 93

모세 승천기 ■ 94

에스겔의 엑사고게 ■ 94

필로(Philo) ■ 97

    기타 승임을 받은 족장들 ■ 103

    승임 받은 족장들과 유대교의 종교적 헌신 ■ 105

chapter 4 / 고위 천사들

    이전 연구들에서의 천사론과 기독론 ■ 115

    고대 유대교의 고위 천사들 ■ 120

에스겔서와 다니엘서에 나오는 고위 천사들 ■ 121

다른 문헌에서의 미가엘 ■ 125

대천사에 관한 또 다른 문헌들 ■ 126

    대천사와 하나님 ■ 132

대천사들과 하나님에 대한 분기점 ■ 136

    요약 ■ 143

chapter 5 / **초기 기독교의 변이**
    하나님의 최고 대리자로서의 예수 ■ 149
    기독교의 변이 ■ 158
 기독교 변이의 6가지 특징 ■ 160
 초기 기독교 찬송가 ■ 160
 그리스도에게 드리는 기도 ■ 165
 그리스도의 이름 ■ 170
 성찬 ■ 175
 예수 고백하기 ■ 176
 예언과 부활한 예수 ■ 179
    기독교 변이의 원인 ■ 180
 예수의 사역 ■ 181
 부활과 그 이후 ■ 183
 새로운 예수운동에 대한 반대 ■ 191
    요약 ■ 193

결론
결론 ■ 197

에필로그
유일신, 유일한 구세주라는 설정 ■ 205
주요 결론들 ■ 209
미주 ■ 213
인명색인 ■ 274

프롤로그

이 책이 1988년 처음 출간된 이후 여러 군데에서 지속해서 인용되고 있고, 또한 계속 재출판 될 정도로 가치가 있다고 여겨지고 있는 것은 매우 놀랍고 나에게 있어 큰 영광이다. 제2판(1998)의 경우와 마찬가지로, 나는 초판에서 제시된 주장과 입장을 실질적으로 바꿀 필요가 없다고 생각하여 이번에도 책의 원문은 수정하지 않기로 했다.

이 책의 초점은 1세기 기독교에서 그리스도라는 인물에 대한 종교적 헌신, 특히 그리스도를 어떤 방식으로든 신성한 존재로 여기며 그리스도를 경배한 것에 대한 연구다. 이에 대한 주요한 질문들은 다음과 같다. 1세기 기독교에서 예수에 대한 헌신이 초창기 신자들의 유대 종교적 배경에서의 헌신의 패턴과 무엇이 유사하고, 또 무엇이 유사하지 않은가? 예수에 대한 헌신은 고대 유대 전통의 개념적 범주와 종교적 관습에 의해 어떤 방식으로 영향을 받았을까? 입증 가능한 그리스도에 대한 헌신은 최초 어떻게 나타났는가? 어떤 역사적 요인이 그것을 촉진하고 형성하는 데에 관련되었을까?

이러한 질문에 답하기 위해 고대 유대 종교적 사고와 관행의 증거에 상당수의 책을 참고했으며 이러한 연구는 그것들이 어떻게 시작되었는지를 이해하기 위해 예수에 대한 헌신의 초기 단계에 중점을 둔다.

분명 내가 제시한 여러 이슈에 대해서 활발하고 폭넓은 논의가 있었고, 이 책에 대한 비평들이 있었지만, 내가 보기에 이러한 것들이 이 책이 다루는 주요 사안들에 대해 오류가 있음을 명백하게 보여주지는 못했다. 본서에 대한 비판은 주로 다음과 같다. (1) 예수에 대한 신앙적 경배(cultic reverence)가 내가 주장하는 것처럼 진정 혁신적인 것인가, 아니면 유대 전통에 그러한 선례나 유사한 것이 있는가? (2) 초기 수십 년 동안 부활한 예수를 경배했던 것이 실제로 예수에 대한 예배에 해당하는가? 그리고 이것은 내가 주장하는 유대 종교 관습의 중요한 변이인가? (3) 초기 기독교 집단에서 (내가 그러한 경험 때문에 발생한다고 주장한) 종교적 전통의 혁신을 일으키는 데 있어서 실질적인 역할을 하는 것이 '계시'라는 강력한 종교적 경험이라고 말하는 것이 옳은가? 나는 여러 출판물을 통해 이러한 비판들에 답하였으며, 그런 이유로 본서에서 그 비판들을 깊이 다루지는 않겠다.

우리는 현재 예수 경배(Christ-devotion)가 어떻게 시작되었는지에 대한 새로운 관심의 시대에 살고 있으며, 이 작은 책이 이 흥미진진한 연구 작업을 촉진하고 자극하는 데에 도움이 되었다고 생각하면 매우 뿌듯하다. 이 책을 계속 발행하고 이 새로운 3판의 출간에 도움을 준 출판사에 감사드리며, 이 책이 신학자들뿐만 아니라 책에서 다루는 흥미로운 논의들에 관심이 있는 독자들에게 지속적인 도움이 되기를 바란다.

래리 허타도(L. W. H.)
에든버러에서 2015년 2월 26일에

서 론

문제점

> 비록 하늘에나 땅에나 신이라 불리는 자가 있어 많은 신과 많은 주가 있으나 그러나 우리에게는 한 하나님 곧 아버지가 계시니 만물이 그에게서 났고 우리도 그를 위하여 있고 또한 한 주 예수 그리스도께서 계시니 만물이 그로 말미암고 우리도 그로 말미암아 있느니라(고전 8:5-6).

예수가 십자가에 못 박힌 지 20년이 조금 넘은 시점에서 쓰인 이 글에서 사도 바울은 초기 기독교 신앙의 특징을 잘 요약하고 있다. 동시에 우리가 검토해야 할 문제점도 보여준다. 첫째, 바울은 기독교 신앙을 당시 그리스-로마 세계의 다른 신앙들과 구별한다. 그는 기독교인에게는 오직 하나의 하나님만이 있을 수 있다고 주장하면서 동시대 이교도들 사이에서 거의 보편적으로 받아들여진 복수의 신들을 받아들이지 않음으로써 기독교를 구별한다. 그런데 바울과 초기 그리스도인들만이 이렇게 유일신적 태도를 가진 최초의 사람들도 아니었다. 이 다소 엄격한 유일신적 태도는 그 시대의 거의 모든 이교도의 눈에는 심할 정도로 엄격하게 보였겠지만, 사실은 유대교도 이미 그와 같은 입장을 취하고 있었는데, 유대인이자 기독교인이었던 바울은 자신이 진정으로 유대 조상들의 그 신을 계속 섬기고 있다는 증거로 이 점을 기꺼이 지적했을 것이다.[1]

바울의 진술은 또한 한 하나님을 언급함과 동시에 예수를 언급하여 예수와 하나님을 연결하고 신적인 칭호로 볼 수 있는 '주'라는 말을 예수에게 붙여 초기 기독교 신앙을 유대적 배경과 구별하였다.² 우리는 실제로 유대 종교 지도자들이 기독교 신앙에 대해 어떻게 생각했는지 직접적으로 알려주는 1세기 유대인들의 텍스트를 가지고 있지는 않지만, 바울의 태도가 아마도 어느 정도 후에 나온 유대 자료에 반영된 것과 매우 유사하다고 가정할 이유는 충분히 있다. 근거가 되는 자료들이 "하늘에 있는 두 권세", 즉 예수에 대한 신앙적 헌신이 두 신을 숭배하는 경우라는 것을 분명하게 거부하고 있기 때문이다.³

이러한 암시에 대한 간접적인 증거는 사도 바울 자신에게도 있다. 내 견해로는 바울이 회심 이전에 유대 기독교인들에 대해 가했던 박해가(갈 1:13-14; 고전 15:9) 부분적으로 그 유대 기독교인들이 예수에 대해 가졌던 경배로 인해 일어났을 가능성이 높다. 바울은 자신의 회심을 신이 "나에게 [혹은 내 안에] 아들을 드러내게 되어 기뻤기 때문에"라고 하는데(갈 1:16), 이는 그 경험으로 인해 바울이 예수와 하나님의 관계에 대한 견해를 받아들이게 되었다는 것을 암시한다. 이는 그가 "특심하여... 그의 조상들의 전통을 위해," 이전에는 받아들일 수 없었던 것이었다.⁴

우리의 출발점은, 일반 유대인들은 예수에 대한 유대 기독교인들의 헌신을 하나님의 유일성을 침해한 것으로 간주했을지 모르지만, 다메섹 도상에서의 경험 후에 회심한 바울과 같은 초기 유대 그리스도인들은 예수를 신적 존재로 경배하는 것을 완전히 정당하다고 느끼면서 이와 동시에 자신들이 변함없이 하나님을 유일신으로 경배한다고 생각했다는 것이다.

그러므로 이 책에서 살펴볼 문제는 정확히 다음과 같다. 초기 유대 기독교인들은 유일신에 대한 그들 조상의 전통을 지키면서도, 하나님과 나란히 승임(陞任) 받은 예수에 대한 경배를 받아들였는데 어떻게 그 이후 4

세기에 걸친 기독교의 신학적 논의로 겨우 이루어진 삼위일체의 기독교 교리의 도움 없이 그렇게 할 수 있었는가? 이 문제에 대한 답으로, 나는 초기 기독교가 고대 유대교의 중요한 자원을 활용하였고 이 유일신교 전통에서 다소 독특한 변이, 또는 혁신을 만들어 내었다고 본다.

초기 기독교 신앙의 이러한 이위일체론적 형태의 기원은 고린도전서 8:6에 반영되어 있는데, 이것은 하나님과 더불어 예수를 경배하되 다른 모든 신적 인물들에 대한 경배를 거부하는 것을 포함한다. 따라서 여기에 나오는 이위일체론은 필연적으로 중요한 역사적 문제가 된다.[5] 그러나 기독론의 기원에 대해 이미 진행된 연구를 고려할 때 감히 무엇이든 더 이상 추가하려는 사람은 이전 작업에 대해 통달했음을 보여주어야 하며, 어떤 방식으로든 이 논의를 이끌어 가야 하는 이중적 책임이 있다. 미주(endnotes)에서는 내가 많은 도움을 받은 다른 사람들의 저작이 표시되어 있다. 이제부터 왜 내가 초기 기독론에 관한 문헌에 내가 주장하고자 하는 내용을 추가하려 하는지 그 이유를 밝히겠다.

초기 기독론과 연대기

많은 학자가 유대교 안에서 유일신론의 강조와 대조되는 초기 기독교 신앙의 독특한 이위일체론적 형태를 인식하고, 또한 기독교가 일종의 유대 종파 운동으로 시작되었다는 점을 인식하면서 예수 숭배를 그리스-로마 시대 이교들에서의 다양한 신적 인물들에 대한 숭배의 영향에서 나온 것이라 설명하려고 노력했다.[6] 또한 반대로 고대 유대교의 이위일체론에 대한 전반적인 반감을 고려할 때 위에 묘사된 영향은 상당수의 이방인들이(여전히 하나 이상의 신적 인물을 숭배하는 것으로 보여지는 이방인들이) 개종했던 초기 기독교의 단계에서만, 그리고 팔레스타인과 전통적인 유대 신앙에서 다소 벗어난 문화적, 지리적 환경에서만 가능했을 것이라는 주장도 종종 있었다.[7] 따라서 예수에 대한 경배는 그리스-로마 시대 종교의 특징인 혼합주의적 경향의 특정 사례일 뿐이며, 교회의 초기 몇 세기 동안 진행된 기독교 헬레니즘화의 초기 단계라는 것이다.

이 견해가 언뜻 보기에는 아주 그럴듯해 보여도, 그리고 특정 역사적 구도와 신학적 선호에 아무리 '편안해' 보여도 기독교 전통의 초기 단계에 대해 우리가 이용할 수 있는 증거를 주의 깊게 고찰해 보면 이러한 견해들은 사실상 유지될 수 없다.[8] 즉 초기 기독교에서 예수에 대한 경배가 어떻게 시작되었는지에 대한 질문에 대해 유일신교 전통에 충분히 익숙하지 않은 초기 유대 기독교인들 가운데서 이교도들의 다신교의 영향 때문이라고 해서는 옳은 답이 될 수 없다. 초기 기독교 신앙과 종교적 헌신에 관한 연대기적 데이터로 인해 이러한 접근은 설득력이 떨어진다.[9]

기독교의 기원을 연구하는 학자들 사이에서 우리가 가진 최초의 기독교 텍스트는 바울이 선교 여행을 하는 동안 여러 교회에 보낸 사도 바울의 편지라고 동의하는데(기원후 약 50~60년) 이것은 우리를 이방인에 대한 바울 선교의 시작점으로, 그리고 기독교가 시작된 지 20년 이내로 돌아가게 한다. 나중에 나는 바울이 그리스도에 대해 무엇을 믿었는지, 그리고 바울이 인정한 예수 숭배를 반영하는 이 편지들의 구절들을 더 면밀히 검토할 것이다. 여기서는 두 가지 요점만을 강조하며 논의를 하고자 한다.

첫째, 바울은 부활한 예수를 하늘의 권세와 영예라는 독특한 위치에 있는 것으로 여겼으며 신적 권위로 추앙받은 그리스도에 대해 우리로 하여금 그를 신적이라고 결론 내리게끔 예수를 기록하고 숭배했다. 둘째, 바울은 교회들을 괴롭히는 사람들과 더불어 기독교 신앙에 대한 견해에 심각한 결함이 있는 사람들과 충돌했지만 그리고 이방인 선교와 관련된 문제에 대해 예루살렘 교회와 차이가 있었지만 바울의 편지에는 그리스도에 대한 그의 근본적인 견해가 그저 독특했거나 그가 신적 권위로 추앙받은 예수를 이전의 그리스도인들이 예수를 바라보는 방식에 대해 어떤 혁신을 이루었다는 것을 암시하는 표시는 어디에도 없다. 아무리 그가 자기 메시지의 정확한 표현을 강조하였을지라도 그러하다.10 사실 바울의 편지를 통해 우리는 교회의 최초 몇 년 동안의 기독교 신앙과 헌신을 엿볼 수 있다.

바울은 기독교 신앙과 그의 사도직의 토대가 하나님의 직접적인 부르심과 하나님의 아들로서 예수를 하나님이 자신에게 계시하신 것에 있다고 주장했지만(갈 1:11-17), 그는 또한 자신의 메시지와 개종자들에게 촉구한 믿음과 관행을 자신의 선교 대상이 아니었던 사람들을 포함한 다른 기독교인들의 신앙과도 연관시키고 싶었다(예: 고전 11:23-26; 15:1-8). 바울의 편지에는 늦어도 기원후 40년대에 시작된 바울의 이방인 사역 이전의 기독교인들의 신앙을 반영하는 다음의 여러 구절들이 있다. 염려하는 진술(예: 롬 1:3-4; 10:9-10), 교회를 위한 기도(예: 롬 8:15; 고전 16:22; 갈 4:6), 그리고 일부 찬미가(예: 골 1:15-20; 빌 2:5-11). 초기 교회 전통의 이러한 단편들 중 일부를 알기 위해서 우리는 팔레스타인 환경의 교회와 모국어가 아람어인 기독교인들을 면밀히 살펴보아야 한다(예: 고전 16:22, 마라나타의 번역되지 않은 아람어 기도의 일부분).11

따라서 우리는 시대, 문화 및 지리적 환경을 고려하며 기독교의 기원에 매우 인접한 유대 기독교 집단을 포함하여 기독교 신앙을 추적해야 한다. 이미 이런 유대 기독교 공동체에서 신적 권위로 인정받은 예수가 종교적 경배의 대상으로서, 진정 신앙적 경배의 대상으로 중요한 역할을 했다는 표시들이 있다. 바울이 돌봤던 그리스도인들의 모임에서 그들은 그리스도를 높이고 찬양하는 "찬미가"를 불렀고,12 예수의 이름으로 세례를 받은 개종자들은 "예수를 주로 고백하는 의식"13을 가졌을 가능성이 높다(예: 롬 10:9-10; 고전 12:3). 이 모든 것을 보면, 유대 기독교인들은 자신들이 빌립보서 2:9-11에서 예상되는 천상적인 종말론적 예수에 대한 경배를 반

영하고 있었다(계 5:1-14 참조).[14]

또한 바울이 예수의 추종자가 되고 복음의 설교자가 되게 한 극적인 경험 이후(기원후 약 32~34년), 이 시점부터 다메섹, 예루살렘, 안디옥(갈 1:17-23)에서 기독교인들과의 교제를 시작했고, 바울에게 친숙했던 유대 기독교 전통은 지리적으로 이미 상당히 광범위하게 퍼져 있었고 그 전통은 교회가 시작된 지 몇 년 내에 시작되었다는 사실은 어렵지 않게 찾을 수 있다.[15] 사실 우리는 바울의 기독교 신앙에 대한 인지가 그의 다메섹으로 가는 도중의 경험보다 훨씬 더 앞으로 거슬러 올라간다고 결론을 내려야 한다(갈 1:13; 고전 15:9). 따라서 우리는 바울이 그 스스로 유대 기독교인일 뿐 아니라 가장 원시적인 기독교 시대의 유대 기독교 공동체의 신앙에 대해 잘 알고 있고 또 그것을 보여주기도 하는 사람이라는 것을 알 수 있다.[16] 바울은 기독교 태동의 불과 몇 년 안에 그의 신앙이 결정적으로 형성되었고, 팔레스타인의 초기 기독교 공동체에 정통한 신자들과 접촉했으며, 그가 부활한 예수에게 부여한 신적 지위가 또한 "자신보다 이전에 그리스도 안에 있었던" 사람들의 신앙을 보여주고 있다(롬 16:7).

따라서 우리에게 주어진 기독교의 가장 초기 문헌인 바울의 편지는 예수에 대한 경배의 결정적인 시작을 추구하는 시기가 수백 년이 지난 뒤가 아니고 오히려 극히 이른 시기, 즉 기독교 운동의 최초 10년 이내에 이루어졌다는 강력한 증거를 제공한다. 이는 또한 예수에 대한 경배의 기원에 대한 설정이 팔레스타인의 아람어를 사용하는 공동체를 포함하여 적어도 처음에는 주로 유대 기독교인이 이끄는 기독교 집단 내에 있음을 보여준다. 이것은 종교적 배경을 고려하는 예수에 대한 경배의 기원에 대한 역사적 탐구가 고대 유대교에 주된 관심을 가져야 하며, 이교도 신앙의 직접적인 영향과 관련된 가설에 쉽게 의존할 수 없음을 의미한다. 이런 이유로 나는 유대인들의 종교적 배경에 집중하게 된다.

물론 고대 유대교는 그리스-로마 환경에 영향을 받지 않을 수 없었다.

두 가지 예만 들자면, 알렉산드리아의 필로(Philo)와 바울 자신이 그들의 시대에 통용되던 개념과 문헌적 관습을 적절하게 변형하여 채용했다는 것이다. 그러나 두 저자는 이교도 세계의 특정 종교적 신앙과 관습에 대한 강한 거부감 또한 보여주며, 그리스-로마 환경에 있던 대부분의 유대인들이 다른 종교 집단에 대해 가졌던 그런 냉담하고 우월한 경향을 보여준다. 따라서 유대교를 그리스-로마 환경 내에서 특정 방식으로 독특했다고 생각하는 것이 적절하다. 그리고 위에서 언급한 기독교적 예수에 대한 경배의 기원에 관한 증거 때문에(5장 참조) 특히 기독교 초기 단계에서 고대 유대교를 예수에 대한 경배 현상에 대한 가장 직접적으로 관련된 종교적 배경으로 보는 것이 올바른 종교 역사적 접근법이라고 주장하는 것이 올바르다. 유대교와 초기 기독교 전통, 그리고 이교도 사상 및 종교 관습의 일반적인 연관성을 탐구하는 것은 물론 모두 적절한 연구이지만, 이것은 하나로 묶이지 않고 개별적으로 전문가가 깊게 다뤄야 하는 복잡한 주제들이다.[17]

추기

내가 유대교의 배경에 초점을 맞추면 독자들은 내가 그리스-로마 시대의 이교도 종교 전통들을 자의적으로 무시하지 않았는지 궁금해할지도 모른다. 이러한 질문은 할러데이(C. R. Holladay)가 던(J. D. G. Dunn)의 『기독론의 형성과정(Christology in the Making)』에 대해 던진 그런 종류의 비판이다.[18] 던(Dunn)의 책과 나의 책 사이에는 어느 정도 유사점이 있는데, 둘 다 초기 기독교 특징의 역사적 기원을 연구할 때 유대 배경에 집중한다는 점이다. 그러나 몇 가지 중요한 차이점도 있다.

첫째, 던(Dunn)이 이방 종교들의 증거를 더 철저하게 논의하지 못한 것은 특히 당혹스러웠는데, 왜냐하면 그는 성육신에 대한 기독교 교리의 출현 시점을 기독교 교리가 수십 년 동안 이방 종교들의 예배와 신화에 직접적인 영향을 이미 받을 수 있었던 기원후 1세기 후반이라고 기록했기 때문이다. 만약 내 연구의 주제인 신적 존재로 추앙받은 그리스도의 신앙적 경배가 수십 년이 지난 후에 나타난 이방 기독교의 특징일 뿐이라면, 그러한 이방 종교적 증거는 훨씬 더 일리가 있을 것이다. 그런데 사실은 그렇지 않다. 나는 기독교가 처음 몇 년 동안 유대인들에 의해 완전히 지배되고, 고대 유대교의 종파로 활동했던 초기 기독교에 기원을 둔 기독교 신앙의 특징에 주목한다.[19]

둘째, 그리스도의 성육신에 대한 초기 기독교 교리가 고대 세계 어느 곳에서도 유사점을 찾지 못했다는 것을 보여주려는 던(Dunn)의 관심을 감안할 때, 신적 존재가 인간의 형태로 혹은 인간으로 지상에 나타나는 이교도 사상과의 명백한 유사점을 더 철저히 논의하지 않기로 한 그의 선택은 실수였다. 이교도적 증거는 우리에게 도움이 되지 않는다. 그리스-로마 시대의 이방 종교에서 배타적 유일신론에 필적할만한 전통은 전혀 없다. 이방인들이 그들의 신학과 종교적 관습에서 많은 신들을 수용할 수 있었다는 것은 흥미롭지만, 이것이 이스라엘 신의 유일성에 관심이 있는 사람들이 어떻게 종교적 관습에서 기능적으로 이위일체론적이 되었는지 우리에게 말해주지 않는다. 학자들이 고대 이방 종교의 일신론을 언급할 때, 그들은 다른 많은 신보다 높은 곳에 있는 신을 통해 나타난 유일신의 개념을 언급하는 것이다. 그리고 그러한 개념은 유대교, 초기 기독교와 같은 유일신에 대한 배타적인 신앙을 포함하지 않았다.

나는 바울처럼 다소 배타적인 유일신론에 집착하는 경건한 유대인들이 종교적 신앙의 대상으로서 하나님과 함께 제2의 인물을 어떻게 수용할 수 있었는지에 대한 질문에 특히 관심이 있다. 나는 이러한 기독교 이위일체론에 대한 전례나 어떤 요소가 유대인들의 유일신 전통에 있었는지 알고 싶기 때문에, 그리스-로마 시대 이방 종교에 대한 논의를 생략하기로 한 것은 굳이 자의적이거나 편견의 표시가 아니다.

유대적 배경과 초대 교회의 종교적 경험을 바탕으로 하나님과 예수에 대한 초기 기독교 이위일체론적 신앙의 출현을 설명할 수 있음을 보여주고자 하기에, 그리스-로마 시대의 이방 종교에 대한 본격적인 논의는 초점을 벗어나는 일이다. 나는 초기 기독교에 대한 포괄적인 설명을 하려면 그리스-로마 시대 종교성의 모든 측면에 대한 상세한 고려를 해야 한다는 할러데이(Holladay)의 견해에 동의한다. 그러나 이 책의 목적은 그보다 훨씬 더 좁아서 직접적으로 관련된 증거는 그 범위가 훨씬 더 제한적이다.

고대 유대교의 복합성

예수에 대한 신앙적 경배의 기원에 대한 이전의 종교역사 접근법이 이방 종교의 직접적인 영향에 대한 가설에 의존했던 이유 중 하나는 이 견해의 주창자가 고대 유대교에 대한 단순하고 부정확한 견해로 인해 혼란을 겪었던 것으로 보이기 때문이다. 이러한 학자들은 예수에 대한 경배의 기원이 팔레스타인과 유대 환경에 있음을 시사하는(위에서 언급된) 증거를 확실히 인식은 하고 있었다. 그러나 그들은 매우 전통적인 유대 배경을 가진 기독교인들이 바울이 여러 서신에서 분명히 밝혔듯 부활한 예수에게 신적 지위를 부여하는 단계를 밟을 수 없을 것이라고 생각했기에, 그들이 원하는 증거를 다른 방법으로 설명해야 한다고 느꼈던 것 같다.[20] 이 관점의 대표자들이 그 증거를 다루려는 시도는 만족스럽지 못했고, 고대 유대교(특히 팔레스타인 유대교)의 본질에 대해 고정된 개념이 그들의 연구에 한계를 주었음을 보여준다. 여기서 나는 고대 유대교에 대한 우리의 이해가 특히 기독교의 기원에 관한 연구와 관련하여 어떻게 향상되었는지 요약하고자 한다. 또한 고대 유대교에 대한 이전의 고정된 관념이 이제는 잘못된 것으로 간주되어야 하는 이유를 지적하고자 한다.

기독교의 기원은 확실히 팔레스타인 유대교의 맥락에 있지만, 팔레스타인 지역 역시 예수가 십자가에 못 박힐 때까지 300년 이상 헬라의 언어 및 문화와 맞닿아 있었다. 이런 헬라 문화의 영향에 저항하려는 팔레스타인 유대인들의 시도는 종종 있었지만, 완전히 성공하지는 못했다. 따라서 일부 과거 연구에서 흔히 볼 수 있는 헬레니즘 유대교와 팔레스타인 유대교 사이의 지나치게 엄격한 구분은 피해야 한다.[21] 예를 들어 헬라어는 헬라 문화를 채택한 유대인들뿐 아니라 팔레스타인 전역에서 심지어 각처의 현지 유대인들 사이에서도 사용된 것으로 보인다.[22] 더욱이 팔레스타인 유대교는 우리가 인식하고 있는 것보다 문화적으로 훨씬 더 다양했다.

팔레스타인 지역을 벗어난 지역들(디아스포라 지역)과 팔레스타인 지역 간 유대인들의 이동은 꾸준했고, 기독교의 태동 당시 유대인들은 디아스포라 지역에서 팔레스타인 지역으로 자주 이동하여 헬라어와 디아스포라 문화의 다른 측면들을 활용했다.[23] 예루살렘의 초기 기독교 공동체에는 헬라어를 사용하는 유대인과 아람어가 주된 언어인 팔레스타인 태생의 유대인이 공존했다. 따라서 기독교는 아마도 처음부터 이중 언어를 사용하는 공동체였을 것이다.[24] 따라서 그 당시 팔레스타인에 살았던 유대인들의 종교와 문화를 의미하기 위해 '팔레스타인 유대주의'라는 용어를 사용하면 그 안에 상당한 변형을 포함하는 이중 언어 현상도 나타난다.[25]

팔레스타인 유대교에서도 신과 다른 천상의 존재들 대한 관념이 혼재되어 있어 그들의 신앙과 관습에 적지 않은 동요가 있었다. 이것은 팔레스타인 유대인들의 유일신론에 포함될 수 있었던 것과 포함될 수 없었던 것에 대한 이전 우리의 관점을 재검토할 필요가 있음을 의미한다(chapter 1

참조).²⁶ 하나님의 유일성에 대한 유대인들의 믿음이 천사장 또는 경배를 받았던 족장들과 같은 다른 천상의 인물에 대한 특별한 경배와 관심을 수용할 수 있었으며, 하나님의 의인화된 속성이나 능력을 수용할 수 있었다는 일부 표시가 존재한다. 이러한 신적 대리자의 역할에 대한 관심은 분명히 유대 문화에서 널리 퍼져 있었으며, 아마도 이것이 초기 유대 기독교인들이 하나님의 유일성을 침해했다고 느끼지 않고 신적 권위를 받은 예수를 수용할 수 있었던 방법을 이해하는 데에 중요한 역할을 할 것이다.²⁷

요컨대, 1세기의 고대 유대 유일신교에 대한 보다 다양한 모습은 초기 유대 기독교인들이 자신이 유일신을 믿는 것으로 생각하는 동시에 부활한 예수를 가장 높은 신적 범주로 볼 수 있다는 것을 이해하는 데 도움이 될 수 있을 것이다. 나는 책의 뒷부분에서 예수에 대한 초기 기독교 경배는 고대 유대교에서 신적 대리자들에게 특징적으로 주어진 경외심을 넘어서 새롭고 독특한 발전을 포함한다고 주장할 것이다.²⁸ 그러나 이러한 유대-기독교적 발전은 아마도 유대적 맥락에서 유일신론의 복합적인 본질과 역사적으로 관련이 있고, 그에 영향을 받은 것으로 이해되어야 할 것이다. 이전의 학자들이 유대인들의 유일신론적 배경에서 예수 숭배의 시작을 설명하는 것이 불가능하다고 생각했다면, 이것은 어느 정도 팔레스타인 환경에서조차 유일신에 대한 유대 신앙이 수용할 수 있었던 것에 대한 부정확하고 경직된 견해 때문으로 간주될 수 있다.

방금 설명한 오류는 단순히 역사적 연구만 한 결과인데, 역사적 연구라는 것은 추후에 발견된 증거로 혹은 증거의 사용에 대한 수정된 비판적 의견으로 오류가 있는 것으로 나타날 위험에 항상 처해있다. 물론 역사적 연구라는 것은 이용 가능한 증거, 비판적 의견 및 방법, 역사 연구를 수행하는 해석자 간의 복잡한 상호작용이다. 이것은 그 주제가 종교인 경우 특히 그러하다. 나는 이러한 문제들을 기독교 기원 연구와 관련하여 다른 곳에서 논의했으므로,[29] 여기에서 내가 취하는 접근 방식과 왜 이것이 이전 연구를 넘어서 더 넓은 논의로 나아가게 할 수 있는지 그 이유를 설명하기 위해 역사적 연구에 대한 문제는 여기서 요약하고자 한다.

역사적 접근

오늘날 기독교 기원에 대한 모든 역사적 연구는 20세기 초반에 두각을 나타낸 역사나 종교 학파를 형성한 학자들에 의해 여러모로 영향을 받는다.[30] 기본적으로 기독교의 교리 발전에 관심이 있는 초기 기독교에 대한 이전의 역사적 연구에 불만족했던 이 학파는 신앙적 관행과 헌신을 포함한 초기 기독교 전반을 다루려고 했다. 더욱이 초기 기독교에 대해 진정으로 역사적인 방식으로 취급하기 위해서 그들은 기독교 주변의 그리스-로마 세계에 대한 기독교 신앙과 관행의 관계를 밝히고자 했다. 기독교의 기원에 대한 현재의 역사적 연구는 여전히 이러한 목표를 구체화하고 이것을 연구하는 학자들이 수행한 작업을 기반으로 한다. 그러나 추가 연구의 필요성을 보여주기 위해 나는 그들의 작업에 대해 어느 정도의 비판을 제기할 수밖에 없다. 그들의 작업이 여전히 영향력 있기 때문에 나는 내 비판이 현재의 학술적 논의와도 관련이 있다고 생각한다.

첫째, 초기 기독교를 역사적 배경에 배치하려는 시도는 그리스-로마 세계의 종교적 환경에 대한 귀중한 연구를 낳았지만, 초기 기독교 신앙 및 관습과 그리스-로마 세계와의 유사점을 찾으려는 시도는 때때로 충분히 비판적이지 못해서 그 결과에 오류가 있었다. 초기 기독교의 모든 특성(전반적인 신앙, 윤리, 관행 및 종교적 개념)이 주변 종교 환경에서 차용됐음이 분명하다는 가정이 있었다. 즉 종교적 영향의 방향이 오직 주변 세계로부터 초기 기독교로 들어온 것으로 여겼다. 영향이 그 반대 방향으로 진행될 수도 있었는지 여부에 대한 질문을 생각할 마음은 충분하지 않았다.[31] 초기 그리스도인들이 진정으로 독특한 관념과 관습을 발전시켰을 가능성에 대한 고려도 많지 않았다. 이는 어느 정도 초기 기독교에 대한 설명이 그것이 발전해 나온 종교적 맥락에 거의 또는 전혀 관심을 기울이지 않은 것에 이 학자들이 반발하고 있었다는 점에서 이해할만하다. 그러나 그들 자신의 접근 방식이 과잉반응이었음에는 틀림없다.

추기

기독교 신앙을 옹호하는 일부 사람들은 기독교 사상과 관행의 독특함을 기독교의 우월성을 주장하는 근거로 삼으려 했다. 이로 인해 자연스럽게 기독교 사상을 지나치게 옹호하려는 학자들은 초기 기독교의 독특한 발전에 대해 언급하는 것을 경계하게 되었다. 이런 상황을 고려하며 나는 내 입장을 분명히 밝히고 싶다. (1) 우선 나는 역사적 증거가 위와 같은 결론으로 이어진다고 생각하기 때문에 초기 기독교의 독특함을 말한다. (2) 하지만 실제로 기독교를 포함한 그리스-로마 세계의 종교 집단들은 서로 공통점이 많았고, 기독교뿐만 아니라 그들 중 많은 이교 집단들도 그들만의 독특한 관습이나 사상을 가지고 있었기에 기독교만이 독특한 특성을 유지, 발전한 유일한 그리스-로마 종교 운동이었다고 말하지는 않겠다. (3) 어떤 것이 독특하다고 해서, 그것이 둘 이상의 종교 집단에 공통적인 것보다 더 우월하거나 더 가치가 있다는 것을 의미하지는 않는다. 내가 초기 기독교의 독특한 발전을 찾고 정의해야 한다고 강조하는 것은 기독교에 대한 개인의 종교적 반응과는 별도로, 상세하고 정확한 역사적 이해에 대한 관심 때문이다.

초기 기독교 신앙과 관습이 고대의 종교적, 사회적 환경에 따라 다양한 방식으로 조절되었다는 것은 합리적인 추론이며, 이는 많은 예에서 확인할 수 있는 가정이며 현재 연구에서도 유효한 추론이다. 그러나 모든 종교 운동에 대한 진정한 역사적 연구는 각 종교 운동이 자신의 목적을 위해 그들의 용어, 사상 및 관행을 수정 또는 변환하고, 심지어는 상당히 새로운 의미와 독특한 특성으로 채우는 특정 방식을 설명해야 한다. 현대 언어학자들이 서로 같은 단어가 여러 문장의 맥락에서 서로 다른 의미를 가질 수 있다는 것을 인식하는 것처럼, 종교역사가들도 타 종교 운동에서 용어, 의식, 심지어 개념에 의해 획득된 전혀 다른 의미에 주의를 기울여야 하며, 한 종교적 환경에서의 어떤 현상이 보여주는 의미를 무비판적으로 다른 종교적 환경에 이입함으로써 일종의 어원학적 오류를 저지르는 것을 피해야 한다.[32] 샌더스(E. P. Sanders)의 말을 빌리자면, 우리는 일반적으로 생각하는 양식이 어느 특정 현상에서는 우리가 상식적으로 여기는 것과 매우 다른 중요성과 의미를 부여할 수 있기 때문에 항상 각 종교 운동의 전반적인 '양식' 안에서 해당 종교 현상을 연구해야 한다.[33]

기독교 기원에 대한 다소 일방적인 접근 외에도, 일부 고대 종교역사학자들은 자신의 종교적 선호에 따라 그들의 역사적 연구에 큰 영향을 받는다. '근대적'이고 종교적인 태도를 가진 이러한 학파의 선구자들은 19세기 후반의 신학적 자유주의를 추종했는데, 이들은 예수를 신적인 존재로 보는 전통적인 기독교 신학과는 매우 불편한 관계였다.[34] 또한 그들은 종교적 열심에도 불편했던 것으로 보이는데, 그들은 특정 교리를 주장하는 것보다 윤리적 원칙을 강조하는 것을 더 선호했다. 이러한 학자들이 부활한 예수에 대한 신앙적 경배의 기원을 기독교 운동의 특정 단계에서 일어난 것으로 보고 더불어 이교도 혼합주의의 영향 때문인 것으로 설명하기를 선호했던 것은 아마도 전적으로 우연은 아닐 것이다. 우리가 느끼기에 그들은 예수에 대한 경배를 완전히 이해할만한, 그러나 기독교 전통에서는 다소 불행한 진화과정으로 여겼던 것 같다.[35]

유일한 하나님과 예수 신앙

이 연구를 촉발한 것은 예수를 신적인 인물로 경배했다는 종교적 배경이 하나님의 유일성을 크게 강조한 유대 기독교인들 사이에서 시작되었다는 사실이다. 그들의 종교적 헌신은 특이한 모습을 가진 것이 분명하다. 하나님과 신적 존재로 추앙받은 예수를 모두 포함하는 일종의 이위일체론적 경배이다. 또한 분명한 것은 이러한 기독교인들은 니케아 신조에 반영된 신학으로 이어진 길고 복잡한 발전과 논의의 혜택을 받지 않았다는 것이다.[36] 그러므로 우리가 연구하고 있는 초기 기독교의 시대로 삼위일체론과 같이 니케아 신조에 반영된 신학의 발전을 역 이입하는 것은 삼가야 한다는 것이다. 역사적 증거에 의하면, 니케아 신조와 같은 이후의 신학적 진전이 있기 훨씬 이전에, 구체적으로는 기독교 태동 초기 20년 이내에, 유대 기독교인들은 예수의 이름으로 모여 신적 권위자인 예수 그리스도에게 기도하고 찬송을 불렀으며, 예수를 모든 천사의 서열보다 우위에 있는 천상의 지배자 지위로 높였으며, 신을 지칭하는 칭호를 사용하고, 구약성서 구절들을 그의 예표로 여겼으며, 이방인들뿐 아니라 동족 유대인들로 하여금 신이 임명한 구원자로 예수를 받아들이도록 설득하였으며, 그들 조상의 하나님에 대한 그들의 헌신을 재정의하여 예수에 대한 경배를 포함하도록 하였다. 그리고 분명히 그들은 이러한 개념 재정의가 정당할 뿐 아니라 실제로 그들이 꼭 수행해야 할 것으로 간주했다.

우리가 기독교의 후기 신학적 발전을 이 초기 시대로 역 이입할 수 없는 것과 마찬가지로, 우리는 더 이상 이방 종교의 다신교의 직접적인 영향에 대한 고대 종교역사 이론에 의지하여 예수를 신적인 인물로 경배하는 이유를 설명할 수는 없다. 기독교 기원에 대한 진지한 역사적 연구를 하는 데 있어서 결정적 역할을 하는 특정 시기 이전의 견해가 금지된다면, 초기 기독교의 중대한 특징에 대한 비판적 접근 방식으로 한때 통용되었던 것도 마찬가지로 금지되어야 한다. 따라서 예수에 대한 경배의 기원을 설명하는 특별한 두 가지 요소가 남는다. (1) 초기 기독교 공동체의 유대적 배경은 예수를 신적 권위자로 높이는 것을 수용하기 위한 선례와 자료를 제공했을지도 모른다. (2) 초기 기독교 공동체에 있는 자들이 가지고 있던 유대인의 종교적 경험의 독특한 본질로 인해, 원시 기독교 집단 안에 있던 유대인들에게는 신에 대한 헌신을 다소 새롭고 특별하게 재정의하여 신적 존재로 추앙받은 예수에 대한 종교적 경배를 허용하게 했을지도 모른다. 예수에 대한 경배의 역사적 이해는 이 '두 가지' 요소를 '다' 포함해야 한다는 것이 이 책의 논점이다. 다음 장에서 나는 두 가지를 주장할 것이다. (1) 고대 유대교는 '신의 선택 의지'라고 내가 명명한 유대 전통을 통해, 예수를 하나님의 오른편으로 높이기 위한 중요한 개념적 범주를 초기 기독교인들에게 제공하였다. 그리고 (2) 초기 기독교의 종교적 경험으로 인해 하나님의 최고 대리자, 즉 부활하신 그리스도의 경배와 관련된 이러한 전통이 독특하게 수정되었다.

우리 시대에는 초기 기독론에 대한 학문적 연구가 폭발적으로 증가했다. 하지만 불행하게도 그중 많은 부분은 '헬레니즘' 유대교와 '팔레스타인' 유대교 사이의 지나치고 엄격한 구별과, '인자'는 고대의 유대 종말론적 기대 속에 계시적인 인물로 널리 알려진 칭호였다는 개념과 같은 낡은 가정과 가설에 의존하는 바람에 많이 왜곡되었다.[37]

신약 기독론에서 상당수의 연구들은 초기 기독교에서 예수에게 주어진 특별한 기독교적 칭호인 '인자'가 지금까지 월등히 많은 관심을 받는 것과 관련이 있다. 더불어 다른 주요 칭호인 '주', '그리스도', '하나님의 아들'도 결코 소홀히 여겨진 적이 없다.[38] 또한 예수의 선재라는 개념과 같은 기독론적 개념이 세부적 연구의 주제였다.[39] 그러나 내가 아는 한, 예수에 대한 신앙적 숭배가 초기의 유대-기독교 집단에서 어떻게 시작되었는지에 대한 정확한 질문은 그것이 마땅히 받아야 할 관심을 받지 못했다.[40] 나는 여기서 특정한 기독론적 칭호의 사용을 추적하거나 특정 교리(예: 선재)의 발전을 추적하지 않도록 신경 쓰고 있다. 오히려 나는 더 근본적이고 역사적으로 더 이전의 문제, 즉 초기 기독교 신앙의 이위일체적 형태의 기원과 그것이 처음 등장한 종교적 맥락인 고대 유대교와의 관계를 연구에 집중하고 싶다.

내가 관심을 갖는 이 문제는 특정한 기독론적 칭호의 사용보다 더 근본적이라 생각한다. 왜냐하면 예수가 천상의 신적인 지위로 추앙받았고, 이것이 초기 기독교 모임에서 그에 대한 신앙적 숭배를 요구했다는 기본적인 확신이 어떤 하나의 칭호의 채택으로 인해 발생했다고는 보이지 않기 때문이다. 오히려 예수를 경배하면서 아마도 '주'와 같은 칭호에 대한 새롭고 더 깊은 의미가 만들어졌을 것인데, 이것은 기독교 초기 수십 년간의 전례 송영문구(liturgical formulas)와 관련하여 입증된 바 있다(예: 고전 12:3; 롬 10:9-10). 또한 예수에 대한 경배는 왜 다른 칭호(예: 그리스도/메시아)가 초기 기독교 집단에서 빠르게 재정의를 받았는지 부분적으로 설명해 주는데 이는 비록 기독교 이전의 사용에서 그러한 인물이 있었다고 내포하지는 않지만, 천상의 신적 지위를 가지고 있는 것으로 간주되는 인물에 부여하곤 했다.

초기 기독교 공동체 내에서 부활한 예수가 천상의 신적 지위를 가졌다는 확신은 기독론적 개념(예: 선재)의 발전을 설명하는 데 도움이 된다. 고대 유대교의 사상에 기초하여 '선재'가 다양한 존재들(예: 천사, 토라, 지혜)의 속성으로 볼 수 있는데, 이 존재들은 경배의 대상으로서의 지위를 가지고 있지는 않았다.[41] 그러나 예수가 일종의 신적인 지위를 가지고 있고, 종말론적 구원자가 될 것이라는 초기 기독교인들의 확신을 고려할 때, 그들은 예수를 천지창조와 관련하여 어떤 방식의 역할을 했다고 여겼을 것이라 추측이 가능한데, 특히 종말론적 구원과 창조 사이에 있는 고대 유대사상에서 자주 증명된 연관성에 비추어 볼 때 더욱 그러하다.[42] 즉, 예수에 대한 신앙적 숭배를 고려하면 그의 선재 개념의 발달은 후기에 형성된 획기적인 단계가 아니고 그보다 훨씬 이전의 초기 유대-기독교 예배에서 예수의 지위를 설명하는 것으로서 중요성을 갖는다.

더욱이 초기 기독교 내에서 예수에 대한 신앙적 숭배는 그리스도라는 칭호와 그 개념을 사용하는 데에 가장 중요한 맥락을 갖는다. 이러한 사정은 그리스도 칭호와 이를 사용한다는 것이 무엇을 의미하는지를 나타내며 그것들이 기능한 종교의 양식에 대한 통찰력을 제공한다. 예를 들어 헬라어 '큐리오스(kyrios)' 또는 아람어 '마라(marah)'라는 뜻의 '주(Lord)'는 고대 세계에서 다양한 의미로 사용되었다. 그러나 우리가 초기 기독교 공동체 안에서 기도와 찬송과 같은 신앙적 행위의 맥락에서 이 칭호를 본다면 훨씬 더 구체적인 의미를 가지고 있다는 것을 볼 수 있다. '주(Lord)'에 대한 헬라어 "큐리오스"와 아람어 '마라' 이 두 언어 어디에서도 '주'라는 용어가 자동으로 신적 지위를 의미하지는 않는다. 그러나 초기 기독교 내의 예배 행위에서 이 칭호를 사용하는 것은 그것이 주어진 인물에 대한 단순한 사회적 우월성 또는 존경심보다 훨씬 이상의 것을 의미한다.

십자가에 못 박힌 예수를 하나님이 보냈다거나 약속된 메시아라는 개념은 예수의 사역에 불편함을 느낀 유대인들에게는 혐오스러운 것이었으며 또한 그와 같은 개념의 근거를 알 수 없는 이방인들에게는 어리둥절했음이 분명했다. 그러나 내가 보기에 고대 유대인들에게 이런 기독교 집단의 신앙에서 훨씬 더 큰 문제로 보였던 것은 예수가 천상의 신적 지위를 가졌다는 근본적인 확신으로 그를 초기 기독교 집단의 신앙 활동의 대상이 되게 한 종교적 관행이었다. 예수에 대한 이런 신앙적 숭배는 초기 기독교인들 신앙의 가장 큰 특징이었다. 무엇보다 이는 '기독교적 헌신'과 당시의 다른 형태의 종교적 헌신을 구별하는 근본적인 확신이었다. 예수가 그러한 숭배를 받을 자격이 있다고 여기는 확신은 초기 기독교 공동체에 합류한 유대인들(예를 들어 바울)의 종교적 관점의 주요한 변화일 수 있다. 기독교의 메시지와 그 관행을 포함한 다른 모든 특징들 중에서 이러한 확신은 아마도 그들의 조상으로부터 물려받은 신앙에 대한 가장 큰 수정을 요구했을 것이다.[43]

그러나 역사적 증거는 그러한 발걸음을 내디딘 유대 그리스도인들이 여전히 자신들이 진정으로 구약의 하나님을 섬기고 있다고 확신하고 있음을 나타낸다. 이러한 사실은 우리가 관심을 가질만한 한 질문을 제기한다. 최초의 유대 기독교인들의 종교적 유산에서 어떤 것이 과연 그들에게 부활한 예수의 신적 존재로 추앙받은 지위를 수용할 수 있는 토대를 제공한 것인가? 이 유대 기독교인들이 예수의 지위를 어떻게 하나님과 나란히 보게 되었는지, 즉 예수에게 초기 기독교 집단이 일종의 신앙적 특성을 부여하면서도 그들의 신앙과 삶에서 하나님의 유일성과 중요성을 위협하지 않는 지위를 주게 되었는지 우리는 정확하게 판단할 수 있겠는가?

이 책의 1장부터 4장까지는 첫 번째 질문을 다루고, 5장에서는 두 번째 질문을 다룬다. 구체적으로 말해서 첫째, 나는 고대 유대인들이 하나님의 유일성을 침해한 것으로 보지 않고 하나님과 나란히 다른 천상의 인물에 대한 경외심을 어떻게 수용했는지 연구함으로써 예수에 대한 신앙이 처음으로 발전한 유대 유일신론의 본질을 연구하고자 한다. 요컨대, 나는 유대의 유일신교 신앙이 깨지지 않고 추가 인물에 대한 경외심을 수용하기 위해 확장될 수 있는 정도를 추적하고자 한다.

유일신론적 신앙이 상당하게 수정되어 바뀌었는지 여부에 대한 판단은 기본적으로 특정한 경우에 다른 인물이 일반적으로 하나님에게만 주어지는 행동으로 단체적인 신앙적 숭배를 받았는지 여부에 대한 분별로 해결될 것이다. 그러나 우리가 검토하는 고대 유대인들이 여전히 신의 유일성을 보호하는 것으로 간주하고, 그들의 종교적 헌신이 본질적으로 이 유일한 신을 향한 것으로 보인다면, 그들이 다른 존재들에게 부여한 어떤 존귀한 지위도 고대 유대교가 독점적인 유일신교임을 중단하지 않고서도 추가적인 천상의 인물을 포함할 수 있었던 방식의 예로 받아들여져야 할 것이다.

또한 나는 당시 수용된 경배의 종류에 한계가 있었는지 여부를 보여주고자 한다. 따라서 나는 고려의 대상인 인물에게 허용된 경배의 종류와 반대로 보류된 경배의 종류를 찾아볼 것이다. 일단 이러한 문제가 제기되면, 나는 초기 기독교 집단에서 신적 권위로 추앙받은 예수에게 주어진 경배를 더 면밀히 해석할 수 있을 것이다. 다시 말해 다음과 같은 논의가 도움이 된다는 말이다. 이것이 고대 유대 사회의 다른 인물들에게 주어진 경배와 관련이 있었는가? 그리스-로마 시대 유대교의 특징인 유일신에 대한 신앙의 독특한 변이는 어떻게 나타나는가?

나는 앞서 비판받았던 초기 기독교의 배경에 대한 단순한 접근을 피하려고 노력했다. 나는 그 당시의 종교적 배경으로부터 그냥 "빌려와서" 초기 기독교의 특징을 설명하는 것을 포함하는 기독교 기원의 모델을 가지고 여기서 연구를 하지는 않는다. 또한 나는 기독교와 그 종교적 매트릭스를 손쉽게 대조하는 것을 피하려고 노력했다. 대신 나는 배경(특히 유대 전통의 배경)과 초기 기독교인들의 종교적 경험 사이의 복잡한 상호작용을 설명하고자 한다. 내가 주장하는 것은 그들의 종교적 경험이 초기 유대 기독교인들에게 그들의 종교적 전통을 사용하고 재해석하는 이유와 관점을 제공했으며 그들을 특징짓고 때로는 다른 종교 집단과 구별되는 신앙과 관습을 만들어냈다는 것이다. 최초의 기독교인과 당시의 다른 유대 집단(예: 쿰란 종파)은 광범위하고 다양한 유대 전통을 바탕으로 신앙과 관행을 형성하였다. 각 집단은 고유한 종교 및 사회적 경험에 비추어 그 전통을 재해석하고 수정하였다. 나는 초기 기독교인들의 예수 숭배를 살펴보면서 이것이 다른 천상적 존재에 대한 유대교적 숭배와 어떻게 관련되어 있는지 그리고 그것이 얼마나 독특한지도 보여줄 것이다.

chapter 1

고대 유대 유일신론의 신적 대리행위

chapter 1
고대 유대 유일신론의 신적 대리행위

 이제 우리는 신적 존재로 승임(陞任) 받은 그리스도의 지위에 대한 초기 이해를 구성하는 데에 있어 최초의 기독교인의 사고에 기여했던 고대 유대전통의 현상을 살펴보겠다.

신적 대리행위에 대한 고찰

 물론 바벨론 포로기 이후 유대교의 문헌에는 하나님의 세계 통치와 택하신 자의 구속에 대해 어떤 식으로든 참여하는 것으로 묘사되는 다양한 천상의 인물에 대해 많은 언급이 포함되어 있다. 특히 유일한 하나님에 이어 두 번째 위치를 차지하며 일부 주요한 능력으로 하나님을 대신하여 행동하는 천상의 인물들이 있다. 예수에 대한 신앙적 경배의 기원에 대한 역사적 논의와 가장 관련이 있는 것은 바로 이러한 인물들이다. 내 견해는 이러한 특정 인물들에 대한 언급은 모두 신적 대리행위에 대한 관심을 반영한다는 것이다. 비록 이 관심의 배후에 있는 동기가 다양하고 그 관심은 다양한 형태로 나타나지만 말이다. 학자들은 종종 신적 대리행위를 하는 인물의 특정 사례들(예: 필로의 로고스 또는 의인화된 지혜)에 관심을 집중했다. 그러나 나는 이런 특정 인물들에 대한 고대적 의미는 하나님이 다른 모든 종들보다 두드러지고, 특히 자신과 밀접하게 관련되어 있는 최고 대리자를 가지고 있다는 보다 근본적인 사상을 반영한다고 생각한다.

세 가지 유형

우리는 다음과 같은 세 가지 유형으로 신적 대리행위에 관한 고찰의 사례를 분류할 수 있다. (1) 신적 속성과 신의 권세에 관한 관심(예: 지혜 또는 필로의 로고스), (2) 특정 지위로 승임 받은 족장에 관한 관심(예: 모세와 에녹), (3) 고위 천사들(예를 들어 미가엘, 야호엘[Yahoel] 및 [아마도] 쿰란 단편인 "11QMelch"의 멜기세덱)에 대한 관심이다. 이 분류는 엄격하게 지키기 위한 것이 아니며 고대 유대인들이 그들의 생각에 대해 이러한 분석을 나의 연구에 적용했다고 말하고 싶지도 않다. 그러나 이 도식은 텍스트와 현상의 현대적 분석을 위한 유용한 도구로서 제시될 수 있다.

물론 고대 유대의 전통은 천군(天軍)뿐 아니라 선지자, 제사장, 왕, 메시아와 같은 하나님의 대리자 역할을 하는 다양한 인물들을 묘사한다. 하지만 내가 위에서 열거한 인물들의 유형은 다음과 같은 특정 방식으로 구별된다. (1) 그들은 모두 천상에서 기원한 것으로, 또는 천상의 지위로 승임 받은 것으로 묘사되어 있으며, 따라서 초대 교회에서 부활한 예수와 관련된 지위는 단순히 고대 유대의 전통에 나오는 지상 인물들보다 천상에서 기원한 쪽에 더 많이 닮았다. (2) 광대한 천군도 마찬가지로 천상에서 만들어진 존재들이지만, 그럼에도 불구하고 최고 대리자 인물들은 지상 대리자나 천군보다 신성과 관련된 속성을 더 완전하게 지닌 것으로 묘사된다. 더욱이 특별히 더 강조된 인물들은 각각 고유한 능력으로 하나님을 대표하는 것으로 묘사되며, 하나님 자신에 이어 두 번째 역할을 하므로 다른 모든 종들 및 하나님의 대리자들과 구별된다.

다양한 유형

하나님 바로 옆에서 위와 같은 지위를 가지고 있는 것으로 보이는 인물들의 이름과 유형의 변형은 세 가지 이유로 흥미롭다.

1. 특정 인물에 대한 인식의 이러한 변형은 많은 유대 집단이 하나님이 자신 다음으로 서열 2위인 최고 대리자를 가졌다는 생각으로 살았음을 보여준다. 이것은 이러한 발상이 원래 어디에서 왔는지에 상관없이 그리스-로마 시대에 널리 공유되었고, 어느 한 유형의 유대교의 배타적 자산으로 설명될 수 없다는 것을 의미하기에 매우 중요하다. 앞으로 보게 되겠지만 필로와 같은 디아스포라 유대인들과 팔레스타인 유대인들은 이것을 목적에 따라 서로 다른 방식으로 사용했고 이러한 개념에 이미 익숙했다.

신성한 지위로 승임을 받은 예수 숭배의 기원에 대한 연구와 이것의 관련성은 분명하다. 우리는 특정 유형의 유대교의 직접적인 영향을 가정할 필요는 없다. 왜? 다양한 유대 집단이 여기에서 소위 신적 대리행위를 반영하는 것처럼 보이기 때문이다. 이 집단들은 유일신에 대한 신앙이 손상되었다고 느끼지 않고서도 이런저런 최고 대리자를 매우 높은 칭호로 수용할 수 있었다.

2. 이러한 변형은 해당 인물들의 묘사 뒤에 있는 다양한 종교적 동기와 다양한 종교적 필요를 나타낸다. 내가 신적 대리행위의 개념을 언급한다는 것은 우리가 순전히 지적 발전을 다루는 것이 아니라 한 종교 전통의 개념적 발전을 다루고 있음을 강조하고 싶다. 따라서 이러한 발전을 완

전히 이해하기 위해서는 이 발전을 유발하고 이러한 개념적 발전이 연결된 종교적 요인에 대해 질문해야 한다.

자주 주장되는 한 가지 견해는 바빌론 포로기 이후에 하나님은 그 이전보다 접근하기 어려운 존재로 보였기에 유대교의 신앙은 유대인들이 자신과 하나님 사이에 느꼈던 종교적 거리를 보충하기 위해 다양한 중재적 존재들로 영적 영역을 채웠다는 것이다. 이 견해의 연장선으로 어떤 이는 이러한 개념적 발전이 고대 유대교의 종교 생활과 연관시키려는 시도를 포함한다고 말할 수 있지만, 이러한 시도가 결국에는 실패한다고 생각하는 이유를 이후에 보여줄 것이다.[44]

3. 이 변형은 또한 다양한 유대 전통에서 어떤 한 인물이나 한 유형의 인물이 의심할 여지 없이 신과 나란히 일관되게 자리를 잡은 적이 없음을 보여준다. 즉 하나님이 다른 모든 인류보다 훨씬 우월한 대리자를 가질 수 있다는 개념은 고대 유대교에서 널리 공유된 것처럼 보이지만, 그럼에도 불구하고 일반적으로 이 최고 대리자로 누구나 동의하는 특정된 인물은 하나도 없었다. 더욱이 이 시기의 글들이 특정한 최고 대리자들을 매우 승임 받은 언어로 묘사하고 있지만, 이 글을 쓴 사람들이 유대교적 신앙이 특정 인물을 하나님의 최고 대리자로 인정하고 숭배할 것을 요구했는지는 전혀 분명하지 않다.

이런 관찰의 중요성은 바빌론 포로기 이후 유대교에서 그것이 표현한 것을 과장하지 않도록 주의해야 한다는 것인데 비록 신적 대리행위 개념이 고대 유대교의 전통을 이해하는 데에 아무리 흥미롭더라도, 또 그것이 예수의 숭배와 같은 다른 형식의 발전이나, 혹은 세갈(A. F. Segal)과 포섬(J. E. Fossum)이 주장한 것처럼 영지주의적 전통에 아무리 중요했든 간에 말이다.[45] 앞으로 내가 주장하겠지만, 신적 대리행위의 개념은 본래 신적 존재로 승임 받은 예수에 대한 신앙적 숭배와 비교할 수 있는 고대 유대교의 유일신론의 주요 변이를 나타내지 않았다. 세갈(Segal)은 기원후 2세기의 랍비 전통을 보여주었는데 나중에 일부 유대교적 '이단들'이 하나님의 최고 대리자에게 주어진 경외심에서 정도가 지나쳤다는 비난을 받았음을 그리고 천상에 "두 권세"가 있다는 생각을 가지고 있다고 맹비난을 받았음을 보여주고자 한 것 같다.[46] 그러나 기독교 이전 시대에 존재했던 문헌에서 최고 대리자 격인 인물들 중 어느 누구도 하나님에게만 드리는 독특한 숭배를 받은 것으로 보였거나 그러한 인물들에 나타난 관심으로 인해 유대교 유일신론이 근본적으로 수정되었다는 것은 분명하지 않다.

내가 "신적 대리행위"라는 용어를 사용하는 것은 이와 관련된 사안의 다양한 인물들에 대한 묘사의 기본 개념으로 명칭을 붙이려는 시도인데, 여기에서 최고 대리자는 그의 주권을 나타내는 특유한 능력으로 하나님과 연관되어 있다. 그러나 이 최고 대리자들의 본성 변화 외에도, 그들이 수행하는 역할의 본질에도 변화가 있다. 예를 들어, 일부 문헌에서는 하나님의 세계 창조와 창조 질서에 초점이 맞춰져 있으며 여기에서 최고 대리자는 이러한 행위에 능동적으로 참여하는 것으로 묘사된다. 이것은 솔로몬의 지혜서에서 지혜(sophia)에 부여된 역할인데, 그는 만물의 조성자(7:22)로 묘사된다. 그리고 이는 땅의 이 끝에서 다른 끝까지 금방 도달하고 모든 것을 질서정연하게 정리(8:1)하는데, 그는 그가 수행하는 일에서 하나님과 동역자인 것이다(8:4; 참조 9:9, 11). 이와 다소 유사하게 알렉산드리아의 필로(Philo)는 로고스를 하나님의 관리자이자 최고 청지기로 묘사하기도 한다(Kybernētēs kai oikonomos, Quaest. Gen 4.110-111).[47]

다른 문헌들에서는 초점이 하나님이 택한 자의 종말론적 구속에 있으며, 결과적으로 최고 대리자로 묘사되는 인물이 이 행위에 두드러지게 관련되어 있음을 보여준다. 예를 들어 에녹1서는 이런 인물이 악인에게는 종말론적 심판을, 택한 자에게는 자비를 베푸는 데에 있어서 하나님의 대리자 역할을 하는 인물로 묘사된다(46:1-8; 48:4-10; 51:3-5; 52:4-9; 61:8-9; 62:7-16). 마찬가지로 *QMelch*는 종말론적 승리에서 하나님을 대리하여 행동하는 것처럼 보이는 멜기세덱을 의미한다.⁴⁸ 이 문헌에서 최고 대리자로 지칭되는 인물은 세계의 창조 또는 통치와 관련이 없으며 앞 단락에서 인용된 지혜와 로고스는 종말론적 구속과 관련이 없다.⁴⁹

또 다른 문헌에서 최고 대리자로 묘사되는 어느 인물은 하나님의 창조 행위 또는 종말론적 구속과 명확하게 연결되어 있지 않고 오히려 일반적인 권위와 권세 측면에서 하나님의 고관 또는 최고 대표로서의 기능만 하는 것으로 묘사된다. *아브라함서*에서 천사 미가엘이 신의 '최고 사령관'(archistrategos, 1:4; 2:1)으로 묘사되는데 아마도 성경의 여호수아 5:13-15에 나오는 신비한 인물에 대한 암시일 것이며, 필자가 미가엘을 하나님의 주요 천상의 대리자로 보았다는 표시이다. *아브라함 계시록*에는 천사 야호엘이 나오는데 그 이름 안에 하나님의 이름이 포함되어 있다(출 23:20-21에 대한 인용). 천사 야호엘은 결과적으로 하나님의 통치(10:1-14)에서 상당히 인상적인 권능을 발휘한다.⁵⁰ 특정 지위로 승임 받은 모세에 대한 필로의 묘사는 그를 창조나 종말론적 희망과 명확하게 연관시키지 않고 오히려 모세를 하나님 자신(출 7:1을 암시; 예를 들어 *Vit. Mos.* 1.155-58 참조)에 의해 '하나님'(theos)이라고 불릴 만한 유일한 사람인 신의 파트너(Koinōos 코이노노스)로 보다 일반적으로 묘사되는데, 모든 세상이 복종하게 될 사람이며 이 사람은 하나님의 본성을 공유할 가치가 있는 것으로 묘사되었다(tes heauton physeōs; 필로, 포스트. 28).⁵¹

다양한 모습으로 표현되는 최고 대리자들이 각각 서로 다른 역할들을 수행한다. 그러나 이 인물들의 모든 묘사의 공통점에서 추론 가능한 것은 하나님의 모든 종들 중에서 특별하고 유일한 지위를 부여받은 최고 대리자가 있다는 기본적인 발상이다. 그럼에도 불구하고 하나님의 최고 대리자로 묘사된 인물들의 역할의 이러한 변이는 이 개념이 고대 유대교의 스펙트럼 전체에 걸쳐 서로 다르게 해석되었음을 시사한다.

초기 기독교 문헌에서 신적 권위로 승임 받은 예수의 보다 포괄적인 역할과 비교하면 이 최고 대리자 인물들의 활동 영역의 변화는 흥미롭다. 일반적으로 잘 알려진 성경 구절과 주제들 중 몇 가지만 인용해 보면, 예수는 창조(고전 8:6; 요 1:1-3)와 구원(고전 1:30, 15:20-28, 롬 3:23-26, 4:24-25, 살전 1:10)의 대리자로 묘사되며, 모든 창조물이 창조의 어떤 영역에서도 다른 모든 것들보다 훨씬 높은 지위를 가진 "주"로 인정받아야 하며(빌 2:9-11), 모든 사람이 하나님을 경외하는 것과 같은 경외심을 표현해야 하는 종말론적 재판관이다(고후 5:10).

위의 마지막 한 구절이 내 요점을 잘 설명해준다. 히브리서 1:1-14에서 예수는 창조의 대리자(2절, 10절)인 만물의 상속자(2절)로 묘사되는데, 그는 하나님의 영광과 본성을 반영하여 사람의 죄를 정화하고(3b절) 종말론적 승리를 주재할 것이다(13절; 참조 2:5).

예수를 사실상 모든 면에서 하나님 활동의 중심에 두는 것과 같이, 예수가 하나님의 최고 대리자로서 기능하는 포괄적인 방식은 초기 그리스-로마 시대의 유대 문헌에서 다른 최고 대리자들 역할에 할당된 역할과 100% 평행이 되지 않는다. 이것은 해당 시대에 하나님의 최고 대리자에 관한 관심이 유대인들의 유일신교의 근본적인 수정을 나타내지 않았음을 분명하게 보여준다.

요약

1. 바빌론 포로기 이후의 유대 문헌은 명예와 권세 면에서 하나님 옆에 있는 것으로 묘사되는 다양한 인물들에 대한 관심을 보여주고 있으며, 이러한 다양한 인물들에 대한 관심 뒤에는 우리가 '신적 대리행위'라고 지명한 개념이 있다.[52]

2. 이 개념은 초기 유대 기독교인들에게 신적 지위로 승임 받은 예수를

이해하기 위한 개념적 틀을 제공하는 데에 중요했다. 그리고 이 개념적 틀은 그들의 종교적 체험에서 예수가 하나님의 우편에 앉게 되는 지위를 받았다는 확신을 제공하였다.[53]

3. 이 시기의 유대교에서는 하나님이 별도의 최고 대리자를 가졌다는 개념이 널리 공유된 것으로 보이지만, 이 위치에 있는 인물들의 이름과 묘사에 차이가 있다는 것은 유대인들이 그 개념을 다양한 종교적 관심에 사용했음을 보여준다. 더욱이 그러한 인물들의 신적 권위로 승인 받은 지위에도 불구하고, 신적 권위로 승인 받은 예수가 초기 기독교 신앙에서 하나님의 모든 활동의 최고 대리자가 된 더 철저한 방법과 대조할 때, 그 최고 대리자들에 대한 관심은 유대교의 유일신 신앙의 본질에 대한 근본적인 재조정에 미치지는 않는다. 이것을 염두할 때, 나는 고대 유대의 신적 대리행위에 대한 관심이 '순수한' 유일신교(예: W. Bousset)가 아니었거나 이미 이위일체가 태동하고 있었음(예: Fossum)을 나타낸다고 주장하는 다른 분석가들과 대립하고 있다. 이제 우리는 이 사안에 대해 논의하고자 한다.

바빌론 포로기 이후 유대 신앙의 모습

바빌론 포로기 이후 유대교가 그 이전의, 그리고 더 순수하던 유일신교가 약화되었다는 고전적 견해는 부세(Bousset)의 영향력 있는 책, 『후기 헬레니즘 시대의 유대교(*Die Religion des Judentums im spähellenistical Zeitalter*)』에서 발견된다.[54] 이후의 연구들이 이 부세의 책을 자주 인용하는 것은 그 안에 제시된 사례들이 기본적으로 현재까지 여러 학자의 견해를 대표한다는 것을 보여준다. 따라서 우리는 부세의 주장을 요약하며 논의를 시작하겠다.

다음에서 나는 바빌론 포로기 이후 유대교가 배타주의적 유일신교의 약화의 단계를 나타낸다는 생각이 근거가 없다고 주장할 것이다. 특히 마카비 시대의 헬레니즘적 위기 이후에, 바빌론 포로기 이후 유대교는 신의 유일성에 대한 상당히 건전한 신앙의 모습을 보여준다. 나는 그 시대의 유대 집단들 사이에서도 실질적인 차이가 있었음을 무시할 생각은 없다. 나는 심지어 종교적 영역에서도 유대인들이 이방 문화에 동화되는 일부 징후를 간과하지도 않는다. 그러나 가장 중요한 질문은, 여전히 조상의 종교에 충성하는 것으로 보여지기를 원하는 유대 집단 중에 우리가 고대 유대교와 동일시하는 배타주의적 유일신론에 대한 중요한 예외의 징후가 있는지 여부이다.

지금은 고전이 된 부세의 글은 고대 유대 종교에 대한 포괄적인 연구를 위한 것이었다. 이것은 신약 연구자들을 위한 한 시리즈로 사용된 바 있다. 하지만 최근 몇 년 동안에 고대 유대교의 중요한 측면에 대한 부세의 인식과 이해가 부족하다는 것이 분명해졌다.[55] 나는 신적 대리자에 대한 고대 유대인들의 관심과 그것이 유대인들의 유일신론에 어떤 의미인지에 대한 그의 논의에 집중하고자 한다.[56]

부세(Bousset)의 논의는 바빌론 포로기 이후 유대 종교 사상의 세 가지 지류를 다루는데, 그는 이것들이 유일신적 유대 신앙의 예전의 순수한 형태의 유일신 신앙을 침식하는 것으로 간주하였다. 부세가 말하는 세 가지 지류는 다음과 같다. ① 천사론, ② '이원적 경향', 그리고 ③ '위격'에 관한 고찰. 그는 여기에서 특정 지위로 승임 받은 족장들에 대한 관심을 논의하지 않았는데, 내가 관심이 있는 것은 유대인들이 인식하고 있던 천사론의 의미와 그 신적 속성의 의인화에 대한 그의 이해이다. 부세는 이러한 사안에 대한 그의 견해에서 특별히 혁신적이거나 획기적이진 않았지만, 그의 책은 자신과 그 이후의 많은 학자의 견해를 잘 정리하여 표현했기 때문에 학계에서 널리 인용되었다.

바빌론 포로기 이후 유대 문헌들은 여러 천사에게 이름을 부여하고(예: 미가엘과 가브리엘, 단 8:16; 10:13; 12:1; 라파엘, 토브 5:4), 그들에게 특정한 임무를 부여하고 다양한 계급(천사, 대천사, 어전 천사 등)으로 분류한다. 이러한 유대인들의 변화된 관심사를 부세는 하나님이 모든 것으로부터 초연하게 계신다고 유대인들은 느끼기 시작했다고 결론을 내린다.57 여기에는 하나님이 세상과는 거리를 두서서 이제 인간과 하나님이 대면하는 것이 용이하지 않으며, 그리하여 하나님이 세상의 통치를 천사와 다른 중재자들에게 넘겼다는 유대인들의 개념이 포함된다.58 부세의 견해로는 비록 이런 중재자들이 신의 전령이자 신의 의지의 집행자들이었지만, 그럼에도 불구하고 그들은 유대 유일신교에 대한 위협을 분명 나타내었고,59 이러한 신의 중재자 격인 인물들에 대한 유대인들의 관심은 바빌론 포로기 이후 시기의 유대 신앙의 일신교적 특징이 약화되는 것과 연관이 있다. 부세는 이 유일신교의 약화가 초기 기독교의 배경이 된다고 본다. 한때 이런 부세의 견해는 어떻게 신적 지위로 승임 받은 예수가 기독교 운동의 초기에 천상의 존재로 여겨지게 되었는지 설명하는 데에 도움이 되었다. 부세의 종교적 취향에 있어서, 예수에 대한 이러한 숭배는 그 자체로 결함이 있는 유일신론을 나타내는 불행한 발전이었다. 그는 천사와 위격에 대한 유대인들의 관심을 기독교에 대한 건전하지 못한 영향으로 간주하였다.60 이런 설명이 그의 입장에 대한 간단하지만, 우선으로는 충분한 요약이라 본다. 이제 그의 구체적인 요점 중 일부를 좀 더 자세히 설명하고, 왜 이런 종류의 견해가 만족스럽지 않은지 설명하려 한다.

천사론과 유일신론

여기서 나는 고대 유대 종교 사상에서 천군의 의미와 종교적 실천에서의 위치에 대한 보다 일반적인 질문을 부세에게 할 것이다.

부세(W. Bousset)의 관점 비평

부세의 견해에 따르면, 바빌론 포로기 이후 유대 문헌에 등장하는 천사의 위계 제도는 그 시대의 유대 종교가 경건한 사람들에게 하나님에 다가가고자 하는 감각을 약화시켰다는 자명한 표시였다. 천사적 존재에 대한 관심이 신앙의 중심인 하나님께 대한 헌신의 정도가 감소했음을 나타낼 수 있다고 그는 가정하고 있는 듯 보인다. 따라서 그는 종말론적 문서들이 등장하는 시기에 신이 세상에서 모습을 감춘 것으로 인식되었다는 증거로서 하나님 자신이 직접 준 메시지를 선지자들이 선포한다는 구약의 내용과는 대조적으로, 종말을 다루는 문헌에서 선지자들에게 주어진 계시의 전령으로서의 천사의 역할을 묘사했다. 따라서 이 시대의 유대 신앙은 유일신론적인 색채가 조금은 약화된 상태라는 것이다.[61]

마찬가지로, 바빌론 포로기 이후 문헌들(예: *Tob* 12:12, *Jub* 30:20; *T. Dan* 6:1-2; *T. Ash* 6:6; *T. Levi* 5:5-7)에서 천사의 중보적인 역할을 가리키며, 부세(Bousset)는 이것 또한 하나님 중심성의 약화를 나타내며 유대의 '대중적 신앙'에서 천사에 대한 관심이 심지어 그 천사들에 대한 신앙적 숭배로까지 이어졌다고 말한다.[62] 전령인 천사들이 선지자들로 하여금 자신들을 경배하는 것을 금지하는 종말론적 문헌들의 구절을 인용하며(계 19:10; 22:8; *이사야승천기* 7:21; 8:5), 부세는 이러한 금지는 천사에 대한 숭배가 유대 집단에서 행해졌다는 것을 나타내는 것이라고 주장했고, 골로새서 2장 8절과 18절에서, 그리고 히브리서 1장에서 추가적인 증거를 찾아냈는데, 그는 이 구절들이 바로 천사 경배를 금지하는 것이라고 주장하였다.[63] 마지막으로 그는 이방 종교와 기독교 논쟁에서 천사 숭배자로서의 유대인들에 대한 비판이 있었다는 것은 그와 같은 신앙적 관습이 당시 유대 신앙의 일부였다는 추가적인 증거라고 말했다.[64]

그러나 나는 이 증거에 대한 부세의 해석이 틀렸다고 본다. 그 이유는, 첫째, 천군(天軍)에 대한 바빌론 포로기 이후의 관심이 몇 가지 새로운 특징(예: 이름과 특화된 기능을 가진 천사)을 포함하는 것은 사실이지만, 거기서 "천사에 대한 체계적인 교리"(eine Engeldogmatik, eine Angelologie), 즉 형식화되고 확정된 교리가 나왔다는 부세의 주장은 과장에 불과하다.[65] 셰퍼(P. Schäfer)의 "천사에 대한 초기 유대적 사상은 결코 통일되어 있지 않았다"는 평가가 오히려 더 정확하다.[66] 놀(S. F. Noll)이 쿰란 텍스트의 천사론을 "세심하게 짜여진 체계가 아니라 천상의 세계를 더 인상적으로 묘사한 것"이라고 말한 것은 바빌론 포로기 이후 유대 문헌의 전반에서 천사에 대한 언급들을 잘 대표한다.[67]

부세는 그가 바빌론 포로기 이후 유대교에서 기인한다고 한 천사 교의(Engeldogmatik)를 보여주려고 하지 않았고, 내가 알기에는 다른 누구도 그것을 내놓지 못했다. 나는 그 시대의 문헌에서 다양한 천사들과 천사들의 부류에 대해 다룬 것들의 목록을 제시할 수 있다. 그러나 이런 연구를 수행한 사람들은 그러한 데이터를 천사에 대한 체계적인 교리로 구성하는 것이 불가능하다는 점을 지적하는데, 이는 나 자신도 동의하는 바다.[68]

비에텐하르트(H. Bietenhard), 쿤(H. B. Kuhn), 놀(Noll), 셰퍼(Schäfer)의 수많은 연구 결과들을 살펴볼 때, 내가 천사에 대한 고대 유대의 참고문헌에 대해 더 이상 언급하는 것은 사족이 될 것이다. 그러나 조금 설명을 하자면, 특정 주제가 일정 빈도로 나타난다. 예를 들어, 천군(天軍)은 계급 또는 등급으로 구성된다(이 계급에 대한 설명은 다양하다). 종종 대천사라고 불리는 특정 천사가 나머지 천사들보다 특별한 등급에 있다(이러한 천사들의 수와 이름 또한 다양하다). 천사들은 하나님의 메신저 역할을 한다. 반면, 위와 다른 주제들은 덜 빈번하다. 예를 들어, 천사는 하나님의 보좌 앞에서 택하신 자의 기도를 전달한다. 천사의 집단(일흔 또는 일흔둘)은 세계의 여러 나라를 감독하도록 지정된다. 이런 것들을 미루어 볼 때, 천사에 대해 말하는 전반적인 문헌들은 천사에 대한 일반적인 믿음과 천사에 대해 널리 공유된 관심의 증거인 것은 맞지만, 이러한 자료들은 천사의 교리를 구성하지는 못하며 천사에 대한 체계적인 교리는 더더욱 될 수가 없다.[69]

바빌론 포로기 이후의 여러 유대 문헌들에서 천사에 대한 비체계적이고 심지어 서로 상충되는 묘사들을 감안할 때, 천사들에 대한 관심을 특정 신학의 형성이나 종교적 신념의 변화로 연결하기는 어렵다. 이후 다른 많은 학자들도 반복해서 사용한 부세의 잘못된 주장 — 유대 문헌들은 천군(天軍)을 멀리 떨어져 있는 하나님과 그로부터 점점 소외감을 느끼는 선택된 자 사이의 중재자로 제시하고 있는데, 즉 신이 너무 멀리 떨어져 있고 비활동적이어서 천사들을 이전보다 더 중요한 역할을 하는 중재자로 제시하고 있다는 주장 — 은 받아들이기가 어렵다. 천군은 유대 문헌들에서 하나님을 대신하는 것이 아니라 그저 그의 종으로서 그의 능력과 의지의 매개체로서의 역할을 할 뿐이다.[70]

비에텐하르트(Bietenhard)는 그리스-로마 시대의 유대교와 기독교의 문헌들을 분석하였다. 그리고 그는 유대교 문헌들에서 다양한 영역에 걸쳐 표현되고 있는 천사에 대한 묘사는 신의 능력이 전 세계 모든 지역에 도달하고 있으며, 전 세계의 모든 운영이 그의 지배하에 있다는 것을 보여주려는 필자들의 시도라는 결론을 내렸고, 이를 토대로 부세의 견해에 반박하였다.[71] 더욱이 천군을 수많은 특수한 임무를 가진 많은 계급의 거대한 계층으로 묘사하는 것은 이스라엘 하나님의 권세와 그 신적 의미를 지키려는 시도로 쉽게 이해할 수 있다고 말했다. 비에텐하르트의 주장을 정리하면, 고대 유대 문헌에 나타나는 천사에 대한 묘사의 핵심은 다음과 같다. "우리 하나님이 얼마나 위대한지 아는가? 그분은 굉장히 방대하고 강력한 시종들을 거느리고 있는데, 그 천사들은 오직 그분을 섬길 뿐이다."

고대 이스라엘의 역사적 상황을 고려할 때 그들의 신에 대한 이러한 강조점과 이에 사용된 비유적 묘사들은 모두 매우 논리적이다. 바빌론 포로기 이후로 이스라엘은 특정 짧은 기간들을 제외하고는 거의 대부분 제국들의 지배 아래 있었다. 이러한 역사를 보면 이스라엘 민족이 당시 근동 지방에서 갖는 중요성은 매우 미미해 보였다. 가장 매서운 현실은 이스라엘을 지배한 제국의 힘과 구조였다. 고대 유대교 사상에서 이스라엘의 하나님은 그들의 국가와 매우 밀접하게 연결되어 있었기 때문에 이스라엘의 부실한 국가 존재성은 제국들의 중요성 맞물려 의문이 제기되었을 것이 분명하다. 특히 주변의 많은 문화와 종교를 접하면서 이스라엘 그들 스스로 존재감을 드러내야 했던 헬레니즘 시대부터는 더욱 그러했다. 그러므로 이와 같은 기간에 유대인들이 거대하고 다층적인 위계 제도적 천상의 종들을 가진 위대한 천상의 왕으로 그들의 하나님을 묘사한 것은 그리 놀랄만한 일이 아니다.

하나님이 택하신 이스라엘의 빈약한 존재감을 극복하기 위해 그들의 하나님은 궁극적인 실제의 영역, 즉 천상에 있는 모든 것의 진정한 왕으로 묘사된 것이다. 하나님의 힘과 위대함은 이런 유대 문헌의 필자들에게 알려진 가장 인상적인 지상 권력 모델, 즉 황실, 그리고 강력한 고관들과 종들의 위계 제도를 통해 묘사된다. 다시 말해서, 이러한 천상에 대한 위계 제도의 이미지는 이 시기에 이스라엘이 맞서야 했던 지상의 권위와 권력의 구조를 상대하는 방법이었다. 그러니 이러한 묘사는 유대교의 중심에서 신이 멀어졌다는 증거가 아니라 오히려 그 반대이다.

이러한 판단은 바빌론 포로기 이후 문헌들에서 천사들에게 주어진 관심이 하나님이 접근할 수 없거나 너무 멀리 있다는 증거와는 아무런 관련이 '없음'을 알 수 있게 한다. 윅스(H. J. Wicks)가 지적했듯이, 바빌론 포로기 이후의 각 세기마다 "대다수 저자들이 견지하는 분명한 교리는, 그들의 천사론이 무엇이든 간에 하나님이 중간 매개자 없이 자신의 피조물과 직접 접촉하고 있다는 것이다." [72] 천군(天軍)이 언급된 동일한 문헌들에서 필자들은 인간들이 하나님과 직접 기도로 소통하고 있음을 보여준다는 점을 주목해야 한다.

한 예를 들자면, *바룩후서(2 Bar.)* 48:1-24에 바룩의 긴 기도가 나오는데, 바룩은 하나님이 자신의 창조에 대한 통치를 묘사하며(2-9절), 직책에 따라 하나님을 섬기는 "수많은 천군"을 언급하고(10절) 있지만, "당신 종의 말을 들으소서, 나의 호소를 경청하여 주소서"라고 하나님께 직접 호소하여(11절) 이스라엘의 희망으로서 하나님의 자비와 은총을(18절) 불러일으킨다(11-24절). 이 기도에 하나님은 직접 응답하신다(48:25-41). 그리고 하나님과 선지자의 대화가 그 뒤에 이어진다(48:42-52:7). 즉 이 문헌의 필자는 메시지 전달(예: 6:5-9; 55:3-74:4)을 포함하여 다양한 임무에서 자신의 명령에 따라 행동하는 강력한 하늘의 종들을 거느린 위대한 하나님을 묘사한다. 그러면서 또한 이 문헌은 정기적으로 바룩이 하나님께 직접 아뢰고 하나님은 그에게 직접 응답하는 것을 보여준다(예: 1:2; 3:1; 4:1; 5:1, 2; 15:1; 17:1).

*토빗(Tobit)*에서도 마찬가지이다. 이 문헌은 천사 라파엘을 하나님의 치유 능력의 중개자로 묘사하고(3:17) 성도들의 기도를 하나님께 전하며 하나님의 영광 임재로 들어가는 일곱 명의 거룩한 천사들(12:15)을 언급한다. 이는 인간들이 가장 친숙한 방법(3:1-6; 4:11-15; 8:5-7, 15-17; 13:1-18)으로 하나님께 직접 기도하는 모습과 그들의 기도를 하나님이 친히 들으시고 응답하시는(3:16) 모습을 보여준다.

우리는 앞선 시대의 학자들보다 더욱 유리한 입장에 있다. 최근 영문판 위경(pseudepigraphical) 문헌들 덕분에 진본 문헌들 자체를 쉽게 참조할 수 있게 되었다.[73] 천사의 활동에 대한 설명과 묘사가 있다고 해서 이것이 세상에 대한 하나님의 관심, 세상에 대한 하나님의 능력과 인간 세상에 대해 기꺼이 직접 행동하려는 의지, 또는 택한 자들에 대한 하나님의 접근 가능성 등에 관한 사람들의 신뢰가 감소했다는 견해에 대한 근거는 이 문헌들의 그 어디에도 없다. 그러한 견해는 부세와 같은 사람들에게는 편안할지 모르겠다. 왜냐하면 그는 기독교의 중요성을 확대하기 위해 고대 유대교를 매우 부정적으로 묘사하려고 하기 때문이다.[74] 어떤 이들에게는 천사들의 대활약에 대한 묘사가 하나님이 덜 활동적임을 의미한다고 가정하는 것이 논리적으로 보일 수도 있다.[75] 그러나 무엇이 그러한 가정을 그럴싸하게 보이게 하든지 간에, 실제 자료들은 그와 일치하지 않는다.

따라서 여러 가지를 고려했을 때, 바빌론 포로기 이후 천사에 대한 유대인들의 관심은 활기차고 생동감 넘치는 유일신론적 신앙과 밀접한 관련이 있다. 선택된 자들을 대신하는 중보와 같은 것을 포함하여 천군(天軍)과 그들의 대활약에 대한 설명은(예를 들어, *T. Levi* 3:5-7; 5:6; *T. Dan* 6:2; *1 Enoch* 9:3; 40:6; 47:1-2; 104:1), 그의 백성들과 세계에 대한 하나님의 관심과 통제를 생생하게 보이게 하여 읽는 사람들의 믿음을 강화하기 위한 것이었다. 이러한 설명과 묘사들이 하나님이 자신의 뜻을 이루기 위해 많은 천사들을 사용했다고 해서 하나님이 더 멀리 있다고 말하는 것은 결코 아니다. 오히려 이것은 하나님은 위대하시고 언제 어디서나 그의 뜻을 집행하실 수 있음을 보여주고 있다. 천사들의 활동이 자세히 묘사되는 동일한 문헌들에 나타난 인간의 기도와 찬양을 보면, 천사들로 인해 하나님이 수동적이게 되었다는 주장은 사실과 다르다. 그런 문헌들은 천사에 대한 관심이 당시의 유대 신앙에 대한 유일신론의 약화와 관련이 있다는 어떠한 암시도 제공하지 않는다.[76] 역동적인 이스라엘의 하나님은 여전히 유대 신앙의 중심이었다.

그렇다면 초기 그리스-로마 시대에 천사 경배가 유대 신앙의 특징이었다는 주장은 어떠한가? 이 시기의 유대 사회에서 천사에 대한 신앙적 경배가 실제로 행해졌다면, 이것은 유대교의 특징인 이스라엘의 하나님에 대한 배타적인 경배의 중대한 수정으로 보일 것이다. 부세와 다른 학자들이 유대 천사 경배의 증거로 인용한 자료를 제기한 바 있기에, 이제 나는 위의 질문에 답하기 전에 그들이 말한 자료를 검토하고자 한다.[77]

문헌 자료들

바빌론 포로기 이후의 유대 문헌들에서 천사의 활동에 대한 강조는 그 자체로 천사 경배의 경향을 나타낸다는 가정은 이미 위에서 반박되었다. 그러나 이 외에도 기본적으로 천사가 그리스-로마 시대 유대 공동체에서 경배되었다는 주장을 뒷받침하는 데 사용되는 세 가지 자료군이 더 있다.[78]

1. 천사에 대한 간구를 언급하는 텍스트(예: *T. Levi* 5:5; Paral. Jer. 3:4)와 주술적 주문에서 유대인들이(또는 기독교인과 심지어 이교도가) 천사의 이름을 능력의 수단으로 불렀다는 다른 표시들(예: *솔로몬서* 2:5, 7; 14:8; 15:7; 그리고 36개의 악마 목록과 그들을 대항시키는 주문이 있는 18:1-40)이 있다.[79]
2. 종말론적 문헌들(예: *스바냐 묵시록* 6:14-15, *이사야승천기* 7:21-23, 계 19:10, 22:8-9) 그리고 천사 숭배를 금지하는 랍비 문헌.[80]
3. 마지막으로 아리스티데스(Aristides), 알렉산드리아의 클레멘트(Clement), 오리겐(Origen)의 글에 유대인들이 천사를 숭배했다고 비난하는 글.[81]

천사들에게 하는 간구. 이 범주의 자료는 유대인들의 신앙적 환경에

서 천사들이 경배되었다는 증거로 그다지 적절하지 않은 것 같다. *Paral. Jer.* 3:4-14의 예시(바룩의 나머지 말들[*The Rest Of the Words Of Baruch*]이라고도 함)에서 예레미야는 예루살렘을 파괴하려는 천사들에게 성전의 성물들을 구하기 위해 자기가 하나님께 기도하기 전에는 행동하지 말아 달라고 간구한다. 이 구절에서 예레미야는 하나님께 기도하고, 그 시점부터 하나님은 예레미야와 직접 이야기하면서 이 성물들을 어떻게 해야 하는지 지시를 내린다. 그러므로 이것을 천사 경배의 증거라고 하기는 어렵다.[82] *4 Macc* 4:10-14도 천사들에게 하는 간구의 예시로 보기 어렵다. 비록 이교도 아폴로니우스가 유대인들에게 "그를 위해 기도하고 천군의 분노(성전에서 환상으로 그에게 나타난 천군[天軍]들의 분노)를 진정시켜 달라고" 간구하지만, 이 구절은 대제사장 오니아스(Onias)가 하나님께 기도하는 것 외에는 그 어떤 의미도 없다(4:13).[83]

나는 델로스의 무덤 비문에서 발견된 "가장 높으신 하나님, 만유의 주" 그리고 "하나님의 천사들"에 대한 간구가 유대인들이 천사들에게 기도했다는 증거라는 구디너프(E. R. Goodenough)의 주장을 거부한다.[84] 이 간구는 무덤이 표시된 어린 소녀들의 살인자들에게 하나님의 복수를 요청하는 내용이다. 데이스만(A. Deissmann)이 정확하게 지적했듯이, 이 비문은 "성서 신경(Biblical creed)"의 범위 내에서 잘 유지되고 있는데, 시편 103:20을 비유로 인용하고 있다. 이 중 어떤 언급도 하나님과 나란히 바치는 신앙의 일부로서 천사에 대한 기도라고 부를 수 있는 증거는 아니다.[85]

T. Levi 5:5에 "주여, 당신의 이름을 가르쳐 주시옵소서. 그러면 내가 고난의 날에 당신을 찾아올 수 있도록" 하고 나오는 천사에 대한 간구는 천사들에게 바쳐진 유대의 천사 경배의 증거처럼 보이지 않는다. 이 텍스트가 들어 있는 열두 족장서(*Testaments of the Twelve Patriarchs*)는 분명히 기독교인들의 손을 거쳤고, 그 과정에서 많은 기독교적 추가와 수정을 받았다.

T. Levi 5:5와 같은 구절이 유대 사상과 마주하는지, 기독교 사상과 마주하는지 여부는 완전히 명확하지 않다.[86] 비록 이 구절이 기독교적 수정을 받지 않았다 하더라도, 천사에 대한 어떤 종류의 간구가 관련되어 있는지도 분명하지 않다. 이 텍스트는 환란의 날에 하는 간구를 의미한다. 이것은 필자가 선택받은 자들이 하늘에서 지정된 자신들의 수호천사를 부를 것으로 예상되는 종말론적 환란의 시간을 염두해 두고 있음을 보여줄 수도 있다.[87]

T. Dan 6:2, "하나님과 당신을 위해 중재하는 천사에게 나아가라, 왜냐하면 그는 이스라엘의 평화를 위해 하나님과 인간 사이의 중재자이기 때문이다." 이 텍스트의 경우 유대인들 천사경배의 또 다른 예시로 종종 인용되지만, 과연 이 텍스트가 이러한 해석으로 합당한지는 확신할 수 없다.[88] 여기서 우리는 다시 기독교적 편집을 거친 텍스트를 대하고 있을 수 있는데, 딤전 2:5에서 '신과 인간 사이의 중재자'로서의 '천사'를 정확히 말 그대로 묘사하기 때문이다. 아마 *T. Dan* 6:2에서 이 디모데전서의 성경 구절이 나왔을 것이다.[89] 이것이 사실이라면, *T. Dan* 6:2에서 언급된 천사는 실제로 성육신 전의 그리스도에 대한 기독교적 언급일 수 있다.[90] 그러나 이 천사의 존재가 무엇이든 간에, 문제의 텍스트를 쓴 사람이 누구이든 간에, 이것은 결코 천사 숭배에 대한 언급이 될 수 없다. 왜냐하면 다음 구절들은(6:3-11: 이 구절들은 독자들에게 "하나님의 법의 의로우심"[10절]을 충실하게 유지하라고 촉구하는 것과 전적으로 관련이 있다.) "하나님에게 나아가는 것이 무엇인지 그리고 당신을 위해 중보하는 천사에게 나아가는 것이 무엇인지"에 대한 필자의 설명으로 보이기 때문이다. 기껏해야 이 구절은 고위 천사가 택함을 받은 자들에 대한 하나님의 돌보심과 관련이 있음을 보여주는 정도이다. 이것은 하나님 대신 또는 하나님과 동시에 그러한 존재에 바친 신앙을 의미하지 않는다.

솔로몬서(특히 18장)에서 축사(exorcism)와 주문에 천사의 이름을 사용

하는 것은 초기 그리스-로마 시대와 그 이전의 유대인들이 행했던 주술적 관행을 반영했을 가능성이 매우 높다.[91] 그러나 이러한 관습은 보통의 의미에서 천사 숭배라고 하기는 어려운데, 왜냐하면 그것들은 천사가 그 시대의 알려진 어떤 유대 집단의 신앙적 집회에서도 이름이나 다른 방식으로 간구의 대상으로 불려졌다는 증거를 제공하지 않기 때문이다.[92] 유대 배경을 가진 진취적인 축사자(逐邪者)가 수행한 실험이 무엇이든(행 19:13-16 참조), 이것은 당시 유대 종파 집회에서 조직화된 천사 경배의 증거와는 맥락이 다르다.

천사 경배 금지. 이 범주의 자료는 천사에 대한 부당한 숭배에 대한 금지를 나타낸다. 종말론적 텍스트(*스바냐묵시록* 6:15; *이사야승천기* 7:21-22; 계 19:10; 22:8-9)에서 계시를 전하는 천사는 인간 수령자가 자신을 또는 하나님 이외의 천상의 어떤 권세라도 경배하는 것을 금지한다. 그러나 이러한 금지가 일부 유대 집단이 천사를 경배하는 관습이 있었다는 반증이 되는가? 아니면 유일신적 신앙에서 벗어난 일탈에 대한 경고용인가? 필자들이 천사에 대한 부당한 경배의 가능성을 두려워했던, 또는 실제 사례를 알고 있었던, 우리는 이러한 참고 사항만을 근거로 명확하게 결정을 내릴 수 없다. 그러나 이 텍스트들에는 천사들의 활약이 돋보이는 문헌을 만든 사람들이 이러한 천사들에 대한 신앙적 경배에 단호히 반대했다는 분명한 증거는 있다. 그리고 이런 부류들이 천사 경배를 거부했다면, 다른 유대 집단들이 그러한 관행을 그들의 신앙 활동의 일부로 이행했다고 말하기도 어렵다. 이에 대해 다른 학자들도 똑같은 어려움을 겪은 것 같다. 예를 들어, 시몬(Simon)은 자신이 확실히 밝힐 수 없는 변두리 예배처에서의 천사 경배 가능성을 단지 모호하게 언급할 정도였다.[93]

랍비 문헌들에도 주로 기원 2세기 이후의 전통을 통합한 구절들이 있는데, 여기서 우리는 태양, 달, 별, 천사, 그룹 및 기타 천상의 존재 형상을 만드는 것을 금지하는 내용을 발견할 수 있다.[94] 태양, 달, 별, 행성에 대한 제사를 금지하는 구절들에서 위대한 왕자 미가엘에 대한 제사도 금지되어 있다(*t. Hul.* 2:18; cf. *b. Abod. Zar* 42b; *m. Hul.* 2:8). "이단"(*min*)과의 논쟁에서 랍비 이딧(Rav. Idit, 또는 Idi)은 메타트론(Metatron) (*b. Sanh.* 38b)이라는 천사에게 예배를 드려야 한다는 제안을 거부한다. 셰퍼(Schäfer)는 이 구절을 천사 경배의 금지가 나타나는 랍비 전통과 동시대의 일부 유대 집단에서 금지된 종류의 일들이 발생했다는 간접적인 표시로 여긴다. 또한 그는 그러한 관행이 영지주의의 영향으로 발전했을 수도 있다고 한다.[95] 나는 그 텍스트들이 반드시 천사 경배가 유대교 생활의 일부였다는 증거라고 확신하지 않으며, 나의 입장을 설명하면 다음과 같다.

첫째, 우리는 천사 경배가 어떤 형상을 만들거나 제물을 바치는 것에 관한 금지가 아니라는 점에 주목한다. 천사는 산, 언덕, 바다, 강 또는 광야의 이름뿐 아니라, 태양, 달, 행성, 별과 함께 여러 항목 중 하나로 나열된다. 그렇다면 우리는 이 모든 항목에 대한 숭배도 유대 신앙의 일부라고 생각해야 하는가? 이러한 증거에 비추어 볼 때 이는 매우 모호한 가정이다. 이런 것들이 등장하는 구절들을 유대의 천사 경배의 증거로 사용하는 학자들이 유대인들이 다른 모든 항목도 천사처럼 경배했다고 말한 것을 나는 들어본 적이 없다.

둘째, 천사 경배에 대한 금지는 출애굽기 20:4와 같은 구약 성경 본문의 의미를 보다 구체적으로 밝히려는 시도인 것 같다. 즉, 천사 경배를 금지하는 것은 랍비들이 받아들일 수 없는 것으로 여겨지는 유대 관습을 중단하려는 욕망보다는, 이스라엘의 하나님을 제외한 어떤 것에 대한 숭배에 반대하는 구약의 금지조항들을 해석해야 할 설교적 필요성에 의해 촉발된 듯 보인다. 이러한 미드라시적(midrashic) 진술에 천사가 포함된 것은, 유대 전통에서 잘 알려진 천상의 존재들을 포함하여 그 어떤 것도 하나님께만 주어지는 영광과 경배를 받을 수 없음을 보여주기 위한 의도였을 것이다. 이러한 이유로, 나는 일반적인 경배 금지에 천사를 포함시키는 것을 세퍼(Schäfer)처럼 그렇게 고대 유대 집단에서 천사 경배가 행해졌다는 증거로써 보고 싶지 않다.

마지막으로, 천사 경배가 실제로 그것에 명백히 반대하는 랍비들에게 잘 알려진 유대 관행이라면, 랍비 자료에서 이러한 질문들을 보다 더 강조하고 직접 처리하지 않는 것이 나는 참 의아하다. 묵시적 문헌에서 특정 행위에 대한 금지조항이 나오는 것과 같이 랍비 문헌에 천사 경배에 대해 경계하는 금지 문구들이 있다고 해서 반드시 유대에 천사 경배가 있었어야 할 필요가 없으며, 단순히 그러한 일이 발생할 앞으로의 가능성에 대한 경고의 표현으로 볼 수도 있다. 바빌론 포로기 이후 유대인들이 피정복민으로서 살아야 했던 바빌론에서의 다신교 풍토를 고려할 때, 나는 랍비들과 종말론자들이(하나님의 천사를 존귀하게 여기고, *에녹1서* 40:5-7, 47:2, 104:1에서처럼 선택된 자들을 위한 중보를 포함하여 그들에게 많은 중요한 역할을 부여한) 동료 종교주의자들에게 경고하여 하나님의 유일하심에 대한 전통적인 유대 신앙의 범위 내에 그러한 존재들에 대한 존경과 관심을 유지하기를 원했으리라고 추측하는 것은 어렵지 않다. 그리고 그러한 경고는 종교 활동의 일환으로 천사를 경배하는 유대 집단이 있었기 때문이 아니라, 유대인들의 신앙 행위와 이교도적 행위를 구별하고자 하는 강한 의지 때문일 수 있다.

그러나 유대교 내에 있었던 천사 경배의 증거로서 랍비 문헌들에 나타난 금지조항에 대한 나의 유보적 의견에 찬성하지 않는 사람들조차도, 기껏해야 이러한 전통이 기원후 2세기 이후에 랍비가 용납할 수 없는 관행으로 간주했던 것을 우리에게 말해고 있음을 인정해야 한다(세퍼는 자신이 보기에 비판받는다고 생각하는 그러한 관행에 대해 이런 견해를 제공한다).[96] 어쨌든 랍비 문헌의 금지조항들은 기독교 및 영지주의적 발전과의 상호작용 이전의 바빌론 포로기 이후 초기 세기에 유대 종교적 헌신의 본질을 결정하는 데 거의 사용되지 않는다.

산헤드린서(b. Sanhedrin) 38b의 구절에서는 한 랍비와 한 '이단'이 예배가 하나님 이외의 제2의 인물에게 주어질 수 있는가에 대해 토론하고 있는데 (출 23:20-21을 언급함), 여기에서도 문제는 3세기보다 얼마나 더 일찍(토론의 내용을 기술한 사람인 랍비 나만[Nahman]의 시대) 이런 종류의 논쟁이 명확하게 제기될 수 있는가이다. 세갈(Segal)은 이런 종류의 논쟁은 기원후 1세기로 거슬러 올라갈 수 있다고 주장하지만, 그는 이 구절의 이단이 아마도 기독교인일 것이며 그 구절에 설명된 논쟁은 아모라기(amoraic) 시대(3세기)에 있었음이 틀림없다고 말한다.[97] 또한 세갈이 하나님과 동시에 두 번째 인물을 숭배하는 유대 종파에 제공하는 유일한 1세기 증거자료는 신약성서에서 지적한 바와 같이 신적 지위로 승임 받은 예수에 대한 초기 유대 기독교 신앙이다.[98]

고위 천사들을 포함한 천상에 대한 관심이 1세기 이전으로 거슬러 올라간다는 세갈(Segal)의 말은 분명 옳지만, 천사와 같은 존재들에 대한 관심과 그들에 대한 숭배는 별개의 문제이다. 후자는 다양한 요인의 영향으로 전자에서 나왔을 수 있지만 둘은 결코 같은 것이 아니다.[99] 나는 또 다른 천상의 인물에 대한 숭배 논쟁이 1세기로 거슬러 올라가고, 초기 유대 기독교인의 이위일체론적 신앙의 영향을 반영할 수 있다는 데 일부 동의할 수 있다. 그러나 우리가 앞으로 보게 되겠지만, 이에 대해 현재 드러난 증거들로 볼 때 예수에 대한 기독교의 신앙적 헌신이 유대교의 유일신교에서 다소 독특한 돌연변이였음을 알 수 있다.

때로 유대인들이 천사를 경배했다는 1세기의 암시로서 골로새서 2:16-18에 대한 언급을 접하게 된다. 여기서 바울은 다양한 의식적 관심사(음식, 음료, 축제, 신월, 안식일)에 대한 선입견을 경고하고 있는데, 바울은 또한 '자기 비하'(RSV)나 '겸손'(*tapeinophrosynē*)과 '천사 경배'(*thrskeia tōn angelōn*, 18절)를 중시하는 사람들을 비판한다. 마지막 구절이 핵심 항목이다. 이는 종종 천사 경배를 언급하기 위해 사용되는데, 때로는 이 구절의 서로 다른

해석을 위한 좋은 사례가 언급되었다는 것을 인식하지 못한 채 그렇게 한다.[100]

여기서 나는 프란시스(F. O. Francis)의 주장을 참고하려 한다. 그는 골로새서 2장에 나오는 구절이 천사들이 행하는 천상의 예배를 가리키고 있다는 설득력 있는 주장을 제시한다. 골로새서의 구절은 인간에 의한 천사 경배가 아니라, 천사들이 행하는 예배에 관한 것이다. 그래서 이 구절의 맥락은 천상의 환상에 대한 기교와 천상의 환상에 대한 자부심을 포함하는 금욕적인 신비주의에 대한 집착에 대해 경고하고 있다는 것이다.[101] 나는 이런 프란시스(Francis)의 논증에 적절히 반박한 것을 본 적이 없다. 결국 그의 주장을 고려해 볼 때, 1세기 유대인들의 천사 경배에 대한 증거로서 골로새서 2:18을 인용하는 것은 이 구절에 대한 심각한 오인으로 간주되어야 한다.[102]

초기 기독교 문헌에서의 비난.[103] 첫째, 유대인들이 천상과 그 안에 거하는 천사들을 숭배한다고 오리겐(Origen)이 인용한 셀서스(Celsus)의 진술이 있다.[104] 두 가지 요점으로 인해 이런 비난은 유대의 천사 경배 증거로서 설득력이 떨어진다.

셀서스의 전체 진술을 살펴보면, 그가 신의 진정한 천상의 천사로 생각했던 태양, 달 및 기타 천체를 유대인들이 무시하고 오히려 그가 열등하다고 생각한 천상적 존재들에 대해 유대인들이 관심을 보인 것을 두고 유대인들은 일관성이 없으며 어리석다고 말하고 싶었던 것 같다. 그의 논쟁적인 목적을 고려할 때, 셀서스는 유대인들을 일관성이 없는 것으로 보이게 만들려고 천사에 대한 유대인들의 관심을 의도적으로 과장했거나, 천사에 대한 그들의 관심을 왜곡하여 오해했을 가능성이 있다. 이는 두 번째 요점에서 뒷받침된다. 오리겐(Origen)은 셀서스의 이러한 비난을 받아들이지 않았다. 하늘과 그 안에 있는 천사들에게 절하는 것이 유대의 관습이라는 셀서스의 주장에 대해 오리겐은 그런 관습은 전혀 유대교적이지 않으며, 오히려 유대교를 위반하는 것이라고 말한다. 결국 셀서스의 주장은 유대인들이 천사를 경배할 의도라는 주장이 어리석다는 것을 알 만큼 유대의 실제 관행에 충분히 익숙한 오리겐에게 근거가 없다는 반박을 받았다.

아리스티데스 변증(Apology of Aristides)에서의 진술뿐 아니라, 알렉산드리아의 클레멘트(Clement, *Strom*. 6.5.39)와 오리겐(*Comm. Joh*. 13.17)의 *케리그마 페트루*(Kerygma Petrou)에 대한 언급을 살펴보자. 클레멘트와 오리겐이 언급한 *케리그마 페트루* 구절은 이교도와 유대인들의 관습에 반대하며 하나님에 대한 기독교 예배만이 진정 정당한 것으로 구별하려고 시도한다. 유대인들에 관하여 클레멘트는 이렇게 말한다, "천사와 대천사, 날수(months)와 달(moon)을 경배하면서 자신만이 신(epistasthai theon)을 안다고 생각하는 사람들도 신을 알지 못한다(agnoousin auton)." 이 진술은 계속해서 안식일, 월삭, 무교절, 초막절, 속죄일에 관한 유대의 관습을 설명한다.[105] 이와 유사하게, *아리스티데스의 변증*에 나오는 텍스트는 유대인들에 대해 이렇게 말한다, "그들의 행동 방식을 보면, 그들은 안식일, 신월(new moons), 유월절, 대금식, 할례, 정결한 음식을 지키는 점에서 그들은 하나님이 아니라 천사들을 섬기는 것이다."[106] 시몬이 이 구절들에 대한 그의 논의에서 보여주었듯이, 이 텍스트는 일부 사람들이 생각한 그런 유대 천사숭배의 증거가 아니다. 이를 두 가지로 나누어 살펴볼 수 있다.[107]

우선은 첫째로, 초기 기독교 문헌에 나오는 유대인의 천사 경배에 대한 비난은 일반적으로 천사 숭배를 실천하는 것으로 간주되는 유대 비주류 집단을 향한 것이 아니다. 오히려 이런 비난은 유대교 전체를 특징 지으려 하는 의도인 것 같다. 둘째, *아리스티데스*와 *케리그마 페트루*의 두 진술에서 비난받고 있는 것의 사례로서 유대인의 의식행사를 나열하는 것을 보면, 그들의 비난은 주로 유대인들의 의식 관행과 관련이 있는 것으로 보인다. 종합해 보면, 이 두 가지 요소는 천사를 숭배한다고 유대인들을 비난하는 것이 실제 유대인들의 종교적 관행들에 대한 단순한 묘사가 아니라, 오히려 유대교의 의례를 준수해야 하는 신학적 동기의 해석임을 강하게 시사한다. 즉, 이 진술은 고대 유대교 신앙 의식의 실제적 본질에 대한 것보다 유대 의식에 반대하는 기독교 논쟁에 대해 훨씬 더 많이 알려 준다.[108]

이러한 기독교의 논쟁은 *디오그네투스에게 보내는 서신*(Epistle to Diognetus) 3-4에서 발견된 유대교의 의전을 준수하는 것에 대한 일종의 비판과 유사한 것으로 보이며, 아마도 특정 유대 의식이 거부된 바울 텍스트를 기반으로 하고 있을 것이다(갈 4:1-11; 골 2:8-23). 이 텍스트에서 바울은 이방인 개종자들이 이러한 관습을 받아들이는 것은 그리스도보다 열등한 권세에 자신을 예속하는 것과 같다(stoicheia tou kosmou, 갈 4:9-10; 골 2:8, 20)고 말하는 것 같다. 다른 구절에서 바울은 천사의 중재를 통해 전달된 모세의 율법을 구체적으로 설명하기도 한다(갈 3:19).[109] 바울의 이 글을 보면 *아리스티데스*와 *케리그마 페트루*의 진술에서 표현된 유대교에 대한 논쟁이 어떻게 일어났는지 파악하기가 그리 어렵지 않다. 또한 유대인들이 천사를 숭배한다는 진술이 단순히 유대교에 대한 신학적 비판이라고 결론 내리는 것도 어렵지 않다.

이런 결론은 *케리그마 페트루* 및 *아리스티데스*가 보여주는 비난의 성격으로 인해 입증되는 것으로 보인다. 두 진술이 암시하는 것은 유대인들이 하나님을 숭배할 신앙이 있으며 자신들만이 의례적으로 정확하게 그들의 신앙을 수행한다고 생각하지만, 기독교인들은 유대인들의 의식 관행으로 볼 때 그들은 하나님이 아닌 천사를 섬긴다고 이해하고 있다는 것이다. 즉, 유대인들이 천사를 숭배한다는 비난은 기독교 저자들의 통찰로 제시되는 것이며, 유대인들의 의도 자체에 대한 면밀한 분석과 이해를 통한 묘사를 하겠다는 의도가 아닌 것이다.

결론

우리는 하나님이 세상을 통치하고 택하신 자들을 돌본다는 유대교적 이해에서 천사들이 두드러진 존재로 나타남을 관찰하였다. 우리는 종말론자들과 랍비들이 염려하는 마음으로 유대인들이 천사들에게 과도한 경배를 표하는 것에 대해 경고한 자료를 가지고 있지만, 이러한 그들의 경고가 유대 집단이 천사들에게 행한 실제 경배로 인해 야기되었다는 명백한 증거는 어디에도 없다. 또한 클레멘트(Clement), 오리겐(Origen) 및 아리스티데스(Aristides)에게서 우리는 기원후 초기 수 세기의 기독교인들이 만든 유대교에 대한 신학적 비판의 흥미로운 예를 볼 수 있다. 요컨대, 이들의 자료는 천사 경배가 고대의 유대교적 신앙 관행의 일상적인 부분이라는 주장을 정당화하는 데 필요한 증거가 되지 못한다.

고대 시대의 전체 기간에서 본다면 아주 일부 유대인들은 여기서 인용된 종말론적이고 랍비적인 금지에서 금해진 유형의 종교적 관행으로 빠져들었을지도 모른다. 특히 다른 사람들뿐 아니라 유대인들이 이 흔히 주술이라고 불리는 고대 준 종교적 현상에 관련되었다는 징후를 볼 때 그러하다.[110] 그러나 고통받는 사람에게 천사의 이름을 크게 외치며 귀신을 내쫓았던 전문적인 유대 축사자들의 존재, 부적과 주문, 그리고 귀신의 괴롭힘으로부터 보호하기 위해 착용하는 부적에 천사의 이름을 사용한 것, 이 모든 것이 유대교의 신앙적 환경에서 천사를 숭배한 증거가 된다고 하기에는 역부족이다. 물론 우리가 이용할 수 있는 자료가 고대의 유대 종교가 포함한 것에 대한 온전한 상황을 제공하지 못할 수 있으며, 우리에게 직접적인 증거가 없는 어떤 유대 집단에서는 천사들이 숭배되었을지도 모른다. 그러나 그러한 집단과 관습의 존재가 명백하게 드러날 때까지 바빌론 포로기 이후 유대의 유일신론이 팔레스타인이나 디아스포라 환경에서 천사 숭배로 인해 광범위하고 심각하게 손상되었다는 주장은 근거가 없다고 보는 것이 맞다.

유일신론과 기타 신적 대리자

유대교의 유일신론이 바빌론 포로기 이후에 상당한 변화를 겪었다는 견해를 가진 학자들에게(예: 부세) 유대교의 천사 경배에 대한 증거는 매우 중요하다. 그 이유를 알기에는 어렵지 않다. 이런 증거들에 대한 그들의 해석이 옳다면, 우리는 고대 유대교의 자료에 나타난 천상의 대리자가 실제로 유대 종교 집단에서 숭배되었다는 단 하나의 분명한 표시를 찾아야 할 것이다. 우리는 신적 지위로 승임 받은 족장들, 또는 의인화된 신적인 속성("위격")이 유대인들의 경배를 받았다는 주장에 사용될 만한 명백한 증거가 없다. 예를 들어, 지혜(Wisdom)나 모세를 경배하지 못하게 하는 금지 조항은 없다. 유대인들이 그러한 인물들을 경배했다는 고대 기독교인들의 논쟁적인 글에서도 우리는 비난적인 글을 보지 못한다.

그러나 신적인 지위로까지 승임 받은 족장들과 의인화된 신적 속성에 대한 관심이 유대교의 하나님에 대한 신앙의 실제 관행에 심각한 영향을 미치지 않았음에도 불구하고 이러한 인물들, 특히 인격화된 신적 속성은 일부 학자들에 의해 유대교의 유일신론의 중요한 개념적 변화로 묘사된다(부세도 그러하다).[111] 따라서 부세는 무어(G. F. Moore)[112]와 스트랙(H. L. Strack)과 빌러벡(P. Billerbeck)[113]의 글을 거부하면서, 아람어 용어인 멤라(memra)는 단순한 언어 양식이 아니라 의인화된 지혜와 다른 인물들과 함께 중재적 존재(Zwischenwesen)가 되는 신학적 개념이라고 주장한다. 여기서 중재적 존재를 가장 잘 표현한 용어는 '위격'이다.[114] 부세(Bousset)는 이러한 유대교의 위격을 중재적 실제(Mitteldinge)의 성격과 추상적인 존재 사이에 있는 무언가로 정의했으며, 아직 완전한 추상화(抽象化)가 불가능한 사고 유형의 개념을 나타내는 것으로 간주하였다.[115]

지금 이 책을 읽고 있는 독자들은 지혜와 같은 의인화된 신적 속성이 바빌론 포로기 이후 유대 문헌에 나오는 신적 대리행위의 인물이라고 부르는 한 범주를 형성한다는 것을 기억할 것이다. 제2장에서 나는 소위 말하는 이러한 위격들, 즉 그들이 의미하는 것처럼 보이는 것, 그리고 고대 자료에서 그러한 것들에 보여준 관심 뒤에 있는 동기를 분석할 것이다. 여기서 이 인물들에 대한 관심이 바빌론 포로기 이후의 유대교 유일신론 신앙의 개념적 약화를 나타내는 것인지에 대한 현재의 질문을 고려하며 간략하게 논의할 필요가 있다.

첫째, '위격'이라고 하는 항목 중 적어도 일부는 실제로 그렇게 이해되어서는 안 된다. *멤라*(memra)와 *쉐키나*(shekinah)에 대한 세심한 분석은 이것이 사실임을 보여주었다.[116] 중재적 존재의 확산에 대한 개념은 부분적으로 고대 유대교의 담론의 특정 현상에 대한 오해 때문이다.

둘째, '위격'의 중요성도 지나치게 과장되었다. 바빌론 포로기 이후 유대 문헌 연구에서 파이퍼(G. Pfeifer)는 알렉산드리아의 필로(Philo)를 제외하고는 위격(hypostases)이라고 하는 항목이 그 시대의 유대 신학에서 그리 중요한 역할을 하지 않았다고 결론지었다.[117]

셋째, 지혜나 신적인 말씀 등을 개인적인 존재와 실제적 실체로 묘사하는 언어로 언급된 내용이 위격과 같은 항목에 대한 믿음의 증거로 간주되어야 한다고 우리가 결론을 내린다면, 확실히 파이퍼가 그러한 개념이 유대교의 모든 기간에서 발견된다는 점을 지적한 것은 타당하다. 그러므로 위격(hypostasis)의 개념은 바빌론 포로기 이후 시대에서만 발전했으며, 유대 신앙에서 하나님과 더 멀어졌다는 새로운 느낌을 나타낸다고 간주하는 것은 분명 잘못된 것이다.[118] 천군(天軍: heavenly host)에 대한 개념이 바빌론 포로기 이후뿐 아니라 바빌론 포로기 이전에도 발견되는 유대 전통의 주목할 만한 부분으로 보이듯이, 바로 그처럼 일부 학자들이 위격 개념을 의미하는 것으로 간주하는 언어는 바빌론 포로기 이후의 발전이 아닌 것으로 보인다. 오히려 고대부터 그러한 언어는 하나님의 활동을 묘사하는 데 자주 사용되었다고 볼 수 있다.

마지막으로, '위격'과 관련하여 나는 이 용어를 유대 전통에서 하나님의 인격화된 속성에 대한 설명으로 사용하는 것을 정의하거나 정당화하려는 시도는 아주 명확하지도 않고 설득력도 없다고 생각한다. 예를 들어, 인격과 추상적인 존재 사이의 중간 위치를 차지하는, 즉 신에게 고유한 속성의 준인격화로 정의된 무언가로 우리가 무엇을 할 것인가?[119] 신과 구별되는 실제적 준(準)신적 실체에 대한 믿음의 증거로 신적 지혜와 같은 그런 항목에 대한 설명을 주장하는 것은, 고대 유대인들이 신의 활동과 능력을 설명하기 위해 사용하는 언어를 이해하지 못한 것이다. 이는 고대 유대교 표현의 관용구이기 때문이다.[120]

필로의 경우조차도, 그가 '로고스'나 '권세들'(dynameis)과 같은 범주를 사용한 것이 실제로 세상에서 하나님 일하는 행위의 현실을 지키고 하나님은 자신의 어떤 행동이 의미하는 것보다 훨씬 더 위대하다고 주장하려는 시도는 성공적이지 못했다. 요컨대, 나는 의인화된 신적 속성에 대한 유대교의 관심이 유대인들의 유일신론적 관습과 믿음의 상당한 수정을 반영했다는 견해에 공감하지 않는다.

특히 최근 몇 년 동안 일부 학자들은 기독교 이전의 유대교 내에서 초기 이위일체론에 해당하는 종교적 사고의 특정 요소가 있다고 했다. 이 학자들은 이러한 신학적 경향의 특히 중요한 증거로서 고위 천사 인물들에 대한 바빌론 포로기 이후의 관심을 강조하는 경향이 있다[121](chapter4 고위 천사들 참조). 나는 이 학자들로부터 많은 것을 배웠지만, 문제가 되는 종교적 발전에 대한 그들의 이해에 대해서 완전히 동의하지는 않는다. 나는 유대인들의 이위일체론이 바빌론 포로기 이후에 생겼다는 것이 입증되었다고 생각하지 않기 때문이다.

아마도 바빌론 포로기 이후 천상의 대리자에 대한 유대교적 관심이 그들의 주요 신학적 발전을 반영했다고 야심차게 주장하는 학자는 포섬(Fossum)이다.[122] 그는 영지주의적 유형의 개념은 위격화된 신적 이름과 주(主; Lord)의 천사의 창조적 선택 의지에 대한 유대교적 발상에 이어서 나온 것이라는 이론을 지지한다.[123] 즉 그는 기원후 1세기의 그리고 어쩌면 더 이전의 유대와 사마리아의 종교적 사상에서 적어도 초기 이위일체론으로 묘사될 수 있는 것이 있었음을 보여주려 했으며 그리고 이는 더 작은 창조신, 즉 반(半)조물주에 대한 영지주의적 교리의 주요 원천이라 말한다.

포섬은 많은 양의 자료를 가지고 논쟁의 여지가 있는 일부의 연대 및 관련성에 호소한다. 또한 그 자료들에 대한 논란의 여지가 있는 해석과 주장을 제공하면서 여러 복잡한 문제를 다루는데, 그중 상당수는 그가 충분히 주의를 기울여서 다루지 않았다고 생각한다. 그가 관심을 가진 주요 쟁점인 영지주의의 기원에 대해서는 나는 판단을 유보하겠다. 고대 유대에서 이위일체론적인 경향이 있었다는 그의 주장은 이와 별개의 문제이다. 나는 후자에 대해서만 반대하는 것이다. 어떻게 반대하는지는 다음과 같다.

첫째, 우선 나는 보컴(R. Bauckham)의 다음 말에 동의한다. "다른 종류의 일신교와는 구별되는 유대 종교 전통의 유일신 사상에서, 종교 관행상 유일신 신앙의 진정한 시험이었던 것은 예배였다."[124] 즉 유일신론에서 벗어나는 유대 전통의 실질적인 변모에 대한 주장은 이스라엘의 하나님과 함께 다른 인물을 경배한 증거로 평가되어야 한다. 내가 지금까지 보여주었던 것처럼 유대인들의 천사 경배에 대한 주장은 그 근거가 매우 빈약하다. 고대 유대교의 사상에 이위일체론적 경향이 있었다는 견해에 관해서는, 제2의 신적 존재, 즉 위격, 신적 지위로 승임 받은 족장, 또는 고위 천사가 유대 종교 집단의 신앙적 관행의 일환으로 하나님과 동시에 경배되었다는 증거가 무엇인지 묻고 싶다.[125] 그러한 증거의 부재로 인해 우리는 유대교 유일신론의 주요 변형을 바빌론 포로기 이후의 특징으로 보는 것에 대해 매우 유의해야 한다. 사실, 하나님의 유일성에 대한 관심은 이전보다 바빌론 포로기 이후에 오히려 더 광범위하고 확고한 유대교의 특징이 된 것 같다.[126] 물론 헬레니즘과 본격적인 동화를 시도한 유대인들도 있었고, 유대교와 헬레니즘 시대의 다른 종교적 요소들을 혼합한 또 다른 부류의 유대인들도 있었다.[127] 그럼에도 불구하고, 바빌론 포로기 이후 유대교의 부인할 수 없는 다양성을 정당하게 인정하더라도, 이런 증거들은 하나님의 유일성에 대한 관심이 서로 다른 유대 종파들의 공통적인 특징이었음을 나타낸다.

둘째, 종교 사상의 발전을 연구할 때 우리는 이후의 발전을 종교 전통의 그 이전 단계로 역주입하는 것에 주의해야 한다. 포섬(Fossum)은 이 문제에 대해 충분히 주의를 기울이지 않은 듯하다. 예를 들어, 그는 기원후 4세기의 사마리아 자료뿐 아니라 기원후 2세기부터의 이단적인 문헌들을 과감하게 사용하여 1세기 종교 집단의 믿음과 관행을 설명하고자 했다.[128]

유대교의 신적 대리행위 인물과 영지주의자들 사이에는 연관성이 있을 수 있지만, 나는 포섬이 제2의 신적 존재(실제로 신적이며 동시에 현실적인 존재)가 기독교 태동 직전 시대에 유대의 종교적 신앙의 대상이었다는 것을 보여주었다고 생각하지 않는다. 다음 장에서 나는 관련 유대 자료들에 대한 또 다른 해석을 제시하고 이 글을 읽는 독자들은 스스로 판단할 기회를 갖게 될 것이다.

요약

나는 이 장에서 신적 대리행위의 개념을 소개했다. 여기서 하나님은 황실의 고관격인 천상의 인물들에게 독특한 위치와 역할을 부여한 것으로 이해된다. 둘째로, 나는 이 개념이 하나님의 유일성에 대한 전통적인 유대 관심사 내에서 작동했다고 주장했다. 따라서 나는 바빌론 포로기 이후 유대교가 모든 종교적 변형에 더불어 그들의 믿음과 종교적 관행에 있어서 본질적으로 유일신론적이며 그 반대의 주장(예를 들어, 유대인들이 천사를 숭배했다는 주장)이 확실히 입증되지 않았음을 보여주었다. 그리스-로마 시대의 유대교는 결코 단일체적 연합체가 아니었기에 나는 그 시대의 다양한 유대 공동체들 사이에 있었던 명백한 다양성을 무너뜨릴 마음이 전혀 없다. 나는 단지 하나님의 유일성에 대한 강조가 이러한 다양한 종교 전통의 발전 과정의 시점에서 널리 공유된 특징이라고 주장한 것이다.

나는 앞으로 세 개의 장에서 신적 대리행위 전통이 신적 지위로 승임, 또는 승임 받은 예수에 대한 이해의 틀을 만들기 위해 초기 기독교인들에 의해 사용되었을 수도 있는 고대 유대 전통에서 최고 대리자 인물의 주요 유형을 검토할 것이다.

chapter 2

신적 대리자로서의 의인화된 신적 속성

chapter 2
신적 대리자로서의 의인화된 신적 속성

이제 우리는 신의 속성의 사례에서 시작하여 하나님의 대리자로 묘사된 세 가지 유형의 인물을 살펴볼 것이다. 이러한 유형 중 특히 의인화된 지혜와 로고스는 초기 기독론의 유대적 배경을 연구하는 데 관심이 있는 학자들로부터 이미 주목을 많이 받았다.[129] 신적인 위치로 승임을 받은 예수를 신적 존재로 믿는 과정에서 일부 연구는 지혜와 로고스를 유대 전통에서 가장 중요한 요소로 묘사한다.[130]

예를 들어 초기 기독교인인 바울(예: 골 1:15-20)과 요한복음(1:1-4)의 서문 저자가 유대인들이 존귀한 예수의 의미를 밝히려고 지혜, 로고스, 토라를 설명하기 위해 사용했던 언어들을 차용한 것은 분명해 보인다(히 1:1-4도 참조).[131] 그러나 이것이 무엇을 의미하는지에 대한 의문은 남아 있다. 부세(W. Bousset)가 보기에 이런 의인화된 신적 속성은 위격들이었고, 신과는 절반이 다른 신적 존재였으며, 그런 것들에 대한 고대 유대인들의 관심은 그 자체로 진정한 유일신교를 손상시키는 것이었다.[132]

그러나 내가 주장하는 것은, 의인화된 신적 속성은 기본적으로 하나님 자신의 능력과 활동을 말해주는 역동적인 표현 방법이었으며, 유대인들은 이런 것이 유일신에 대한 신앙을 손상하는 것으로 인식하지 않았다는 것이다. 부세와 다른 학자들이 주장하는 성서시대 이후 유대교의 유일신론의 약화는 잘못된 것이다.

나는 신적 속성의 활동과 역할을 설명하는 데 사용되는 언어가 종종 신적 대리행위를 반영한다고 주장한다. 즉, 하나님의 주요한 종으로서의 신적 속성에 대한 설명은 실제로 유대 신학의 중대한 수정을 나타내는 것이 아니라, 오히려 고위 천사 또는 신과 같은 지위로 승임 받은 족장들을 묘사하기 위해 다른 맥락에서 사용되는 언어의 은유적 사용을 보여준다.

의인화된 신적 속성

지혜

의인화된 존재로서의 신적 속성에 대한 묘사는 고대 유대교에서 사용되던 수사(rhetoric)의 잘 알려진 특징이다. 특히 '지혜'는 고대 이스라엘의 역사에 뿌리를 둔 가장 친숙한 사례이다.[133] 욥기 15:7-8 및 28:12-28과 같은 구절이 지혜의 의인화를 언뜻 반영한다고 주장할 수 있지만, 대부분의 학자들은 지혜가 개인적 존재로서 인격화된 첫 번째 분명한 예는 잠언이라는 점에 동의한다(잠 1:20-33; 3:13-18; 8:1-9:12 참조). 여기서 여성적 인물인 지혜는 독자들에게 그녀와 교감하도록 초대한다. 특히 흥미로운 것은 잠언 8:22-31에 나오는 구절인데, 거기서 지혜는 하나님의 동반자로서 세상을 창조할 때 자신의 존재를 실제로 그의 '건축가' 또는 '마스터 일꾼'(RSV)이라고 말한다.[134]

후기 유대 저술에서는 *지혜서* 6:12, 1:1에서 입증된 바와 같이 지혜의 이러한 의인화가 계속된다. 여기서 지혜는 "만물을 만드는 자"(7:22), "하나님의 일에 동참하는 자"(8:4), 하나님이 그를 통하여 "사람을 만드신

자"(9:2), "그 영향력이 모든 것"에 (8:1) 미치는 자이다. 그녀는 "전능자의 영광의 순수한 발산", "하나님의 역사의 흠 없는 거울, 그의 선하심의 형상"(7:25-26)으로 하나님과 밀접하게 연관되어 있으며, 하나님의 보좌 옆에 좌정한 것으로 묘사된다(9:4). 비슷하게 집회서(Sirach, Ecclesiasticus)에서 지혜는 영원한 실제(9절)인 하나님의 천상 회의(24:2)의 일원으로 묘사되는데, 그는 독자들에게 친밀한 말로 자신에게서 배우라고 호소한다(19-22절; 4:11-19도 참조).

또한 유대의 문헌들은 일반적으로 지혜를 유대의 종교 생활, 그리고 모세의 율법(tôrāh)과 동일시한다. 예를 들어, 잠언에도 지혜(sms) 하나님에 대한 두려움과 그의 명령에 대한 순종으로 연결되어 있다(예: 잠 1:7, 29; 2:1-6). *집회서(Sir.)* 24:8는 야곱 안에 거하고 이스라엘에서 기업을 받으라는 지혜에 대한 명령은 모세를 통해 율법을 주신 것을 나타낸다. 지혜와 토라의 연관성은 *집회서* 24:23에서 더욱 분명히 드러난다: 이 모든 것은 모세가 야곱의 회중을 위한 유산으로 우리에게 명령한 법인 가장 높은 하나님의 언약 책이다.[135] 마찬가지로 *바룩서(Bar.)* 3:9-4:4에 나오는 지혜에 대한 명상에서도 같은 연관성이 명시된다(특히 4:1. 또한 *바룩서* 3:29-30에서 신 30:11-12에 대한 언급을 주목).

지혜와 토라의 연관성에 대한 요점은 토라의 의무를 지혜의 본질이 되게 하여 토라의 의무를 부각시키고자 하는 것인데, 이렇게 하여 유대인들의 종교적 생활양식을 하나님 계획의 지상 구현으로 삼고 하나님의 진리로 살아가게 하는 것이 목적이었다. 여기에는 고대 세계 유대교의 종교적 특성에 대한 설명을 반대하는 논쟁이 분명히 있다. 어쩌면 학자들이 주장하는 것, 즉 유대인들이 지혜를 여성적 인물로 대한 것은 이방 종교들의 특정 여신 인물에 대한 묘사에 의해 영향을 받았으며, 또 부분적으로는 그런 묘사에 반대하기 위한 것일 수 있다는 주장은 옳은 것 같다.[136] 그러나 토라에 사용된 지혜의 묘사나 그 형상의 짐작 가능한 출처가 무엇이든 간에, 지혜와 유대교의 종교적 의무(토라)의 연결 및 고대 이스라엘 하나님의 대리자로서 지혜의 인물에 대한 설명은 우리가 종교적 사고의 한 범주를 다루고 있음을 보여준다. 그리고 이 범주는 유대 신앙의 근본적인 종교적 언약으로 맥락화되었다.[137]

일반적으로 디아스포라 환경에서 나온 것으로 생각되는 *솔로몬의 지혜서*에서 지혜와 토라의 명시적인 연결점이 확실히 나타나 있지는 않지만, 이 문헌의 저자가 고려하고 있는 지혜의 개념은 유대 신앙에서 유발되었음이 분명하다. 이것은 저자가 지혜를 이스라엘의 거룩한 역사와 연결하는 방식을 보면 확실히 알 수 있다. 율법을 지키고 하나님의 목적에(여기서 율법과 목적은 분명히 신적 지혜와 동일한 용어임) 따라 살도록 지상의 왕들에게 경고한 후(*지혜서* 6:1-11), 저자는 지혜의 과정이 "창조의 시작부터"(6:22) 시작되는 것을 확언한다. 그런 다음 지혜를 받은 솔로몬의 이야기(7:1-22), 하나님의 창조, 그리고 세상의 통치에서 지혜의 본질과 역할(7:22-9:18)에 대한 긴 묵상이 이어지는데, 이것은 고대 유대 문헌에서 발견되는 지혜에 대한 의인화와 지혜에 대한 가장 높은 찬사를 보여준다. 그 후 저자는 지혜를 성경의 역사에 나오는 주요 사건들과 연결시키는데, 아담의 창조(10:1-2)에서 시작하여 아브라함(10:5), 롯과 소돔(10:6-8), 야곱(10:9-12), 요셉(10:13-14), 출애굽/광야/정복의 이야기(10:15-12:11)까지 확장되며, 그중 마지막 내용은 더 자세히 다루어지고 있다. 확실히 이 저자는 헬라 사상에 대해 어느 정도 익숙함을 보여주지만, 그에게 지혜의 핵심 표현과 그 내용의 색인은 하나님의 행위에 대한 증언이 있는 유대 경전에서 나온 것이다. 이 책에서의 지혜에 대한 생동감 있는 의인화와 승임은 *지혜서*(Wis.) 12:12-19:22에서 분명하게 드러난 하나님의 유일성과 이스라엘의 특별한 선택에 대한 저자의 확고한 약속의 맥락에서 보아야 한다.

따라서 *집회서*(Sirach), *바룩서*(Baruch) 및 솔로몬의 *지혜서*에서 입증된 바와 같이 바빌론 포로기 이후 지혜 사상의 후기 단계에서 지혜와 이스라엘의 하나님 사이에 그리고 지혜와 유대의 경전에 있는 하나님과 하나님의 뜻의 계시 사이에는 가장 강력하고 명시적인 연결 고리가 있는 것 같다. 토라로서의 지혜에 대한 이러한 정의는 지혜의 의인화가 토라의 생생한 의인화로 대체되는 랍비 문헌으로 이어지고, 토라는 지혜의 의미와 역할의 상당 부분을 차지하고 있다(예: *Midr. Ber. R.* 1:1, 4).[138]

그러나 내가 의도하려는 것은 지혜의 의인화에서 가장 중요한 측면은 그녀를 '하나님의 최고 대리자'로 묘사하는 것인데, 여기서 신적 대리행위의 언어는 하나님의 속성을 가리키는 데에 사용된다. 비록 잠언 8:22-31은 지혜를 주로 다른 모든 존재의 창조에 있어서 하나님의 동반자로 제시하지만, *솔로몬의 지혜서*(예: 7:22; 8:2)에서 그녀에게 주어진 보다 적극적인 역할을 보면 하나님의 일을 수행할 때는 하나님이 최고의 종을 사용하신다는 사고를 반영하는 것 같다. 지혜에 대한 묘사를 다시 주목해보자. 지혜는 온 땅에 대한 지배권을 가진(8:1), 하나님의 보좌 옆에 앉아서 "하나님의 일에 동참하는 자"(8:4) (9:4; 10절 참고)이며, 모든 신적 목적에 대한 지식을 받은 자이다(9:9-11). 이전에 인용된 7:25-26의 묘사들("하나님의 능력의 숨결, 전능자의 영광의 순수한 발산, 영원한 빛의 반사, 하나님의 역사에 대한 흠 없는 거울, 그리고 그분의 선하심의 이미지")과 여기서 나타낸 묘사 양쪽 다 지혜를 하나님께 종속시키고 해와 별과 같은 다른 모든 피조물에 비해 그녀를 매우 두드러진 위치로 끌어 올린다(7:29-30).

집회서(Sirach) 24(*솔로몬의 지혜서*와는 달리)는 지혜를 창조의 대리자로 묘사하지는 않지만, 하나님의 천상의 모임에서(2절) 그녀에게 주어진 탁월함, 하늘에서 승임을 받은 지위(4절), 그리고 모든 창조와의 연관성(5-6절)은 하나님의 시종들 사이에서 확실히 우월하다. 이스라엘 민족에게 가서 '기업'(8절)을 만들고 예루살렘에 '통치권'을 가지라는 지혜에 대한 하나님의 명령(10-12절)은 지혜가 하나님의 선택된 자들의 지도와 보살핌을 위한 하나님의 조력자로 묘사된다.

로고스

지혜 외에도 주목해야 할 신적 속성의 의인화에 대한 또 다른 중요한 사례들이 있다. 알렉산드리아의 필로는 우리에게 신적 속성의 의인화가 하나가 아니라 여러 가지라는 논의를 제공하는 주요 인물일 것이다. 신적인 '말씀'(*Logos*)의 역할에 대한 그의 강조는 고대 시대를 연구하는 학자들 사이에서 이미 잘 알려져 있지만, 그는 일부 구절에서 신적인 로고스와 그가 총칭하여 권세(*dynameis*)라고 부르는 다섯 가지 다른 속성을 일종의 계층 구조로 배열한다. 필로가 보여주는 신적 속성의 이미지는 풍부하고 다양하며, 이러한 사안을 다루는 그의 방식은 체계적인 형태로 정리하기 쉽지 않지만, 전문가들이 아주 자세하게 정리해 놨다.[139] 이 책에서는 필로가 로고스와 기타 신적 속성에 대해 논의한 몇 가지 예를 제시하고 이러한 유형들이 그의 사고에서 무엇을 나타내는지 간략히 설명하겠다.

현존하는 필로의 문서들에서 '로고스'라는 용어의 빈도(1400회 이상 등장)와 그의 이 용어 사용에 대한 체계화가 어렵다는 것은 잘 알려진 사실이다. 그의 사고는 유대의 지혜 전통뿐 아니라 플라톤과 스토아 철학에 대한 과감한 도전을 포함하여 전통적인 유대교적 관심사에 충실하지만, 당대의 철학적 질문들에 대하여 정교한 종교적 관점을 제시한다. 확실히 일부 구절에서 필로의 언어는 로고스가 실제적 중재자이며, 그를 통해 하나님이 세상과의 관계를 수행하는 작은 신이라는 믿음을 암시하고 있음을 쉽게 파악할 수 있다. 사실, *Quaest. Gen.* 2.62에서 필로는 로고스를 '제2의 신'(*ton deuteron theon*)이라고 부르며, 창세기 1:27에서 아담을 자기의 형상대로 창조한 '신'이 사실은 (인간 영혼의 이성적인 부분이 그것을 닮은) 바로 그 로고스라고 주장한다. 필로에 의하면, 지상의 어떤 것이든 하나님 자신의 직접적인 형상이라고 생각하는 것은 불가능하다. *Quaest. Exod.* 2.13에서 필로는 로고스를 하나님이 광야에서 이스라엘을 인도하기 위해 보내신 '천사'와 동일시하는 것처럼 보이며(출 23:20-21에서도 언급됨), 여기서 필로는 로고스를 '중재자'(*mesitēs*)라고 부르기도 한다.

또한 필로는 로고스를 묘사하기 위해 다양한 경어를 사용한다. '첫 탄생자'(*prōtogonon*), '대천사', '하나님의 이름'(*Conf. Ling.* 146), '모든 것의 지배자이자 관리자'(*kybernētēs kai oikonomos, Quaest Gen.* 4.110-11). 그리고 필로는 하나님이 인간들의 행위를 규정하고 금지하기도 하는 '창조적 권세'(*hē poietikē*), '왕의 권세'(*hē basilikē*), '자비로운 권세'(*hē hileos*), '입법적 권세'(*nomothetikē*)를 포함하는 신적 속성의 완전한 보완을 우선순위의 내림차순으로 기술하고 있다. 그리고 이 모든 것 위에는 '신적인 말씀'(*theios logos*)이 놓여 있는데, 이는 '하나님의 권세'(*dynamies*; 예로 *Fug.* 94-105 참조, 여기서 도피성[94-99, 103-105]의 구약성서 이미지와 모세의 성막[100-102]의 성물들과 관련하여 '권세'가 논의된다.)의 절정을 나타낸다.[140]

필로는 *언어의 혼란*(*De Confusione Linguarum*)이라는 문헌에서 창조된 질서에 대한 하나님의 통치에 사용되는 무수한 '권세'로서의 하나님 속성을 자세하게 논의한다 (168-175). 여기서 필로는 이러한 하늘의 권세들을 섬기는 천사들을 언급한다. 따라서 전체 천군(天軍)은 부대와 계급이 있는 군대와 같다. 여기에 하나님의 세계 통치가 고대 제국의 궁정을 모델로 했다는 분명한 증거가 있다. 이 궁정에서 하나님은 왕이다. 필로의 다른 문헌에 따르면(예: *Conf. Ling.* 146, 여기서는 첫 탄생한 로고스가 천사들 중에서 선임권을 가지고 있는, 즉 그들의 지배자였다. *tōn angelōn presbytaton, hōs an archangelon*) 우리는 그가 신적 로고스를 하나님의 고관, 즉 천상의 회중을 관리하는 수석 집사로 상상했다고 볼 수 있다. *Fug.* 101-102에서 필로는 로고스와 5대 최고 권세의 관계를 말의 고삐를 휘두르는 전차의 관계에 비유하여 하나님 자신이 주인으로 전차에 앉아서 '우주의 고삐'를 휘두르는 전차장에게 지시를 내린다.[141]

다음으로 나는 신적 지혜와 로고스에 관한 위의 텍스트들이 두 개의 고대 유대의 언어 관행을 반영한다고 본다. (1) 신적 속성의 의인화, 많은 신적 속성들에 관련된 관행, (2) 하나님의 대리자이자 하나님의 최고의 종으로서 특정한 인격으로 의인화된 신적 속성. 위의 두 번째 유대의 언어 관행은 특히 지혜와 로고스에 대한 설명을 반영한다. 신적 속성의 의인화는 모든 시대에서 고대 유대 종교 사상의 특징이었던 것처럼 보이며, 하나님의 본성과 활동에 대한 성찰의 결과로 보이는 흥미로운 현상이다.[142] 내가 앞서 이미 말한 대로 이러한 의인화의 언어가 반드시 하나님과 동등한 독립적 실체로 보는 관점을 반영하는 것은 아니다. 위격은 그리스-로마 시대의 고대 유대인들이 어떻게 의인화된 신적 속성을 이해했는지 설명하는데 특별히 도움이 되지 않는다.[143] 물론 하나님의 속성 의인화는 종종 생동감 있으며, 특히 지혜의 경우 주변 종교 세계의 신화적 형상들이 사용된다. 이러한 언어는 문자 그대로 받아들인다면 지혜와 같은 신적 속성이 하나님을 섬기는 실제적 존재로 보인다는 일부 학자들의 결론을 정당화하는 것처럼 보인다. 그러나 나는 이 결론이 이 특별한 유형의 고대 유대의 종교 언어에 대한 오해라고 확신한다.[144]

내 입장은 다른 주요 연구들과 충돌하지만, 나만 그런 것은 아니다.[145] 던(J. D. G. Dunn)의 연구는 의인화된 신적 지혜와 로고스의 의미와 관련하여 나와 유사한 입장을 취한다.[146] 던은 지혜와 로고스의 의인화가 고대 유대교의 가장 지배적인 종교적 관념인 하나님의 유일성에 대한 고대 유대적 관심의 맥락에서 이해되어야 한다고 주장하는데 이는 내가 판단하기에 옳은 주장이다. 또한 피오렌자(E. Schüssler Fiorenza)는 고대 유대교의 신학적 관심과 종교적 신념을 고려할 때, 신적 지혜를 묘사하기 위해 사용된 일종의 신화적 형상을 해석할 필요성을 강조했다. 이러한 이미지의 의미는 특정 종교적 맥락에서 그 기능을 연구해야만 이해할 수 있다고 그녀는 지적한다.[147] 마르쿠스(R. Marcus)는 링그렌(H. Ringgren)의 고전적 연구인 *세계와 지혜*에 대한 깊은 연구를 통해 특정 종교 문화의 설정에서 이미지의 기능적 의미에 대한 민감성 없이 다양한 종교에서 사용되는 형상들을 동일시하는 오류에 대해 경고하며 피오렌자와 비슷한 주장을 했다.[148]

위의 학자들이 가리키는 예는 포섬(J. E. Fossum)의 주장이다. 포섬은 잠언 8:22-30와 *에녹2서* 30:8 같은 텍스트에서 지혜는 "독립적인 신"으로 간주되어야 한다고 주장하는데 해당 텍스트에서 작가들은 결코 포섬의 분석대로 의도하지 않았음이라 확신한다.[149] 마찬가지로 고대 유대교에서 하나님의 이름과 말씀이 가지는 의미는 깊다는 점을 강조하는 것은 분명 옳지만, 포섬의 견해, 즉 실체적인 존재가 있는 것처럼 보이며 각각은 일종의 독립적 실체에 해당한다는 견해(사 30:27; 55:10-11; 렘 10:6; 시 20:1; 54:6; 143:13; 욜 2:26; 잠 18:10; 말 1:11; *지혜서* 18:15-16)는 고대 유대의 종교적 언어의 특성을 이해하지 못한 것이다.[150] 신적 이름, 신적 지혜 또는 말씀 및 기타 신적 속성이 고대 텍스트에서 의인화된 언어로 언급되었다고 해서 이러한 항목들이 고대 유대인들에 의해 인격적 존재 또는 인격을 가진 추상적인 존재와 같은 어떤 것으로(예: 위격) 이해되어야 한다고 결론지을 만한 충분한 근거는 없다. 의인화된 신적 속성은 고대 유대인들의 텍스트의 언어 세계에서 인격적인 존재로 행동은 하지만 이것이 반드시 텍스트를 만든 저자들의 개념적 세계와 종교 생활에서 신적 속성의 기능을 나타내는 것은 결코 아니다.[151]

나의 요점을 보다 명료하게 설명하기 위해 *요셉과 아스낫*(Joseph and Asenath, 1세기 유대 창작물)의 예를 들고자 한다. 이 문헌에서 참회를 하는 자와 하나님 사이에서 중재하는 자를 가리켜 "지극히 높은 자의 딸, 처녀들의 어머니, 처녀, 매우 아름답고 순수하고 순결하고 온화한 처녀"(15:7-8)라며 여성으로 묘사한다. 이는 매우 정밀하게 인격화된 존재이다. 이렇게 인격화된 존재는 회개한 자를 대신하여 하나님께 간구하고 그녀를 사랑하는 사람들을 위해 신방(bridal chamber)을 준비한다. 지극히 높으신 하나님은 그녀를 특별히 사랑하시고 다른 모든 천사는 그녀를 경외한다. 그렇다고 참회하는 자의 진정한 '중재자'가 되는지는 불확실하지만, 그래도 이러한 의인화 언어는 앞서 말한 지혜뿐만 아니라 여기서도 나오듯 유사한 인물들에게도 많이 보인다. 분명히 *요셉과 아스낫*은 고대 유대의 종교적 언어에서 의인화가 널리 퍼져 있음을 보여주고 그러한 생동감 있는 수사(rhetoric)를 바탕으로 섣부른 결론을 내린 많은 견해에 대한 경고라고 여겨질 수 있다.[152]

고대의 타 종교 공동체들에게도 높은 신들을 대신하여 행동한 하위 신들이 있었다는 정보는 고대 유대인들이 신적 속성을 설명하는 데 사용했던 언어와 형상에 대한 가능한 기원과 영향을 밝혀줄 수는 있지만, 언어의 실제적 중요성은 고대의 유대 종교 생활에서 언어의 기능에 의해 결정되어야 한다. 물론 많은 종교역사 연구들도 나름으로 열심히 연구에 임하고 있지만, 연구되는 언어 속 비유와 출처들을 잘못 분석하여 '어원학적 오류'를 범할 수 있다. 여기서 내가 말하는 어원학적 오류는 종교적 용어와 상징들이 어디에서나 동일한 의미와 기능을 수행하는 것으로 간주되는 오류를 말한다.

유대인들의 고대 문헌들에 나오는 의인화된 신적 속성에 대한 논의가 가장 활발했던 것으로 보이는 필로의 경우에도 로고스와 다른 신적 권세들이 하나님과 그의 활동을 설명하는 방법 이상의 의미가 있지는 않았을 것이다. 따라서 필로가 로고스를 신 또는 부차적인 신이라고 부를 때 그는 단지 그의 창조와 구속의 역사에서 인간의 이성으로 이해된 그 로고스가 하나님임을 의미하는 정도이다. 신적 속성에 대한 필로의 논의는 부분적으로 구약의 창조와 신적 역사가 실제로 하나님을 드러내지만, 완전히 드러내지 않으며 결코 완벽하게 드러낼 수도 없다고 말하고 있다. 또한 신적 권세의 위계 제도는 필로가 독자들에게 하나님에 대한 더 높은 이해를 추구하고 궁극적으로 형언할 수 없는 하나님의 본질을 인식하도록 촉구하는 교육적 도구로 사용한 것이다.[153]

여기서 중요한 질문은 신적 속성의 인격화가 하나님의 본성과 행동을 설명하는 역동적인 방법을 나타내는지 또는 이러한 속성을 부여한 인격적 실체로 보는 것인지 아니면 그것들을 하나님의 본성이 소위 세상으로의 확장으로 보는 관점인지, 오히려 진짜 중요한 문제는 이렇게 의인화된 속성이 그리스-로마 시대 유대교의 경배적 관행에서 제대로 자리를 잡지 못한 것으로 보인다는 것이다. 즉 신적 속성을 가진 인물들이 그 시대 유대의 종교 생활에서 기도와 경배의 대상이 되었다는 증거는 어디에도 없다. 우리는 지혜, 로고스, 특정 이름 또는 기타 신적 속성이 하나님과 동시에 경배된 어떤 유대 종파에 대해서도 들어본 적이 없다.[154] 우리는 *솔로몬의 지혜서* 6-10에서 신적 지혜의 중요성에 대하여 찬미형식으로 된 긴 암송 구절을 발견할 수 있다. 그러나 그러한 수사(rhetoric)가 하나님과 나란히 신앙적 경배의 대상으로서 지혜의 인물에 대한 종교적 헌신을 보여준다는 증거는 없다. 따라서 고대 유대인들이 상징하는 신적 속성의 인격화가 무엇이든 그것은 하나님의 유일성에 대한 위협이나 고대의 유대교에서 나타나는 헌신의 형태에 대한 수정을 포함하지 않는다.[155]

신적 대리행위의 언어

의인화의 언어적 관행에 더하여 앞서 인용된 고대의 유대 텍스트는 하나님의 최고 대리자로서의 특정한 신적 속성에 대해 분명히 묘사하고는 있다. 나는 이것이 왜 그런지에 대한 몇 가지 예를 이미 제시했으며 여기에서 몇 가지를 더 검토할 것이다. 신적 속성이 마치 하나님의 대리자나 하나님의 고관인 것처럼 묘사하는 것은 초기 기독교에서 신적 지위로 승임 받은 예수의 역할에 관한 이해에 대한 개념적 배경 측면에 어느 정도 일치하기 때문에 흥미롭다. 물론 두 가지 뚜렷한 차이점은 있다. (1) 이러한 신적 속성은 내가 앞서 주장한 것처럼 하나님과 함께 있는 실제적 실체로 생각되지는 않았다. (2) 기독교 초기에 신적 지위로 승임 받은 예수는 기독교 공동체의 삶과 그들의 종교적 환경에서 종교적 헌신의 대상으로 역할을 확실히 하게 되었다. 초기 기독교의 헌신적 삶에서 신적 지위로 승임을 받은 예수의 이러한 역할은 고대 유대 신앙에서의 기독교적 이위일체적 변이를 나타내고 기독교 신앙에 독특한 이위일체적 형태를 부여했다.

그러나 이 개념적 변이는 그것이 발생해 나온 유대 종교 기반의 요소들과 아무런 관련이 없었으며, 정작 고려해야 할 중요한 요소는 앞서 내가 신적 대리행위 개념이라고 부른 것이다. 의인화된 신적 속성은 하나님과 함께 있는 실제적 존재가 아니었지만, 고대 유대의 텍스트는 그들을 언급할 때 신적 대리행위 언어를 사용한다. 이것은 신적 대리행위가 유대 전통의 익숙한 요소임을 보여준다.

물론 이 신적 대리행위라는 언어의 궁극적인 배경은 고대 궁정인데, 구디너프(E. R. Goodenough)가 필로의 '권세'(powers)에 대한 묘사를 언급하면서 지적한 것을 보면 알 수 있다.[156] 그러나 하나님의 고관으로서의 신적 속성에 대한 묘사에서 궁정의 지상 모델뿐 아니라, 천상의 궁정에 대한 유대의 전통적 개념도 사용되었다. 하나님의 최고 대리자로서의 지혜나 로고스에 대한 비유적인 묘사는 고대 유대인들의 정치적 경험뿐 아니라 그들의 종교적 사상도 불러내었다. 그것은 그들의 종교적 사고의 특징이었던 신적 대리행위 개념의 보다 넓은 패턴과 분리해서 보아서는 안 된다. 이것은 *집회서(Sir.)* 24:2에서 분명히 알 수 있다. 예를 들어 지혜가 천군(天軍) 사이에서 두각을 나타내는 곳, 그리고 로고스가 출애굽기 23:20-21의 고위 천사와 연결된 곳이라면, 그 고위 천사는 하나님의 이름을 가졌다고 한다(예: *Quaest. Exod.* 2.13; *De Agr.* 51; *Migr. Abr.* 174).

신적 속성의 인격화는 하나님 본성의 특정 측면에 주의를 집중시키고 또한(필로처럼) 때때로 하나님이 자신의 어떠한 피조물보다 월등히 위대하다는 것을 강조함으로써 하나님을 영화롭게 하기 위한 것이었다. 의인화된 특정 신적인 속성을 설명하기 위해 신적 대리행위 언어를 사용하는 것은 그렇게 묘사된 속성의 중요성을 더욱 강조하기 위한 것이었다. 따라서 *솔로몬의 지혜서*가 지혜를 "하나님의 일에 동참하는 자"(8:4), "하나님의 보좌 옆에 앉은 자"(9:4, 10), "모든 것을 알고 이해하는 자"(9:11)라고 설명할 때, 그 의도는 지혜를 하나님의 본성과 목적에 대한 직접적 표현이 되게 하는 것이었다. 7:24-26에서 지혜가 하나님의 호흡, 발산, 반사 및 형상으로 묘사되는 다른 이미지들을 통해서도 동일한 의도가 달성된다. 이미지의 이러한 변화는 사용된 모든 비유적 언어가 상징화되는 주요 목적에서 부차적으로 된다. 즉, 이스라엘의 하나님을 떠나지 않고 그가 명한 삶의 방식을 따르는 것은 큰 보상을 보장받는 참 지혜의 길이다.[157]

마찬가지로, 로고스에 대한 필로의 묘사는 다음과 같은 다양한 비유적 용어들을 사용한다. "대제사장"(*Migr. Abr.* 102; *Fug.* 108-18; *Somn.* 2.183), "하나님의 형상"(*Fug.* 101), "처음 탄생한 자"(*Conf. Ling.* 63). 그리고 구약성서와 그의 독자들의 문화생활에서 가져온 다른 것들은 물론 '모델'(*Somn.* 1.75)과 같은 일반적인 용어들도 있는데, 이들은 신의 계시로서의 로고스의 중요성을 강조하기 위한 것이었다. 다양한 상징 언어에는 신적 대리행위 언어도 포함되어 있는데, 이 언어에는 로고스가 신의 다른 모든 종보다 더 높은 신의 최고 대리자로 묘사된다. 그는 "천사들 가운데서 선임적 위치, 즉 그들의 지배자"(*Cong. Ling.* 146)였고, 만물에 대한 하나님의 지사이자 관리자(*Quaest. Gen.* 4.110), 즉 하나님의 '총독'(*hyparcho, De Agr.* 51)이었다. 필로는 여러 번 출애굽기 23:20-21을 언급하는데, 이것은 하나님의 이름에 속하는 고위 천사에 대한 묘사와 함께 로고스의 중요성을 설명한다. 이것은 필로가 천상의 최고 종들을 나타내는 유대전통에 익숙했음을 보여준다. 이렇게 필로가 다룬 동일한 텍스트를 고대 유대인들도 언급하기도 하는데 여기서는 다른 인물들(특히 고위 천사들)이 그러한 역할을 맡고 있다. 그러나 필로의 경우에서 이 전통은 로고스를 지적인 자들만 인식할 수 있는 하나님의 지극히 높은 계시로 묘사하기 위해 사용된다.[158]

따라서 하나님의 최고 대리자로서 의인화된 신적 속성에 대한 설명은 신약에서 신적 지위로 승임을 받은 그리스도에 대한 설명과 흥미로운 언어적 유사점이 있다. 더 중요한 것은 이것이 암시하는 것이다. 즉 유대 전통이 하나님의 통치에 그러한 직분이 포함될 수 있다는 생각에 익숙하다는 것이다. 신적 대리행위의 언어로 묘사된 지혜와 로고스는 부분적으로는 신의 위치로 승임을 받은 예수에 대한 초기 기독교적 이해의 유대적 배경을 제공하지만, 이들은 그러한 언어가 차용된 더 근본적인 개념적 배경을 설명하기도 한다. 하나님이 다른 모든 하나님의 종들보다 높은 최고 대리자를 천상에 데리고 있다는 이 개념은 신적 지위로 승임을 받은 예수를 하나님과 나란히 받아들이려고 노력한 초기 기독교인들에게 매우 적합한 것이었다. 다음 두 장(chapter)에서는 이 개념적 배경에 대한 추가 증거를 검토하고자 한다.

chapter 3

신의 대리자로
승임 받은 족장들

chapter 3
신의 대리자로 승임 받은 족장들

구약에 나오는 족장들을 신적인 혹은 신의 대리자로 여겼던 전통은 바빌론 포로기 이후 유대교에서 흔한 일이었다.[159] 이에 대해 잘 알려져 있는 인물들로는 아담, 셋, 에녹, 아브라함, 야곱, 그리고 특히 모세가 있다. 아마도 신적 대리자에 대해 우리가 가지고 있는 가장 좋은 예는 *집회서*(Sirach, Ecclesiasticus 44-49)이다. 이 예는 위에 언급된 성경 속 인물들에 대한 전통을 정교하게 순화하고 개작한 것으로 보인다. 여기서는 하나님의 최고 대리자로서 천상의 지위로 승임 된 사람들의 몇 가지 예시에만 초점을 맞추고자 한다. 이미 지적했듯이(제1장) 신적인 위치로 승임 받은 족장들에 대한 관심은 '신적 대리행위 사상'의 세 가지 범주 중 하나를 구성한다. 이 신적 대리행위 사상 안에 서로 다른 두 가지 범주(의인화된 신적 속성과 대천사)와 함께 이 족장들은 고대 유대교가 하나님과 동등한 위치로 승임 받은 인물들을 수용할 수 있는 여유가 있음을 보여준다. 이로 인해 최초의 기독교인들은 예수의 승임에 대한 확신을 수용할 수 있게 되었을 것이다.

지금까지 내가 주장한 것은 신적 속성을 하나님의 최고 대리자로서 묘사한 것은 신적 대리행위 표현의 비유적 사용이라는 것이다(제2장). 그러나 승임을 받은 족장들에 대한 묘사를 연구할 때, 우리는 천상의 권세와 영화로운 지위를 가지고 있는 하나님과는 구별되는 실제 인물들을 다루고 있다. 이 족장들은 이와 같은 방식으로 승임을 받은 예수의 진정한 선도자(先導者)들이었으며 예수처럼 이 땅에서 역사적으로 존재했던 인물들이었다. 그러나 예수와는 달리 그들은 모두 아주 먼 과거에서 왔다.[160] 나는 이제 구약 성서의 특정 영웅들(heroes)이 하나님의 최고 대리자로 묘사되는 방식을 설명해 보겠다.

에녹에 관한 추론

고대 유대교에서 주요 족장으로서 큰 주목을 받은 인물 중에는 에녹이 있다. 창세기 5:18-24에서 간단히 언급된 그는 바빌론 포로기 이후의 문헌에서 매우 중요한 표상이 되었고, 간단한 성경적 언급으로부터 그에 관한 정교한 전통이 생겨났다.[161] 예를 들어 *Jubilees*(기원전 2세기)[162]에서 에녹은 "글을 쓰는 법과 지식과 지혜를 얻는 법을 배우는"(4:17) 최초의 사람으로 묘사되며, 그는 "천상의 표징(the signs of heaven)"(*Jubilees*와 매우 관련이 많은 사안)에 관한 책의 저자로 보인다. 더욱이 *Jubilees*에 따르면, 에녹은 그의 꿈속에서 '심판 날까지' 일어날 모든 일이 쓰인 한 환상을 받는다(4:18-19). 하나님의 천사들과 함께 수년간 여섯 번의 희년을 보내면서 그는 땅과 천상의 모든 것을 배웠다(4:21). 그는 마침내 에덴동산으로 인도되어 "위엄과 영예로운 심판의 날"(4:23-24)까지 인간의 모든 행위를 기록하고 "성소의 향을 태웠는데"(4:25), 이것은 그가 승임을 받은 상태에서 제사장 역할을 한다는 것을 분명히 나타낸다. 또한 *Jubilees* 4:17-26은 이 책이 쓰였을 당시 이미 에녹 설화의 상당 부분이 확립되었음을 보여준다. 이 구절에는 여러 다른 고대 자료에서 에녹과 관련된 몇 가지 기본 주제가 포함되어 있기 때문이다.[163]

에녹이 책을 썼다는 전통(혹은 구전)은 *Jub.* 21:10에도 반영되어 있다. 열두 족장들의 유언서(*The Testaments of the Twelve Patriarchs*)에는 그의 이름에 대한 언급이 많다(참조: *T. Sim.* 5:4; *T. Levi.* 10:5; 14:1; *T. Judah* 18:1; *T. zeb.* 3:4; *T. Dan.* 5:6; *T. Naph.* 4:1; *T. Benj.* 9:1).[164] 실제로 에녹2서 10:1-7에서 에녹이 쓴 360권(또는 366권)의 책에서 우리는 살펴본 바 있다. 인간 행위의 기록자로서 그의 기록 활동은 아브라함 유언서 13:21-27 및 에녹2서 11:37-38; 13:57, 74(또한 *Jub.* 10:17 참조)에서도 언급되고 있다. 이러한 자격을 가지고 그는 최후의 심판에서 행악자들에 대한 증언을 한다(*Jub.* 10:17).[165]

위에 언급된 문헌들의 저자를 에녹의 전통에 두며, 그가 쓴 것으로 추정되는 문서들을 살펴보자. 우선 잘 알려진 에녹1서(*1 Enoch*, 에티오피아어로 된 에녹서)가 있는데, 이것은 기원전 2세기 초부터 기원후 1세기에서 3세기 사이 특정 시대까지의 자료들을 혼합한 모음집으로 보인다.[166] 또한 기원후 1세기 또는 2세기의 또 다른 혼합작품인 에녹2서(*2 Enoch*, 슬라브어로 된 에녹서)도 있다.[167] 이러한 글들은 수세기에 걸쳐 에녹의 이름으로 글을 쓴 다양한 사람들의 작품을 합성한 것으로 특히 천상의 세계나 마지막 날에 관한 정보를 공개하고자 하는 사람들에게 에녹의 중요성을 더욱 잘 보여준다.

창세기 5:24에 언급된 에녹은 하나님과 동행했다는 말을 근거로 그의 의로움이 그에게 인간 행위의 공정한 기록자 역할을 할 수 있는 자격을 부여받았고, 이에 따라 최후의 심판에서 인간의 죄에 대한 증인으로서 역할을 할 수 있는 '의로운 에녹'이라는 전통이 발전되었다. "하나님이 그를 데려가시므로 그는 세상에 있지 아니하였더라"(창 5:24)라는 것은 에녹이 천상으로 올라가 천상의 모든 비밀을 봤다는 구전에 대해 성경적 정당성을 부여했을 것이다. 물론 우리는 여러 단계에서 에녹 구전의 몸통을 형성하는데 도움이 된 구약의 텍스트 외에 다른 영향들도 고려해야 한다.[168]

나의 주요 관심사는 에녹이 하나님의 최고 대리자로 묘사되는 방식이다. 여기에는 두 가지 변형이 있다. (1) *에녹1서* 37-71장에 나오는 에녹을 '인자'로 명백하게 밝힌 것, 즉 종말론적 구속과 심판과 관련하여 메시아적 임무를 수행하는 표상으로 밝힌 것, (2) 천사와 같은 영광스러운 천상의 존재로 변화된 전통인데, 이것은 *에녹3서*에서 에녹을 천상의 군주 메타트론으로 밝히면서 이 전통은 절정에 달한다.

인자로서의 에녹

"인자"라는 표상은 종종 우화 혹은 은유(the Parables or Similitudes)라고 불리는 *에녹1서*의 여러 구절에서 나타난다(37-71장).[169] 그는 분명히 매우 중요한 표상인데, 우리는 그의 의로움, 신적 비밀에 대한 친숙함, 승자적 지위(46:3), 지상의 권력자들에 대한 승리 및 악인들의 심판(46:4-8; 62:9; 63:11; 69:27-29), 하나님의 계획에서 미리 정해진 지위(48:2-3, 6; 62:7), 택한 자들을 위한 구원자적 역할(48:4-7; 62:14)에 묘사되기 때문이다. 또한 이러한 표상은 이 장에서 "선택된 자"(또는 "선출된 자") 및 "메시아"(또는 "기름 부음 받은 자")로 설명되는 것과 동일한 것으로 보이는데, 이는 동일한 역할이 세 가지 표상 모두에 적용되기 때문이다(예, 49:2-4; 51:3-5; 52:4-9; 55:4; 61:4-9; 62:2-16 참조). 이 모든 참고 문헌들에서 이러한 표상은 그 역할과 수준에서 분명히 메시아적이며, 구약의 구절들 또한 구속적 소망의 성취로서 그의 중요성을 묘사하는 것으로 보인다(예를 들어, 이사야 42:6; 49:6에 대한 암시가 있는 48:4에 유의해야 하는데, 이는 이사야에서의 '여호와의 종'과 같은 용어로 '인자'를 설명하고 있다).

에녹을 가리키는 이 표상은 하나님을 대신하여("영혼들에 대한 주의 이름으로", 예를 들어 *에녹1서* 55:4) 심판자 역할을 하는 것으로 보이며, 이런 권세로 하나님과 밀접하게 연결된 보좌에 앉는다. "그날에 택함 받은 자가 영광의 보좌에 앉으리라"(45:3; 또한 51:3; 55:4; 61:8; 62:2, 3, 5-6; 70:27 참조).[170] 이것의 의미는 이 표상이 하나님과 경쟁하거나 제2의 신이 되는 것이 아니라 그가 하나님과 관련된 종말론적 역할을 수행하는 것으로 보이기에 특별히 밀접하게 신의 사역과 연계된 하나님의 최고 대리자로 보는 것이 타당하다.

또한, 이 표상과 하나님 보좌의 연관성은 일부 구약의 구절에서 다윗왕의 개념과도 유사한데, 다윗도 하나님의 이름으로 통치하는 것으로 묘사되고 그의 보좌는 하나님의 보좌에 비유된다(예: 시 45:6; 또는 *Sir.* 47:11, 이 구절들에서 우리는 다윗에 대해 하나님이 "영원히 그의 능력을 높이시고", "이스라엘에서 영광의 보좌"를 주셨다고 들었다). 그러므로 "영광의 보좌"에 앉은 선택받은 자에 대한(그리고 이후의 전통에서는 메타트론에 대한) 설명이 한때의 유대 군주제와 관련된 전통적 이미지를 그릴 수 있다. 보좌에 앉는다는 것이 언제나 신격화를 포함하는 것은 아니지만, 일반적으로 하나님을 섬김에 있어서 그 보좌에 앉은 표상들, 즉 그런 인물들을 다른 모든 것 위에 있는 최고의 지위로 임명한다는 의미를 가지고 있다.

천상의 존재로서 신적 대리자라는 개념의 영향은 *에녹1서* 46:1-3에서 특히 더 자세히 볼 수 있다. 이 구절에서 *에녹1서*의 저자는 다니엘 7:9-14의 이미지를 사용하여 천상의 모습으로 "인자", "선택된 자"를 묘사하고 있으며, 그 묘사된 자는 하나님과 뚜렷하게 연관되어 있는 것으로 보인다.[171] 또한 그는 천사와 같은 위엄을 가지고 있으며, 모든 천상의 비밀을 알고 있다. 신의 현현이 나타나는 이 장면에서 저자는 두 가지 표상을 묘사하는데 하나는 하나님이고, 다른 하나는 "대단히 귀하고 비밀인 모든 것을 드러내고", "거룩한 천사들 중 하나로서 은총이 가득한 얼굴을 가진 사람"이다.[172] *에녹1서* 46의 저자는 분명히 다니엘 7:13-14에서 그 표상을 천상의(천사적) 특성을 지닌 실존하는 존재로서 그리고 하나님께서 선택하신 종말론적 구원의 최고 대리자로서 보았다. 이런 해석이 다니엘 7장의 저자가 의도한 의미를 반영하는지 또는 그 이후의 발전된 형태인지의 여부와 관계없이 나는 이러한 해석이 천상의 신적 대리자, 즉 하나님의 최고 대리자의 역할을 하는 하나님 다음의 권세를 가진 표상의 증거라고 말하고 싶다.[173]

다니엘 7:13-14에 나오는 사람 모습의 표상의 특징과 혼합하는 것 외에도 이사야 40-55장에 나오는 "종"과 다윗 혈통의 메시아, 그리고 *에녹1서*의 비유(37-71장)는 에녹이 '인자'와 '선택받은 자'라고 불리는 강력한 표상으로 분명히 지정되었음을 보여준다. *에녹1서* 71장에서 에녹은 하늘로 올라가고(71:1, 5), 그곳에서 천상의 거주민들(71:1, 7-9)과 하나님(71:2, 10-13)을 만난다. 에녹은 자신이 실제로 이전의 장들(71:14-17)에서 언급된 그 두드러진 표상이 자신이라는 말을 듣는다. 이는 창세기 5:18-24에 나오는 에녹이 하나님의 택하신 자들의 구원과 보존을 위해 최고 대리자의 지위로 승임 받았다는 전통을 분명히 보여주는 것이다.[174] 이런 전통이 기원후 1세기 후반의 이전은 아니라 하더라도(37-71장의 작성이 아마도 있었을 기간),[175] 에녹을 하나님의 최고 대리자로 묘사하는 것은 고대 유대교가 왕궁의 총리와 같은 존재로서 하나님의 통치에서도 이런 표상을 수용할 수 있음을 보여주는 사례이다.

천사로서의 에녹

하나님의 대리자로서의 에녹의 또 다른 변형은 그가 승천했을 때 천사적 존재로 변모하여 모든 천상적 존재들의 수장이 되었다는 견해다. 이는 *에녹3서*(*3 Enoch*, 기원후 5세기경)에서만 명백하게 나타나는데,[176] 거기서 에녹을 "메타트론"(4:2-3)이라고 지칭하였고, 이 메타트론은 다른 고대 유대 문헌들에서도 언급되고 있는 강력한 천상의 존재이다.[177] 4:8-9에서 하나님은 에녹을 천상의 높은 곳에서 천군(天軍)을 다스리는 왕이자 통치자로 선택했다고 천사들에게 말한다(또한 10:3-6 참조). *에녹3서* 9장에서는 "어떠한 화려함도, 광채도, 밝음도, 아름다움에서도 부족함이 없는" 거대한 존재로의 에녹의 변모를 언급하고, *에녹3서* 10-12장에서는 "영광의 보좌와 같은"(10:1) 메타트론/에녹의 보좌, 그의 장엄한 옷(12:1-2), 왕관(12:3-4)과 같은 것들을 에녹에 비추어 표현한다. 또한 *에녹3서* 1012장에서는 하나님이 메타트론/에녹을 "작은 야훼(YHWH)"라고 불리도록 명령했다고도 하는데, 이것은 명백하게 출애굽기 23:20-21("내 이름이 그의 안에 거한다" 12:5)를 반영하는 것이다.

*에녹3서*의 늦은 작성 시기를 감안할 때, 그 속에 있는 개념들을 기독교 이전 시대의 에녹 전통을 나타내는 것으로 보는 데에는 신중해야 한다. 초기의 에녹 자료들에는 에녹이 천상으로 올라가는 것과 관련된 일종의 강력한 경험에 대한 언급이 있지만, 그가 천사적 존재로 변모했다고 명시적으로 말하지는 않는다. 예를 들어 *에녹1서* 71:11에서 에녹은 천상에서 하나님을 보았을 때 "내 온몸이 녹아내리고 내 영은 변화했다"고 말한다.[178] 또한 *에녹2서* 22:5-10에서 하나님이 에녹에게 "내 면전에 영원히 머물라"라고 말한다(5-6절). 그리고 하나님은 미가엘에게 "에녹에게서 세속의 옷을 벗기고," "내가 기뻐하는 기름으로 그에게 바르고 내 영광의 옷을 입혀라"라고 말씀하시고, 에녹은 그러한 자신을 바라보며 자신이 "그의 영광스러운 자들"(8-10절) 중의 한 사람처럼 되었다고 말한다. *에녹2서* 24:1-3에서는 하나님이 에녹을 자신의 좌편에 앉히고 천사들에게도 말하지 않은 비밀을 그에게 알려준다고 말한다.[179] 그러므로 *에녹3서*의 저자들은 에녹이 고위의 천사적 존재로 변모했다는 발상의 토대로서 위와 같은 구절들을 썼으며, 우리가 명확하게 추적할 수 없는 어떠한 이유들로 에녹의 존재를 메타트론과 동일시했을 가능성이 있다. 메타트론에 대한 추론이 초기 기독론의 배경에 대해 직접적인 중요성을 갖기에는 너무 늦은 시기에 형성되었다. 나는 고대 유대교에서 승임을 받은 족장들에 대한

추론의 예를 설명하기 위해서만 에녹의 전통을 메타트론으로 인용하는 것이며, 이 전통이 초기 기독교인들에 의해 묘사되었다는 함의는 필요하지 않다.

그러나 메타트론으로서의 에녹에 대한 전통은 세 가지 이유로 주목할 만한 가치가 있다.

1. 에녹을 하나님의 최고 대리자인 메타트론으로 묘사하는 것은 *에녹1서* 71장에서 에녹을 "선택된 자", "인자"로 식별한 것을 가지고 추론할 수 있으며 부분적으로는 거기서 발전된 것일 수도 있다. 후자는 최고 대리자의 개념인데, 비록 천상의 장면으로 묘사되어 있지만, 그의 주된 역할과 권위는 지상에 영향을 미치는 것으로 보인다. 메타트론의 권위와 역할은 주로 천상적이다.

2. 에녹이 그의 승천 이후 천상의 존재로 변화했다는 발상은 이에 인용된 *에녹1서*와 *에녹2서*의 구절에 반영된 전통에 기반을 두었을 수도 있다. 그렇다면, 이 구절들은 승천했을 뿐 아니라 승임을 받고 천상의 영광을 받았던 에녹의 초기 전통을 반영하는 것으로 여기는 것이 적절하다.

3. 에녹이 천상의 존재가 되었고 하나님에 이어 제2의 권위를 받았다는 발상은 고대 유대교에서 다른 족장의 표상들에 대한 추론과 관련하여 볼 수 있다. 따라서 에녹/메타트론 개념은 비록 그 기원이 늦었을지라도 기독교 이전의 유대 전통의 일부였던 승임을 받은 족장들에 대한 일종의 변형일 수 있다.[180]

승임 받은 모세의 전통

에녹이 이어 주목할 만한 또 다른 구약의 족장은 모세이다. 믹스(W. A. Meeks)는 "모세가 모든 헬레니즘 시대의 유대교 변증에서 가장 중요한 표상"이라고 결론을 내린다.[181] 고대의 유대 자료에서의 모세에 대한 이러한 광범위한 연구를 감안할 때[182] 나는 모세가 때때로 하나님의 최고 대리자로 묘사되었다는 것을 특히 강조하고 싶다.

집회서(Sirach)

기원전 2세기 초반 본래 히브리어로 써진 *집회서*(*Sir.*) 45:1-5에서 나오는 모세에 대한 언급을 살펴보자.[183] 헬라어 버전의 *집회서* 45:2에서는 하나님이 모세를 "거룩한 자들[천사들]과 그 영광이 동등하도록" 만드셨다고 말하지만, 히브리어 문헌에는 이 구절이 빠졌다.[184] 이는 모세를 히브리어 성경에서 종종 하나님과 관련하여(예: 창 1:1), 그리고 때로는 천사들과 관련하여(예: 시 82:1) 사용되는 용어인 '엘로힘'과 비교하는 것처럼 보인다. 헬라어 버전의 *집회서*를 쓴 고대의 그리스 번역가는 여기서 분명히 후자의 의미로 이 용어를 받아들였겠지만(예: 70인역 시편 8:5에서도 그러했듯이), 히브리어 버전의 원저자는 출애굽기 4:16과 7:1을 언급하려는 의도였을 가능성이 매우 높다. 출애굽기의 이 구절들에서 모세는 아론과 바로에게 각각 "신"이라고 소개된다.[185] 또한 모세는 "온 인류 중에서" 하나님께 선택되었다고 하며(*Sir.* 45:4), 시내산에 올라가서 하나님과 "대면하여"(*Sir.* 45:5) 율법을 받았다. 이러한 진술들에 따르면 최고위의 용어로 모세를 영화롭게 하는 전통이 히브리어 저자에게는 익숙하다는 암시를 받게 된다. 이런 전통에는 모세가 시내산에 올라간 것이 신과의 직접적인 만남과 환상, 그리고 아마도 *Pseudo-Philo*(11:14; 13:8-9)에서 필로가 쓴 것으로 보이는 승천까지도 포함했고, 모세가 "태양빛과 달빛이 있는 곳으로 내려가서 보이지 않는 빛으로 둘러싸여 있었다"라는 것도 포함되어 있었다.[186]

모세 승천기(Testament of Moses)

모세 승천기(혹은 모세 유언서)라고 불리는 이 문헌에서는 모세가 "태초부터 언약의 중재자[라틴어: arbiter]가 되기 위해" 선택되고 임명된 것으로 묘사된다(1:14; 비교 3:12). 또한 모세는 "주님의 성령 … 지상에서 가장 완벽한 스승인 신적 예언자, 이스라엘의 강력한 보호막이 될 기도를 드렸던 '대변자'와 '위대한 사자'로" 승임된다(11:16-19). 여기에 나오는 '세상이 창조되기 전에 선택된 모세'라는 개념은 *에녹1서* 48:2-7에 '인자, 선택된 자'가 묘사된 방식과 유사하다. 이것은 예정론의 모티브가 하나님의 구속 사역에서 중심적 역할을 한다고 여겨지는 다양한 표상들에게 적용될 수 있음을 보여준다. 모세가 특별히 예정된 인물로 하나님과 이스라엘 사이의 언약의 '중재자'라고 묘사되는 것은 분명히 그를 하나님의 최고 대리자로 보는 견해를 반영하고 있는 것이다.

에스겔의 엑사고게(Exagōgē)

모세는 단편서인 *에스겔의 엑사고게(Exagōgē of Ezekiel)*에도 등장한다. 이 문서는 기원전 2세기에 처음 써진 것으로, 에스겔이라는 유대 시인이 그리스어로 쓴 희곡이다.[187] 이 희곡은 출애굽기 1-15장에 묘사된 유대인들의 출애굽과 관련이 있는 것으로 보인다. 여기서 가장 중요한 구절(H. Jacobson의 68-89줄)은 모세가 장인인 라구엘(Raguel)에게 꿈을 말하는 모습을 묘사하는데, 라구엘은 그 꿈을 해석해 준다.

모세는 시내산에서 '큰 보좌'를 본다. 그 보좌는 '천상의 층'에 이르고 그 위에는 왼손에 홀을 든 채 왕관을 쓴 '고귀한 사람'이 있다. 보좌에 앉은 사람의 손짓에 따라 모세는 그에게 다가가서 그의 홀과 왕관을 받았고, 보좌에 앉으라는 지시를 받았으며, 사람처럼 생긴 그 표상은 그 자리에서 사라진다. 일단 보좌에 앉자, 모세는 "온 땅과 땅 아래와 하늘 위"도 본다. 그리고 "수많은 별들(plēthos asterōn)"이 그의 앞에 떨어져 마치 전투 대형처럼 그 앞을 지나가고, 그는 "그 모든 별들을 세고" 잠에서 깨어난다(68-82행). 이다음에 라구엘(83-89행)이 그 장면을 해석하는 것이 나오는데, 그는 이 환상이 모세가 '큰 보좌'를 세우고 "인간들을 심판하며 인도할 것임을(brabeuseis kai kathēgēsē brotōn)" 의미하는 것이라고 한다. 위와 아래에 있는 온 땅을 본 모세의 환상은 그가 "현재 있는 것과 지금까지 있었던 것과 앞으로 이루어질 것을 보게 되는 것을 의미하는 것"이라 한다(ta t'onta ta te pro tou ta th'hysteron).

이 문서는 원작의 일부일 뿐이고 여기서 나오는 모세의 환상은 심도 있는 해석이 필요한 상징적 항목으로 구성되어 있기 때문에, 이 구절에 대한 학문적 논의에는 서로 간의 큰 의견 차이가 있었다. 모세의 환상과 그에 대한 라구엘의 해석은 모두 통치자/지도자이자, 선지자/예언자로서의 모세의 신분을 포함하고 있음이 분명하다.[188] 그러나 이 구절의 더 정확한 의미는 여전히 논란이 되고 있다. 일부 해석자들은 이것을 하나님의 부통치자(Meeks)로서의 모세에 대한 시각을 반영하거나 심지어 모세의 신격화를 암시하는 것으로 간주하는데(P. W. van der Horst), 이들은 필로, 랍비 문헌 및 기타 자료들에서 보이는 모세 전통을 바탕으로 이 문서를 보고 있다.[189] 하지만 다른 한편으로 최근의 또 다른 해석가는 이 구절에 두고 믹스(Meeks)와 호르스트(van der Horst)가 말하는 준신격화는 비판의 소지가 많다고 말한다.[190] 또 다른 관점에서 볼 때, 할러데이(C. R. Holladay)는 유대의 종말론과 신비주의적인 전통이 모세의 환상에 대한 배경이 아니라, 오히려 제우스와 아폴로의 관계를 반영한 그리스적 전통이며, 그 구절은 "선견자"(a mantis)로 모세를 보여주려고 하는 것이라 주장한다.[191] 많은 논쟁거리가 있겠지만, 나는 여기서 내 관심사와 관련된 몇 가지 논평에만 집중하겠다.

첫째, 할러데이는 *에스겔의 엑사고게*(Exagōgē of Ezekiel)의 저자와 그 문서를 읽는 독자들(특히 이교도들)이 알고 있을 수 있는 문헌적 및 주제적 배경을 올바르게 지적하지만, 내 견해로는 모세에 대한 유대의 전통이 그 문서에 영향을 미쳤을 것이라고 분명하게 보인다.[192] 믹스(Meeks)가 보여주듯이, 이 전통은 모세를 왕과 선지자의 역할로 보여주었으며, 이는 모세의 환상과 라구엘의 해석에서 확실히 강조된다.[193] 헬레니즘 시대에 승임을 받은 모세에 대한 관심의 다른 증거들을 고려할 때, 어느 정도는 변형된 증거들이 보이는 것은 맞지만, *에스겔의 엑사고게*의 저자는 승임을 받은 모세의 전통을 이미 알고 있었고, 모세의 환상을 묘사하는 것에 그 전통을 반영했을 가능성이 크다.

둘째, *에스겔의 엑사고게*가 모세의 승천과 승임의 전통을 확정할 의도였는지(Meeks, van der Horst) 혹은 수정할(Jacobson) 의도였는지에 대한 학자들의 의견 불일치에 대해서는, 어느 경우든 이 문서는 저자가 글을 쓸 당시에 그러한 전통이 있었다는 추가적인 증거이다. 두 입장의 대표적 학자들은 *에스겔의 엑사고게* 저자가 모세 전통에 대해 잘 알고 있다는 데에는 모두 동의하면서, 이 문서와 다른 고대 유대 문헌들 사이에 있는 유사점 혹은 차이점을 강조하고 있는 것이다.

따라서 *에스겔의 엑사고게*는 신적 대리행위라는 관점에서 모세에 대한 기독교 이전의 유대적 표현의 또 다른 표시로 받아들여질 수 있다. 이 문서에 나오는 모세의 환상에서 보좌에 앉은 표상이 신인지, 아니면 신을 대리하는 고위 천사와 같은 천상의 표상인지,[194] 그 여부와 관계없이 모세는 그러한 지위의 적절한 상징인 홀과 왕관과 함께 통치자로서 신성하게 임명된 지위를 부여받는다. 또한 그의 승임을 받은 위치는, 그에게 절하며 그의 심의를 위해 그 앞에서 행진하는 "별들"이 그에게 보여준 경의에도 나타난다.[195] 그 별들은 모세가 지도자와 심판자로 임명되어 다스리게 될 모든 인류의 상징으로 볼 수도 있다(창 37:9-10, 요셉의 꿈을 언급하는 듯). 또는 내가 판단하기에 그 별들은 모세가 하나님의 최고 대리자로 임명된 것을 천군(天軍)이 받아들이는 것으로 볼 수도 있다. 별은 유대 전통(예: 욥 38:7)에서 천사적 존재에 대한 익숙한 상징이며, 다른 종교 전통들에서도 신적 존재와 연결되어 있다.[196]

신성하게 임명된 보좌에 앉은 모세는 *에녹1서*의 '선택된 자'에 대한 묘사와도 유사한데, 그는 종말적 심판에서 그 '선택된 자'와 유사한 자리에 앉게 된다(예: 45:3; 51:3; 55:4; 61:8).[197] 모세에게 주어진 우주적 통찰력(77-78행, "전 지상 … 땅 아래와 하늘 위)은 에녹에게 주어진 천상의 비밀의 계시에 대한 설명과 유사하다(예: *Jub.* 4:21; *1 Enoch* 14-36; 72-82). 이는 모세가 본 환상이 하나님의 창조 통치에서 중요한 역할을 하도록 신성하게 선택된 모세에 대한 시각을 반영한다는 추가적 표시이다. *에스겔의 엑사고게*가 모세에게 우주적 통치권과 통찰력이 주어졌다는 개념을 거부하고 모세의 위치를 신적으로 임명된 지상의 지도자이자 선지자의 위치로 축소하려고 했다는 제이콥슨의 말이 옳다고 해도 적어도 *에스겔의 엑사고게*는 모세가 천상에서 하나님의 대리자로 여겨졌다는 전통에 대한 간접적인 증거는 된다.[198]

필로(Philo)

그러나 하나님의 승임을 받은 대리자로서의 모세에 대해 기독교 이전 시대에 존재했던 관심을 가장 온전히 보여주는 인물은 알렉산드리아의 필로이다(대략 기원전 50년~기원후 50년). 필로가 주장하는 모든 것이 내 관심사와 직접적으로 연관 있는 것은 아니다.[199] 그러므로 나는 필로가 모세를 하나님의 최고 대리자로 묘사한 것에만 초점을 맞추어 살펴볼 것이다.

이러한 논의를 시작하기에 가장 알맞은 부분은 모세의 생애에 대한 필로의 글이다(*Vit. Mos.* 1.155-159).[200] 이 문헌의 구절에서 필로는 모세가 바로 궁전의 안락함을 거부했기 때문에 하나님은 모세를 "자신의 소유물에 대한 공동관리자(*koinōnon*)"로 임명하고 "온 세상을 그에게 맡겼다"(1.155). 그 증거로서 필로는 모세의 명령(1.156)으로 행해진 성경 기록의 표적과 기적들을 언급하며, "이 표적과 기적들이 모세에게 복종했다"고 말한다. 그리고 필로는 출애굽기 7:1에 대한 여러 내용 중 하나를 말하기도 하는데, 여기에서 모세는 '신'이라고 불렸고(히브리어로 *elohim*, 필로의 그리스어 성경에서는 *theos*라고 불린다. 출 4:6과 비교), 또 그는 모세가 "하나님이 계신 어둠 속으로, 즉 기존 사물의 보이지 않는, 볼 수 없는, 무형적이며 전형적인 본질 속으로" 들어갔다고 말하는데, 그곳에서 모세는 인간의 시야로는 볼 수 없는 것들을 바라보고 있다고 한다(1.158).[201] 필로는 모세가 시내산에 오르는 구전을 알고 있었던 것으로 보이는데 이 구전에서 시내산은 신과의 직접적인 만남, 어쩌면 승천 같은 것을 내포하고 있었다.

필로의 사고에서 이 구절의 문맥은 하나님의 "동반자"로서의 모세의 지위가 가지고 있는 주요한 의미가 모세가 경건을 갈망하는 다른 모든 사람을 위한 완벽한 '모범'(*paradeigma*)이라는 것을 분명하게 밝힌다는 것이다(1.158-59). 그러나 또한 이는 모세가 하나님의 최고 대리자라는 이미지에 대한 필로 자신의 특별한 해석을 보여주며, 그는 당대에 존재했던 모세가 주요 표상이고 하나님의 총독(viceroy) 또는 대신(grand vizier)으로 간주되는 신적 대리행위의 전통을 이용하고 있는 것 같다.[202]

이는 필로가 신명기 5:31을 언급할 때 입증된다. 이스라엘 백성들이 "장막으로 돌아가라"는 말을 들은 후, 하나님은 모세를 "내 곁에 머물라"고 불러서 다른 이들과 구별하고, 모세를 신의 명령의 대변자로 삼는다. 필로가 신명기 5:31에 대해 언급한 것은 특별한 자격으로 모세가 하나님과 연결되는 것을 보여주기 위함일 것이다. 다시 말하지만, 필로가 말하는 각 문맥이 보여주는 것은, 필로 자신이 견지하고 있는 영적인 관점에서 모세와 하나님과의 연결을 해석한다는 것이고, 그는 하나님에 대한 모세의 "위치"를 신적인 특성을 획득한 예시로서 독자들에게 제시하는 것이다. 그러나 필로는 하나님 앞에서 특수한 역할을 하는 모세의 전통을 자신의 목적에 맞게 수정하고 있다. 하지만 그는 모세에게 부여된 신적 권세의 정당한 근거로서 신명기를 제시했던 첫 번째 인물은 아니다.

예를 들어, 필로는 신명기 5:31을 언급하며 특정 사람들이 구별되어 하나님에 대한 지식과 하나님 목적의 성취에 있어서 아브라함이나 이삭과 같은 구약의 인물들보다 훨씬 높은 위치, 즉 신적인 위치를 부여받을 수 있다고 주장한다(*Sac.* 8). 하나님은 특별한 사람들을 '자신의 옆'에 있도록 지명하는데, 이는 하나님 자신의 변함없는 완전함을 공유하기 위해서이다. 필로는 모세(*Sac.* 9)에 대해서 하나님이 지상의 어느 왕이나 통치자보다도 더욱 그를 능력 있게 만드셨다고 말한다. 즉, "하나님은 그를 신으로 지명했다."(*eis theon*, 출 7:1를 언급하며). 그런 다음(*Sac.* 10) 필로는 모세가 묻힌 곳을 아는 자가 없다는 성경적 전통에서 모세의 특별한 지위에 대한 추가적인 증거를 찾는다(신 34:6을 언급하며). 필로는 이것을 하나님이 변하지 않는 것처럼 모세가 일반 사람들이 죽을 때 하는 것과 같은 그런 종류의 변화를 겪지 않았다는 표시로 받아들인다.

Post. 27-31에서 인간적 성격의 유형들을 논의한다. 여기서 모세는 하나님에게 가장 잘 맞추어진 최고의 예시라고 주장하며 필로는 신명기 5:31 및 기타 구약의 구절들을 이용하여 자신의 견해를 설명한다. 필로는 신명기 5:31을 하나님이 "이 훌륭한 사람(*ho spoudaios*)을 자신의 본성의 공유자로(*tēs heautou physeōs*) 삼는다는 것을 의미하는 것으로 여긴다. 여기서 하나님의 본성은 평안(*eremias, Sac.* 28)이다. *Gig.* 49에서도 이와 유사한 주장이 나온다. 이를 토대로 추론하자면, 신명기 5:31은 천상의 지위를 가지고 있는 모세의 영성에 주장하기 위해 필로가 가장 좋아하는 문

헌이었다.

천상의 존재로 승임을 받은 모세의 지위에 대한 필로의 해석이 지니는 윤리적 성격을 간과해서는 안 된다. 필로에게 모세는 참된 평온과 같은 신적 자질과 하나님의 본질과 그리고 하나님의 목적에 대한 특별한 지식으로 축복을 받았다는 의미에서 신격화되었다. 이 특별한 지식은 모세를 통해 이스라엘에게 유산으로 주어지는 율법에 의해서 구현된다. 필로는 모세를 하나님으로부터 신성한 자질을 많이 부여받아 "잘 짜인 표상, 아름답고 경건한 작품, 그것을 기꺼이 모방하려는 사람들을 위한 모범"(Vit. Mos. 1.158) 또는 "최고의 예언자 및 최고의 사자"(archiprophētēs kai archangelos, 예: Quaest. 창 4.8) 및 "신의 사람"(Anthrōpos theou, 예: Mut. 125-129)으로 묘사한다. 모세가 하나님과 "동반자"로서의 신적인 자질을 갖추었다는 것은 다른 사람들에게 "그 이미지를 그들의 영혼에 각인시키거나 각인시키려고 노력하도록 격려한다"(Vit. Mos. 1.159). 신적 자질을 가진 그의 능력을 보며 다른 이들 또한 그런 자질로 변화된다면, 그것이 바로 필로가 독자들에게도 원하는 것이다.[203]

다른 유대 문서들에서 보이는 모세에 대한 더 넓은 맥락을 보면, 필로의 모세에 대한 해석은 필로가 모세의 전통을 자신의 목적에 맞게 수정했음을 알 수 있다. 요컨대, 필로의 주장은 고대 유대교에서 존재했던 신적 대리행위 개념에 대한 추가적인 증거로 간주될 수 있지만, 필로는 다른 증거들에서도 알 수 있듯이 신의 대리자로서의 모세의 전통에 자신의 교훈적이고 철학적인 견해를 추가한 것으로 보인다.[204]

모세에 대한 논의에서 필로가 가장 즐겨 사용하는 구약성경의 구절 중 하나는 출애굽기 7:1이다. 출애굽기의 이 구절은 히브리어 *집회서*(Sir.) 45:2에서도 언급되었다. *집회서* 45:2에서 모세는 *엘로힘*으로 비유되고, 이는 하나님이 특별히 선호하고 특별한 지위를 부여한 모세의 전통을 반영하고 있는 듯 보인다. 필로는 출애굽기 7:1을 무려 열 차례나 언급하기 때문에, 모세와 '신'이라는 칭호와의 연결 관계에서 경건함의 모범과 신적 본성에 대한 통찰로서 모세를 제시했다고 결론을 내리는 것이 적절하다.[205]

할러데이(Holladay)[206]는 필로가 출애굽기 7:1을 자주 인용하는 것이 어떤 인간도 말 그대로 신으로 간주되는 것은 부적절하다는 필로의 근본적인 신념에 의해, 그리고 필로가 주장하는 미덕의 모범으로 모세를 제시하려는 그의 바람에 의해 항상 지배된다고 본다. 이러한 미덕은 현명하고 덕망 있는 왕에 대한 헬레니즘 시대의 철학적 전통에 의해 크게 영향을 받는다.[207]

필로가 모세에게 적용된 '신'이라는 용어를 어떻게 사용했는지에 대해 가장 자세히 보여주는 내용은 *Det.* 161-162에 나와 있다. 모세가 "바로에 대하여 신"으로 지명되었다는 출애굽기 7:1의 문구를 인용한 후에, 필로는 "현실적으로는 그렇게 되지 않았다"(161)고 곧바로 말하며, '현자는 어리석은 사람에 대하여 신과 같다고 말을 한다'는 뜻이라고 한다. 이는 어리석은 사람(예: 바로)과 비교했을 때 현명한 사람(예: 모세)은 "사실과 현실의 측면에서가 아니라 인간의 생각과 상상력의 측면에서 신으로 생각될 것이기 때문"(162)이라는 것이다.

구디너프(E. R. Goodenoug)는 몇몇 구절에서 필로는 모세가 정말로 신격화되었다는 생각을 분명히 부인했다고 말하면서 필로는 여전히 일관성이 없으며 다른 구절들에서는 정말로 모세에게 신성을 부여하려고 했다고 주장한다(예: *Sac.* 9-10; *Prob.* 43; *Quaest. Exod.* 2.29, 46; *Mut.* 19, 24-26, 127-28; *Post.* 28-30).[208]

그러나 구디너프가 인용한 구절을 그 맥락 속에서 살펴보면 그의 해석은 신빙성이 없다. 필로가 말하는 신격화의 언어는 그 모든 경우에서 그의 우화적 접근 방식에 의해 철저히 통제된다. 그러한 우화적 방식에 의해 모세는 필로에게 너무나 중요했던 경건의 유익과 철학적 덕목의 모범으로 사용되는 것이다. 이는 할러데이가 설득력 있게 보여준다.[209] 필로의 사고는 복합적이지만, 그가 이교도들이 주로 하는 영웅(heroes)에 대한 신격화와 동일한 방식으로 모세를 신격화했다고 하는 것은 지나친 과장이다.

필로가 모세를 '신'으로 과할 정도로 여러 차례 지칭하는 것이 "모세에 대한 그의 진정한 태도"라는 구디너프의 주장은 설득력이 없다.[210] 필로가 모세가 가진 지위의 의미를 설명할 때 신적인 언어를 사용하는 빈도에 관하여는 믹스(Meeks)가 잘 설명하고 있다.

믹스(Meeks)는 필로의 모세에 대한 태도가 이상적이며 '신적인' 왕에 대한 헬레니즘 개념의 모티브와, "신의 총독, 신의 사자"로 승임을 받은 모세의 유대적 전통을 혼합했음을 보여준다. 이런 유대의 전통은 모세가 시내산을 오르는 것을 마치 모세가 하나님에게로 올라가는 것으로 추론하는 것을 포함한다.[211] 또한 믹스는 스스로 신적인 존재로 여겨지고자 하는 이교도 통치자들의 열망을 비판하고자 하는 필로의 주장을 역설하며, 헬레니즘과 유대 전통이 혼합되었음을 단언한다.[212] 즉 필로가 신적인 언어로 모세를 묘사하는 것이 돋보이는 것은 필로 시대 유대인들의 사회적, 정치적 상황으로 설명이 된다.

필로는 모세에서 진정한 왕권의 본보기를 보여줌으로써 이교도 통치자들이 그들 스스로 신성하다는 주장에 맞서고 있는 것이다. 모세는 현명한 지배자의 덕목을 최상으로 구현했기 때문에 '신'이라는 칭호를 받을 자격이 있었다. 필로가 이러한 시도를 하려던 이유는 유대인들이 로마제국의 동부 지역에서 널리 받아들여지고 있던 인간 통치자의 신격화에 반대할 이유를 제시하고자 함이었고, 더불어 그의 동료 유대인들에게 그들 자신의 전통에 이미 이상적인 사람으로 보일만한 영웅이 있음을 상기시키고자 하는 바람 때문이었다.

그러므로 모세에게 적용된 신적인 언어들의 의미는 모세를 포함한 그 어떤 인간에게도 진정한 신성을 부여하는 것을 필로는 근본적으로 거부했다는 것과 그가 칭찬하는 덕목의 관점에서 그러한 언어들을 재해석함으로써 밝혀질 수 있다. 신격화의 언어는 필로가 받아들일 수 없었던 종교적, 정치적 관습들을 촉진하기 위해 그 당시에 널리 사용되고 있었다. 그는 그러한 언어를 재해석하여 그것이 윤리적인 의미로만, 그리고 자신의 민족에게 전형이 되는 지도자이자 입법자인 모세에게만 적절하게 적용될 수 있음을 보여줌으로써 이러한 관행에 대응하고자 했던 것이다.

결국 필로가 모세를 신적인 지위로서 하나님께 은총을 받았음을 강조한 것은 그 자신이 만들어낸 것이 아니었다. 오히려 필로는 모세가 하나님의 '총독, 사자'(Meeks)로 묘사된 유대적 전통을 이용한 것이고, 이는 이미 존재하던 신적 대리행위의 예시였다. 모세에 대한 필로의 특별대우는 위에서 설명한 자신의 사회적 환경의 요인에 의해 결정되었지만, 필로에게서 모세의 주요 위치와 그가 하나님이 선택한 도구인 모세에 관한 성경의 구절들을 쉽게 활용할 수 있었던 것은 모세의 전통이 이미 곁에 있었다는 것을 강력하게 시사한다.[213]

기타 승임을 받은 족장들

물론 구약에 나오는 다른 족장들도 기독교 이전의 유대교에서 영광스러운 형체로 묘사된 경우가 종종 있다(예: 아담과 아브라함).[214] 본서의 나의 목적에 충실하기 위해 마지막 예시와 그에 대한 증거를 살펴보겠다. 이 예시는 오리겐(Origen)의 *요셉의 기도(Prayer of Joseph)*라는 제목의 문서이며, 이 문서는 족장 야곱을 다루고 있다.[215] 이 문서에 관하여 오늘날까지 남아있는 것은 전체 문서의 일부만이며,[216] 원문이 작성된 정확한 시기나 보다 정확한 집필 의도를 확인할 수는 없지만, 현재 사용 가능한 그 일부분의 문서라도 확실히 야곱에 대한 대단히 흥미로운 내용을 제공한다.

이 문서에 따르면, 야곱은 자신이 "하나님의 천사이자 통치하는 영(angelos theou kai pneuma archikōn)"이라고 말한 후, 자신을 "하나님이 이스라엘이라고 부른 사람, 하나님을 보는 사람", "모든 생물의 장자(prōtogonos pantos zoou)"라고 스스로를 지칭한다. 그런 다음 야곱은 천사 우리엘과의 만남(아마도 야곱이 "한 남자"와 씨름을 한 창 32:24-30의 내용을 가리키는 것 같다)을 말하고, 우리엘은 "모든 천사보다 뛰어난 자신의 이름"이 야곱의 이름보다 우월하다고 주장한다. 우리엘의 그 주장에 대해 이 문서는 다음과 같이 기술한다. "그[우리엘]의 이름과 그가 하나님의 아들들 사이에서 어떤 의미를 지녔는지 간에 … 우리엘은 야곱의 계급(ogdoos emou) 다음으로 여덟 번째이고, 야곱은 이스라엘, 즉 주님의 권세의 대천사들(archangelos)과 하나님의 아들들 가운데 수장(archichiliarchos)이며, 하나님 면전에서 수석 장관(ho en prosopō theou leitourgos prōtos)이다."

또한 이 구절은 야곱/이스라엘이 "땅으로 내려가서, 인간들 사이에 임시로 거한 것"을 암시하고 있다.[217] 스미스(J. Z. Smith)는 이 모티브를 강조하며, 이 문서가 영지주의적 자료에도 반영된 것과 같이 하늘로 오르락내리락하는 천상의 표상에 대한 신화인 "헬레니즘적 지중해 종교의 바탕이 되는 패턴"의 증거라고 주장한다.[218] 나는 여기서 이 문서에서 야곱이라는 표상이 보여주는 칭호들의 중요성에 대해 간단하게 언급하고 싶다.

지상으로 내려오는 천사와 같은 존재에 대한 발상의 기원과 중요성이 무엇이든, 앞서 언급한 칭호들은 신적 대리행위 표현의 분명한 예시이며, 여기서는 야곱이라는 구약의 한 주요 족장에게 적용되고 있는 것이다. "수장" 혹은 "수석 장관"과 같은 칭호가 야곱이 하나님의 최고 대리자의 역할을 하고 있음을 보여준다. 또한 "장자"라는 칭호는 일시적인 우선순위가 아니라, 영속적인 우위를 분명하게 보여준다(스미스는 야곱이 사용한 모든 자기 설명적 용어들에 대한 고대 유대 문헌의 언급을 수집한 바 있다).[219] 여기서 우리는 불

분명한 자료를 가진 어떤 한 문서의 일부만을 다루고 있지만, 나는 이것이 '신적 대리행위'라는 지적인 사고에 영향을 받은 구약의 특정 족장들에 대한 흥미로운 예시라 본다. 즉, 야곱은 다른 문서들에서 에녹과 모세가 맡은 그런 신적인 역할과 거의 비슷한 역할을 맡고 있는 것으로 보인다.

야곱을 대천사로 표현한 것은 에녹이 천상의 메타트론으로 변모한 것과 비교할 수 있다. 그러나 *요셉의 기도*(Prayer of Josep)에서는 야곱이 지상에 내려와 선재했던 천사적 존재로 보는 것 같다. 여기서 그가 지상으로 내려왔다는 모티브는 다른 문서들에서는 찾아보기 힘든 새로운 것이다. 위의 두 경우는 내가 앞서 본서의 1장에서 설명한 신적 대리행위 추론의 세 가지 범주가 다소 유동적이며, 일부 표상들은 승임을 받은 족장이나 고위 천사로 분류될 수 있음을 보여준다.[220] 내가 1장에서 제시한 세 가지 범주는 역사적 자료를 조직하는 수단으로 활용할 때만 가치가 있음을 분명히 하고 싶다. 더 중요한 것은, 하나님의 최고 대리자로 묘사된 다양한 표상들이 하나님의 통치가 그러한 역할에 승임 받은 표상을 포함시키는 전통의 대중성을 나타낸다는 것이다.

승임 받은 족장들과 유대교의 종교적 헌신

앞서 설명한 하나님의 최고 대리자로서 묘사된 승임을 받은 족장들의 중요한 사례들에 대한 이 연구를 통해, 나는 두 가지 측면에서 이 자료들이 가지는 의미에 대한 몇 가지 최종적인 분석을 제공하고자 한다. 첫 번째는 고대 유대인들이 족장적인 표상을 하나님의 최고 대리자의 역할로 묘사한 것에 대한 종교적 중요성이고, 두 번째는 고대 유대인들이 실제로 행했던 종교적 헌신(devotion)에 대해 그러한 영광을 받은 표상들의 영향이다.

앞서 모세의 전통(Meeks)과 에녹의 전통(P. Grelot)에 대한 연구에서 보여준 것처럼, 구약 속 족장들에 대한 관심은 의심할 여지 없이 다양한 종교적 관심사들에 의해 촉진되었고, 또한 그들의 의례적 목적에도 공헌하였다.[221] 예를 들어, 승천 이야기와 천상의 비밀에 대한 계시는 그러한 스토리를 제시하는 문서가 전달하고자 하는 가르침의 정당성을 보장하기 위한 것이었을 수 있다. 그러나 나는 여기서 주로 하나님의 최고 대리자로 묘사되는 한 족장의 동기에 관심을 갖는다. 내가 보기에 이 주제는 적어도 두 가지 주요 관심사로 인해 촉발되었는데, 이 두 가지 모두 해당 표상이 함유하고 있는 특정 의미에 의해 추론될 수 있다.

1. 구약의 족장들은 고대 유대인들에게 있어서 그들의 종교적 전통과 종교적 유산의 뿌리를 대표하는 사람들이었다. 따라서 그 족장들이 하나님의 최고 대리자의 역할로 승임된 것은 고대 세계에서 종교의 선택에 대한 분명한 경계를 고려하며 유대 전통이 하나님 목적의 가장 우위에 있고 가장 확실한 계시를 보유하고 있음을 의미했을 것이다. 다시 말해, 유대의 종교 전통만이 유일하고 진정한 종교적 전통이라는 것이다. 이 종교적 우월성을 지상의 영역에서는 논증하기 어려웠겠지만, 고대 유대인들은 그들의 대표 영웅들(heroes)의 승천과 같은 구전을 가장 높은 현실의 영역으로 역설하며 그들의 종교적 전통의 뛰어남 인지했을 것이다. 지상 통치자들의 눈에는 유대교가 다른 종교들 가운데 하나의 특이한 종교였을지 모르지만, 유대인들 입장에서는 천상의 왕이신 하나님이 모세, 야곱, 에녹을 그의 영예로운 총독 또는 대신(大臣)에 임명한다는 것이 그들의 종교 전통이 다른 종교들의 모든 진리보다 뛰어난 진리임을 보여주는 것이었다. 앞서 필로가 모세를 다룬 방식에 대한 본서의 논의는 족장적 표상에 대해 이러한 대표성의 의미가 얼마나 중요한지에 대한 한 가지 사례가 된다.

2. 나는 승임을 받은 족장이란 개념이 자신들이 바라는 종말론적 보상에 대한 보증으로써 일부 유대인들에게 위안을 주었다고 생각한다. 내가

앞서 이미 다룬 바 있듯이, *모세 승천기*(T. Mos.) 10:9은 선택된 자들이 "하나님이 거하는 별들 위에" 함께 거하게 될 것을 약속하고 있는데, 이것은 의심할 여지 없이 바빌론 포로기 이후의 많은 유대인들의 신앙적인 열망을 나타내고 있는 것이다. 마찬가지로, 다니엘 7:27도 "지극히 높으신 자의 성도들"에게 "왕국과 온 천상의 왕국들의 영역", 즉 "영원한 왕국"을 받게 될 것을 약속하며 모든 사람이 이 왕국에 복종하게 될 것이라 말하고 있다. 다니엘 7:13-14에서 천상의 존재와 같은 표상이-즉 천사와 같은 존재 혹은 순전히 상징적인 표상, 또는 지상의 메시아가 보좌에 앉는 것은 선택된 자들의 승임과 분명히 연결되어 있다. 비슷한 방식으로 모세나 다른 족장들이 천상의 보좌에 앉는 것도 유대인들의 의로움에 대한 궁극성을 보여주고, 또 그것을 보증하는 것으로 여겼을 것이다.[222] 이는 족장적 표상들이 천상의 통치와 명예로 승임되는 것이 왜 강력한 종말론적 소망을 반영하는 고대 문헌에서 특히 강조되고 있는지 그 이유를 보여준다.

승임을 받은 족장들이 유대인들의 종교를 대표하는 표상의 역할을 하고, 그들이 대표하는 종교적 전통을 검증할 수 있고, 그들의 의로운 모범을 따랐던 택함 받은 자들의 보상을 예표하는 지위를 보여주었다면, 이 승임을 받은 표상들에 대한 관심이 유대인들의 종교적 헌신에 어떤 영향을 미쳤겠는가? 하나님의 최고 대리자 역할로서 유대 족장들을 묘사한 것은 바빌론 포로기 이후 유대교의 흥미로운 측면이긴 하지만, 이 증거가 그러한 표상의 수용이 유일신에 대한 유대 헌신의 형태를 실질적으로 수정한 것을 보여주는 것은 아니다.

이러한 문제에 대해 가장 철저하게 반대 견해를 제시한 사람은 구디너프(Goodenough)다. 그는 필로야말로 "유대교를 신비주의 철학으로 정교하게 변형시킨 사람"이라 말하기까지 했는데, "유대교는 너무나 철저히 이교도화 되어" 우리가 지금까지 알고 있는 어떤 형태의 유대교보다 그 과

정과 목적이 오히려 헬레니즘적 신비주의가 되어버렸다고 주장한다.[223] 이미 내가 앞서 간략하게 언급했듯이, 구디너프는 필로의 주장이 유대의 유일신론적 배경과 항상 일치하지도 않았고, 때때로 모세의 실제적 신격화를 나타내는 태도까지 보였다고 주장한다. 실제로 구디너프는 필로의 저서에서 모세에게 드리는 기도를 발견했다고 하는데(*Somn.* 1.164-165),[224] 이 기도에서 필로는 독자들에게 "가장 거룩한 신탁"의 우화적 의미에 대한 예리한 감각을 가질 것을 촉구하고 모세에게 이 노력을 도와달라고 기도한다.

> 오 거룩한 안내자여(*hierophanta*), 우리의 발걸음을 인도하시고 우리의 눈을 밝게 하소서. 우리를 신령한 말씀의 숨겨진 빛으로 인도할 때까지 미숙한 자들에게는 보이지 않는 비밀의 사랑을 우리에게 보여주소서.

후대의 학문적 연구들은 필로가 유대인들의 "신비적 숭배"를 나타낸다는 구디너프의 주장을 거부하는 경향이 있었지만,[225] 필로가 모세를 "신"으로 보았다는 주장과 여기에 인용된 구절이 모세에 대한 진정한 기도라는 주장은 최근 문헌에서도 지속적으로 나타나고 있다.[226] 그러나 신격화된 인간에 대한 필로의 전반적인 태도를 무시하고 하나님의 유일성에 대한 그의 확신을 고려하지 않은 채, 한 구절만 따로 떼어내서 작위적으로 해석하는 것은 필로가 전혀 의도하지 않았던 의미를 그의 문헌에 집어넣는 것과 같다.[227] 그가 모세에게 호소하는 것은 수사학적인 기교에 불과하며, 실제로는 모세가 그의 "거룩한 신탁"(토라)을 통해 인간의 우둔함을 극복하고 자신이 쓴 글의 더 깊은 의미에 대해 무감각한 사람들을 일깨울 힘을 가지고 있다는 의미일 것이다.[228] 어쨌든 모세에 대한 단 하나의 호소가 필로나 그 시대의 다른 유대인들이 실제 종교 생활에서 모세에게 기도했다는 증거가 되기는 어렵다.

의인의 대표자로서 승임을 받은 족장적 표상들의 의미를 감안할 때, 나는 이 표상들과 승임을 받은 그들의 지위에 대한 관심이 유대교 경건성의 실질적인 변화를 반영한다고 볼 이유가 없다고 생각한다. 승임을 받은 족장들이 유대 집단에서 숭배의 대상의 되었다는 증거는 없다. 본서에서도 언급했듯이(1장 참조) 바빌론 포로기 이후 유대 경건에 대한 연구는 그것이 본질적으로 하나님만을 향하고 있다는 것을 보여준다. 승임 받은 족장을 묘사하기 위해 신적 대리행위라는 언어를 사용하는 것은 하나님이 자신을 섬기는 최고 대리자를 가질 수 있다는 개념에 대한 폭넓은 수용성을 보여주는 것이다. 분명히 이런 발상은 바빌론 포로기 이후의 기독교 이전 세기에 유대교를 일반적으로 특징짓고 구별했던 하나의 하나님에 대한 배타적 헌신을 크게 손상시키지 않았다.

마지막으로, 하나님이 선택하신 대리자로서의 구약의 족장들에 대한 묘사는 초기 기독교에서 승임을 받은 예수를 보았던 방식과 비슷하다는 점을 눈여겨보아야 한다. 하지만 예수는 분명히 유대인들에게 확고한 대리적 의미를 지닌 표상은 아니었다. 따라서 하나님이 예수를 그의 최고 대리자로 임명했다는 확신은 단순히 유대적 전통에서 나온 것만은 아니다. 명백한 함축을 가진 표상을 사용하여 유대의 선택된 자들의 의로움을 나타내려는 시도로서 단순한 또 다른 예는 더욱 아니다. 오히려, 아무리 예수의 승임에 대한 초기 기독교의 개념이 우리가 앞서 살펴본 유대의 전통들을 차용했거나 혹은 그와 관련이 있다 하더라도, 이것은 그 자체의 특징을 가진 종교적 발전을 나타낸다. 유대 전통은 하나님의 뜻의 최고 대리자로서 예수의 승임을 표현하기 위한 언어와 개념적 모델을 제공했다. 그러나 이러한 확신의 원동력은 예수의 사역 영향과 초기 기독교인들의 종교적 경험이었다.

더욱이 예수가 하나님의 최고 대리자가 되었다는 신념은 그에 대한 여러 비판적 주장들에 대항하여 이스라엘과 그 전통의 중요성을 확인하려는 마음이나, 택한 자들의 승임이 참된 소망이라는 확신을 주고자 하는 바람에서 나온 것이 아니다. 유대적 전통은 이미 이러한 마음에 부응할 수 있는 적절한 표상들을 가지고 있었고, 또한 그러한 표상들의 승임에 대한 주장도 초기 기독교인들이 제기한 일종의 논쟁적이고 대담한 주장과 동일한 근원이 아닐 것이다. 일반적으로 그 정당성이 잘 받아들여진 구약의 영웅들(heroes)의 승임과는 달리, 십자가에 못 박힌 나사렛 사람 예수를 신적 대리자로 다루는 언어를 사용하는 것은 전통적인 종교적 열망과 마찬가지로 그와 관련된 종교적 발전에서 나왔음이 분명하다.

초기 기독교 시대에 또 다른 표상이 초기 기독교계에서 승임을 받은 예수에게 주어진 그런 종류의 숭배를 받던 다른 유대 집단이 있었는지 여부는 흥미로운 사안이다. 밝혀진 증거에 따르면 여기에 대한 답은 거의 부정적이다. 도시데우스(Dositheus)와 시몬 마구스(Simon Magus)와 같은 1세기의 표상들이 있긴 하지만, 이 표상들의 전통에 대한 조사는 그들과 관련이 있을 수 있는 1세기의 초기 종교 발전을 설명하는 데에 많은 주의를 요구하는 것 같다. 예를 들어, 도시데우스(Dositheus)의 경우, 기적을 행했을 수도 있고 모세의 율법에 대한 새로운 해석을 시도하는 그의 신선한 메시지로 인해 그는 예언적 권위를 가지고 있다고 말할 수 있지만, 우리는 1세기에 도시데우스(Dositheus)를 따랐다는 것이 종교적으로 과연 어떤 의미였을지 확신할 수 있는 증거는 없다.[229]

마찬가지로 시몬 마구스(Simon Magus) 전통에 대한 몇 가지 주목할 만한 연구들에 의하면, 이 표상과 관련된 거의 모든 질문에도 여전히 답이 없음을 알 수 있다. 2세기에 시몬에 대한 일종의 숭배가 있었던 것으로 보이기는 하지만, 시몬에 대한 그러한 숭배는 1세기 이후의 특징이었으며, 그러한 집단이 사마리아적 영성을 보여준다고 주장하는 것은 사변적임이 분명하다.[230]

이 두 표상들을 고려했을 때, 신약 성경에서 승임을 받은 예수가 1세기 기독교계에서 하나님과 함께 종교적 숭배의 대상으로 빠르게 자리를 잡았다는 분명한 증거를 찾기엔 쉽지 않다. 다른 유대 종파에서 동시대 표상들이 그와 같은 종류의 숭배를 받은 일이 있었을 수도 있지만, 증거가 불충분하므로 그 가능성은 희박하다. 요컨대, 예수에 대한 신앙적 숭배는 신적 대리행위 전통의 다소 특이한 돌연변이로 볼 수 있다.

chapter 4

고위 천사들

chapter 4

고위 천사들

천사적 존재들이 바빌론 포로기 이후 유대교의 종교적 사상에서 두드러진 위치를 차지했다는 것은 따로 증명할 필요가 없을 정도로 확실하다.[231] 신약 성경에서 천사에 대한 많은 언급이 있는 것은 그러한 천상의 존재에 대한 믿음이 유대교와 초기 기독교에서 잘 받아들여졌다는 것을 보여준다.[232] "천군(天軍)"은 구약 전통의 일부이기도 하지만(예: 창 32:1-2; 수 5:14; 그리고 "만군의 주"에 대한 수많은 언급들), 바빌론 포로기 이후 기간에는 하나님의 천상의 시종들의 계급과 임무를 특정하고, 그중에서 뛰어난 존재들에게 특별한 이름을 부여하는 데 상대적으로 더 큰 관심을 가졌다. 특히 구약 성경의 영웅들(heroes)의 승천을 묘사하는 문헌에서 우리는 이러한 사안에 대해 알 수 있다.[233]

이렇듯 바빌론 포로기 이후 시대의 특징인 천사적 존재들의 무리에 대한 보다 명시적으로 조직화된 유대인들의 견해를 보면, 하나님이 천상의 전반적 위계를 관할하는 대천사를 임명하였다고 가정하는 경향을 볼 수 있다. 이 표상들의 이름과 묘사되는 방식이 다양함에도 불구하고, 많은 고대 유대인들은 하나님이 다른 모든 천사들보다 훨씬 높은 지위를 가진 어떤 고위 천사를 종으로 가질 수 있다는 생각을 받아들였다. 아마도 그런 고위 천사들은 천상의 지위와 능력에서 하나님 다음으로 2인자 격일 것이다. 내가 생각하기에 이 고위 천사 전통은 앞장에서 논의한 자료들과 함께 숙고해야 하며, 고위 천사들에 대한 관심은 신적 대리행위 개념의 추가적 증거이다. 의인화된 신적 속성 및 승임을 받은 족장들에서와 마찬가지로, 고위 천사들에게도 다른 모든 피조물과 구별되고 하나님과 밀접한 관련이 있는 하나님의 대신(大臣) 또는 최고의 종으로 묘사된 어떤 특정 표상을 볼 수 있다.

고위 천사적 표상들은 신적 대리행위 사상의 가장 초기 형태이고, 승임을 받은 족장들과 하나님의 최고 대리자로서 의인화된 신적 속성에 대한 설명은 천상에서 위임된 특정 천사라는 사고로 인해 나오고 꾸준히 진화한 것일 수도 있다.[234] 여기서 나의 관심을 끄는 것은, 고위 천사에 대한 개념을 포함하여 세 가지 형태의 신적 대리행위 추론이 초기 기독교인들의 종교적 배경이었던 유대 전통에서 나왔다는 것이다. 승임을 받은 예수를 하나님 바로 다음 지위에 위치시키는 것이 유대 기독교인들 사이에서 시작되었고 신적 대리행위 개념에 의해 촉진되었다면, 우리는 고위 천사들에 대한 고대 유대인들의 관심을 보여주는 자료들을 조사해야 한다.

이전 연구들에서의 천사론과 기독론

대천사 미가엘에 대한 유대적 및 기독교적 관심에 대한 1898년의 연구에서, 루에켄(W. Lueken)은 초기 기독교인들이 기독교 이전의 유대교에 있었던 미가엘의 역할과 지위를 예수의 양상을 설명하기 위해 이용했다고 주장했다.[235] 그러나 루에켄은 주로 미가엘에만 초점을 맞추었고, 따라서 고위 천사들에 대한 고대 유대적 관심을 나타내는 다른 징후들이나 신적 대리행위 전통에 관한 다른 증거들을 적절하게 다루지 않았다. 그래서 그의 연구는 방법과 결과에 있어서 큰 결함이 있었다.[236]

1941년, 초기 기독론과 유대교의 천사론의 관계에 대해 두 가지 연구가 이루어졌다. 바벨(J. Barbel)은 『그리스도 천사(Christos Angelos)』에서 순교자 저스틴이 활동했던 기독교의 교부 시대와 그 이후의 교부들이 그리스도를 천사, 즉 주의 천사로 비유하는 것을 연구하였다. 그의 연구는 1세기 기독교가 아닌 그 이후 수 세기의 기독론적 논쟁을 연구하는 데에 가치가 있다.[237]

같은 해에 베르너(M. Werner)는 초기 교회에서 몇 세기 동안 기독교 교리를 발전시킨 것에 대한 연구를 발표했다.[238] 슈바이처(Albert Schweitzer)의 제자로서 베르너는 기독교의 핵심 발전이 "종말론적 원시 기독교가 초기 가톨릭교의 헬레니즘적 신비 종교로 변형된 것"이라고 확신했다.[239] 베르너에게 초대 교회의 기독론은 예수의 부활을 고위 천사적 존재로의 변화로 보았다. 요컨대, 승임을 받은 예수에 대한 기독교의 초기 해석은 "천사적 기독론"을 통해 이루어졌다는 것이다.[240]

베르너의 업적 중 하나는, 승임을 받은 그리스도께 드리는 경외심은 유대 기독교인들 사이에서 처음으로 시작되었으며, 시기적으로 이러한 경외심이 기독교로 개종한 많은 이방인들을 통한 이교도 종파들의 직접적인 영향 때문이라고 하기에는 너무 빨리 시작되었음을 밝혔다는 것이다. 그는 승임을 받은 그리스도께 드리는 경외심의 배경이 유대적이라는 것은 알고 있었다. 그러나 이 유대적 배경과 신약의 증거를 다루는 과정에서 그는 자신의 연구를 흥미롭지만 불완전하게 만드는 몇 가지 중대한 실수를 저질렀다.[241] 그래서 그의 연구가 발표되고 거의 즉시(1942년) 그는 미카엘리스(W. Michaelis)의 비판을 받았는데,[242] 미카엘리스는 베르너가 규정한 초기 기독론의 성격을 강력히 반박했다.

그 후 초기 기독교 교리의 발전과 유대 천사론의 관련성에 대한 연구는 다른 질문으로 옮겨갔다. 1956년 크레츠머(G. Kretschmar)는 초기 기독교의 삼위일체 교리가 고위 천사에 관한 유대적 추론에 영향을 받았다고 주장했지만, 그는 주로 2세기와 3세기에서의 발전만을 다루었다.[243] 그 후 1958년, 다니엘루(J. Danielou)는 "유대 기독교"의 모습을 그의 연구를 통해 그려냈다.[244] 다니엘루는 초기 주류 기독교 신학에 영향을 끼쳤던 그리스의 철학적 전통보다, 유대적 배경을 더 많이 반영하는 초기 기독교의 신학적 이미지와 개념들을 설명하려고 시도했다. 따라서 그의 "삼위일체와 천사론"에 관한 장(117-146쪽)은 고대 기독교 문헌에서 "천사적" 언어가 사용되는 사례에 대한 귀한 연구지만, 그는 숭임을 받은 그리스도의 개념의 기원에 대한 질문에는 관여하지 않았다.[245]

따라서 이전 학문들의 주요한 질문은 초기 기독교인들이 숭임을 받은 그리스도를 천사로 이해했는지 아닌지의 여부인데, 앞서 보았듯이 이에 대해 베르너는 그렇다고 주장했지만 거의 모든 학자들은 그 반대 입장을 취했다. 더욱이, 대부분의 학자들은 적어도 신약 성경이 보여주는 유대전통은 그리스도가 단순히 천사로 여겨지지 않았다는 점에 찬성하고, 부활한 그리스도에 대한 최초의 기독교 견해의 기원과 본질을 이해하는 데 유대의 천사론이 그다지 중요하지 않다고 결론 내리는 경향이 있었다. 다니엘루(Danielou)는 2세기와 그 이후에 기독교인들이 때때로 천사적 언어를 사용하여 그리스도를 묘사하는 방법에 대한 증거 목록을 작성하는 데에만 만족했다. 그러나 이 천사적 언어는 기본적으로 초기 기독교 시대부터 흥미로운 역사적 호기심으로 간주되었으며, 실제 그리스도에 대한 관점보다는 이 유대 기독교인들의 종교적 어휘를 더 잘 반영한다.

기독교 신앙의 기원에 대한 연구에서 던(J. D. G. Dunn)은 유대 천사론의 관련성에 대해 단 10페이지만 할애를 했음에도, 그의 논의는 앞 단락에 요약된 입장을 완전하게 보여준다.[246] 던은 기독교 신앙의 기원과 유대

천사론의 관련성에 대한 질문을 단순히 초기 기독교인들이 그리스도를 천사로 생각했는지 여부에 단호하게 부정적이라고 답했다.[247] 던은 미카엘리스(Michaelis)를 포함한 이후의 다른 학자들과 마찬가지로, 히브리서 1-2장과 같은 구절에서 보여지는 그리스도와 천사 사이의 대조를 유대 천사론이 기독론의 기원과 거의 또는 전혀 관련이 없다는 증거로서 강조한다. 그리고 던은 베르너(Werner)의 논문을 가지고 초기 기독교인들이 그리스도를 천사로 여겼는지의 여부에 대한 사안의 전반적인 논의를 진행하도록 요구한다.

나는 기독론의 기원과 유대 천사론의 관련성에 대한 타당한 조사를 위해 우리가 이에 대한 질문을 다르게 구성하고, 근거들을 보다 정교하게 다루어야 한다고 본다. 우리는 신약성경이 그리스도를 천사로 보고 있는지의 여부뿐만 아니라, 유대 천사론이 승임 받은 그리스도를 초기 유대 기독교인들이 신학적으로 받아들이는 데에 도움이 되었는지의 여부도 따져볼 필요가 있다. 그리스도가 천사들과 대조되는 신약성경의 구절들(예:히 1-2; 골 1:15-20; 벧전 3:22)을 단순하게 지적하며 이 문제를 무시해 버리는 것은 좋은 해결책이 아니다. 실제로 그러한 구절들은 승임을 받은 그리스도에 대한 초기 유대인들의 견해가 천사, 특히 특정 대천사들과 그들의 지위에 관한 유대적 추론에 의해 영향을 받았으며 이에 반대하며 발전했다는 간접적인 증거로 받아들여질 수 있다.

대천사에 관한 유대적 추론은 전형적으로 부여된 것보다 초기 기독론의 형성에 더 중요했을 수 있다는 것이 최근 몇 년 동안 다른 학자들에 의해 연구된 결과다. "두 권세"라는 이단적 믿음을 가졌던 특정 종교집단에 대한 랍비들의 비난과 관련한 세갈(A. F. Segal)의 연구에서 그는 유대 대천사 전통의 중요성을 지적하며 다음과 같은 의견을 제시했다.

"이러한 천사 중재 전통과 기독교 간의 관계는 기독론의 배경으로서 이 문제에 대한 지금까지 했던 것보다 더 완전한 연구를 요구할 만큼 충분히 중요하다."[248]

최근 몇 년 동안 로우랜드(C. C. Rowland)는 초기 기독교에 대한 유대적 고위 천사 전통의 중요성에 관심을 두었다. 예를 들어, 『열린 하늘나라(The Open Heaven)』에서 로우랜드는 승임을 받은 천사에 대한 유대적 관심에 많은 부분을 할애하고, 이에 관련된 자료들을 충분히 숙고하지 않은 초기 기독론에 대한 이전의 연구들을 비판한다.[249]

포섬(J. E. Fossum)은 유대와 사마리아 전통에서의 불가지론적인 조물주의 뿌리에 대한 연구에서 초기 기독교 저자들의 유대 고위 천사 추론과 기독론적 구절 사이의 연관성을 보여준다.[250] 나는 그들의 결론 중 일부에 대해서는 의구심을 가지고 있지만, 기독론의 기원을 조사할 때 고대 유대교의 고위 천사에 대한 추론에 많은 주의를 기울여야 한다는 그들의 확신에는 전적으로 지지한다.[251]

고대 유대교의 고위 천사들

앞서 말했듯이, 고위 천사에 대한 관심은 고대 유대교에서 신적 대리행위에 대한 추론에 대한 한 중요한 유형이라고 생각한다. 여기에서 나는 다양한 유대 문헌들을 살펴보면서 유대인들의 고위 천사에 대한 관심을 설명할 것이다. 고위 천사와 같은 표상들을 식별하는 것은 그들의 임무에 대한 설명만큼이나 다양하다. 그러나 그 둘의 공통적인 것은 우리가 언급한 모든 참고 문헌들에서 하나님에 의해 막강한 권세와 영광을 가지게 된 고위 천사들이 위계에서는 절대자이신 하나님에 이어 두 번째라는 개념이다. 실제로 일부 문헌에서 이런 고위 천사들은(예를 들어, 신적 이름을 가

짐으로써) 하나님의 권세와 그 권세를 행사하는 것에 일정 방식으로 참여하는 것으로 묘사된다. 우리는 고대 세계에서 그들만의 독특한 유일신론을 가진 고대 유대교가 어떻게 이런 표상이 하나님의 유일성에 대한 위협이 된다는 어떠한 징후도 없이 하나님 바로 다음으로 제2의 표상, 즉 대천사들을 수용할 수 있었는지를 살펴볼 것이다.

그리고 마지막으로, 우리는 유대 문헌들이 고위 천사를 언급하는 것에 대한 보다 더 넓은 의미를 추적하며 몇 가지 중요한 질문을 다룰 것이다. 이를 위해 우리는 초기 기독교인들의 종교적 배경을 반영하는 초기 유대 문헌에서 나타나는 고위 천사들에 대한 언급을 조사할 것이다.

앞서 말했듯이, 하나님과 특수한 관계를 가진 고위 천사라는 개념은 특히 모세오경의 이야기 속에 "주의 천사"로 등장하는 전통에서 파생되었을 가능성이 있다(예: 창 16:7-14; 22:11-18; 출 14:19-20). 출애굽기 23:20-21에서 하나님의 이름이 거하는 특정 천사에 대해 언급한 것은 후기 유대적 추론에 영향을 미쳤음이 분명하다. 우리는 여기서 이전의 전통보다는 고대 유대 종교의 후기에 등장하는 일종의 고위 천사라는 표상에 관심이 있기 때문에 바빌론 포로기 이후의 유대교를 반영하는 문헌들을 살펴볼 것이다.

에스겔서와 다니엘서에 나오는 고위 천사들

에스겔과 다니엘, 특히 에스겔의 구절들이 이후 고위 천사에 관한 추론에 영향을 미쳤다는 주장은 납득할만한 주장이다.[252] 특히 여기서 중요한 구절은 에스겔 1:26-28; 8:2-4 및 다니엘 7:9-14; 10:2-9이다.

에스겔 8:2-4에서, 주의 영광에 관한 에스겔 1:26-28에서의 묘사와 비슷한 모습을 한 표상이 있다. 그 표상은 형태가 사람 같고, 하반신은 불타고 있으며, 상반신은 광택이 나는 청동처럼 번쩍인다. 8:2-4에 나오는 이 표상을 하나님으로 이해해야 하는지, 아니면 천사인 하나님의 사자로 이해해야 하는지 구분하기는 어렵다.[253] 만약 후자가 옳다면, 1:26-28에 나오는 이 천사적 존재가 하나님의 모습을 닮았다는 것이 어떤 방식으로든 이 존재는 하나님의 본성을 함유하고 있다는 것을 의미하는 것인지, 아니면 단지 이것은 소위 짐멀리(W. Zimmerli)가 말한 (여기에서는 천사로 1:26-28에서는 하나님으로 사용된) "어떤 천상의 존재에 대한 상투적 표현"인지에 대한 의문이 남는다.[254] 에스겔 8:2-4의 표상이 천사라면, 우리는 그가 여기서 사자(使者)로 활동한다는 것 외에는 그의 지위와 역할에 대해 아는 것이 아무것도 없다.[255]

그러나 우리가 그 존재의 정확한 본질에 대해 확신할 수 없다 하더라도, 이 구절이 에스겔 1:26-28과 함께 다른 고대 기록들에서 천상의 존재에 대한 묘사에 영향을 미쳤다고 추측할 만한 이유는 있다. 이런 추측의 가능한 예 중 하나는 다니엘 10:2-9에 나오는 표상이다.[256] 여기에서도 우리는 놀라운 모습을 한 천상의 표상을 볼 수 있는데 - 우리는 그 표상을 특별히 강한 권세를 가진 천사로 받아들여야 하는가, 아니면 하나님의 모습으로 받아들여야 하는가? - 이 표상과 에스겔 1:26-28, 그리고 8:2-4의 표상들 사이의 직접적인 공통점은 그들 모두 사람의 모습처럼 보이고 그들의 몸의 일부는 청동처럼 번쩍인다는 점이다. 따라서 에스겔 1:26-28과 8:2-4이 다니엘 10장의 저자에게 일반적인 자료를 제공했지만, 후자의 저자는 그의 표상을 에스겔의 환상과 정확히 비교하려고 한 것 같지 않다.[257]

다니엘 10:2-9이 이 표상을 아주 자세히 설명한다는 것은 확실히 이 표상이 상당히 중요하다는 인상을 준다. 그 표상은 종종 다니엘 8:15-26(9:21도 참조)에 처음 등장하는 '가브리엘'로 식별되기도 한다. 그 표상이 누구이든 혹은 무엇이든, 그 외형에 대한 상세하고 인상적인 설명을 하는 이유 중 한 가지는 10:2-9의 환상이 10-12장에서 독자를 끌어들이는 "다니엘"에게 주어진 마지막 계시를 소개하기 때문일 수 있다. 그리고 이는 "마지막 날"(12:13)의 종말 사건으로 독자를 안내한다. 즉, 이 표상을 매우 인상적인 모습으로 묘사하는 것은 이 표상이 전달하는 정보의 진실성을 보여주기 위한 것일 수 있다. 아마도 이 표상이 하나님이 아닌 하나의 천사라면 우리는 그에게 확실히 깊은 인상을 받은 것은 틀림없지만, 천상의 위계 제도에서 그의 특정 지위에 대한 정보는 알 길이 없다. 확실히 계시록 1:12-2에서의 부활한 그리스도에 대한 묘사는 다니엘 10:2-9의 표상과 어떤 면에서 상당히 비슷하다.[258] 하지만 이후 다니엘 10장의 언어를 기독교적으로 각색할 때는, 이 구절들의 저자가 이 표상이 어떻게 받아들여지길 의도했는지에 대해 거의 고려하지 않는다.

그러나 이렇게 정리되지 않은 추측은 천사 미가엘로 인해 보완된다. 미가엘은 다니엘 10:13-21에서 "군장들 중 한 사람"(13절)으로 처음 언급된다. 그는 신의 목적에 대한 충성심으로 인해 선택을 받는다(21절). 이후 12:1에서 그는 "당신의 백성(이스라엘)을 책임지는 위대한 군주"라고 불리고, 마지막 때에 미가엘이 "나타날 것"이라는 말도 볼 수가 있는데, 이는 명백하게 선택된 자들의 최종적인 구원에서 그가 주도적인 역할을 할 것임을 의미한다.

다시 한번 말하지만, 보다 정밀한 추론을 하기에는 주어진 정보가 너무나 부족하다. 10:13에서 언급된 다른 "위대한 군주들"은 누구이며, 또 몇 명이나 되나? 그들 사이에서 미가엘의 상대적인 순위는 무엇인가? 미가엘이 마지막 날에 나타날 때 정확히 어떤 임무를 맡게 되는가? 이 모든 질문들에 대해 다니엘서에서는 직접적인 답변을 찾아볼 수 없다. 우리는 알 수 있는 최선은 여기에 천사 "군주"의 발전적인 전통을 유대교가 가지고 있다는 것이고, 그중 일부는 하나님을 반대하는 것으로 보이며(10:13-14, 21), 미가엘은 이미 이스라엘의 운명과 연결되어 있다는 것이다. 그 이

상은 확신할 수 없다.[259]

다니엘 7:13-14에서 "인자 같은 이"가 대천사(아마도 미가엘로 의도되었을 것이다)로 추론할 수 있지만, 이는 이를 읽고 있는 모든 독자가 동의하지는 않을 것이다.[260] 그러나 이 표상을 천상의 존재로 받아들이든, 아니면 단순히 "지극히 높으신 자의 성도들"(참조. 7:27)로 받아들이든, 두 경우 모두 다니엘 7:9-14에 해당하는 신적 대리행위의 언어임은 분명하다. 우리가 여기서 볼 수 있는 것은 "통치와 영광과 왕국을 받아 모든 민족, 국가, 언어가 그를 섬겨야 하는 어떤 표상에 대한 설명이 있고, 그의 지배는 영원하다"(7:14)는 것이다. 더욱이 우리는 이 표상이 하나님의 뜻에 의해 이런 지위를 누릴 수 있음을 주목해야 한다. 이는 이 표상이 하나님을 대신하여 통치하고 있고, 하나님의 대신(大臣) 또는 최고 대리자의 역할을 하고 있음을 의미한다. 여기서 나는 연구목적에 충실하기 위해, 다니엘 7:13-14에서 나오는 표상의 본질에 대해 더 이상 논의하지는 않을 것이다.[261] 나는 단지 다니엘서에 나오는 이 표상에 대한 묘사가 다니엘 시대의 고대 유대인들이 하나님의 유일성에 대한 위협 없이 어떤 표상을 최고 대리자의 지위로 높이는 것에 대해 거부감이 없었다는 증거를 보여주고 있음에 주목한다.

따라서 우리는 에스겔서과 다니엘서에서 다양한 방식으로 하나님께 비유되는 천상의 표상들에 대한 관심이 커지고 있음을 볼 수 있다. 특히 다니엘서에는 신적 대리행위 개념에 대한 증거가 뚜렷하게 나타나며, 거기서 나오는 미가엘은 어쩌면 하나님의 최고 대리자 또는 대신(大臣)으로 간주되었을 것이다.

다른 문헌에서의 미가엘

우리는 1세기 유대의 배경을 반영하는 다른 고대 문헌들이 특정 이름과 특별한 기능을 부여받은 몇몇 천사들에게 많은 관심을 보이고 있음을 알 수 있다. 예를 들어, 가브리엘과 미가엘은 *에녹1서*(1 Enoch)에서 다른 천사들과 함께 나타난다(예: 9:1; 10:1, 9; 40:9-10). 또한 "성도들의 기도를 하나님께 바치며 거룩한 자의 영광의 존전에 들어가는 일곱 거룩한 천사" 중 한 명으로 자신을 묘사한 천사 라파엘의 아름다운 이야기도 있다(Tob. 12:15). 또한 다른 모든 것보다 특별한 지위로 특정 천사를 한 명 선택하는 참고문헌들도 있다.

미가엘이 이에 대한 대표적인 예로서 위와 같은 역할을 수행하고 있는 것이 여러 문헌에 등장한다. 미가엘은 *에녹2서*에서 하나님의 *archistratig*(슬라브어 "사령관")라고 불린다(22:6; 33:10; 71:28; 72:5).[262] 이에 대한 그리스어로 유사한 칭호가 *아브라함의 유언서*(The Testament of Abraham)(예: 1:4; 2:2-12)의 개정판 A에서, 그리스어본의 *바룩3서*(3 Baruch, 11:6)에서, 그리고 *요셉과 아스낫*(Joseph and Asenath, 14:4-7)에서도 미가엘에게 여러 번 주어졌다. 샌더스(E. P. Sanders)는 이 용어가 구약성경의 여호수아 5:13-15에 자신을 "하나님의 [천상의] 군대장관"이라고 선언하는 표상에게 주어진 칭호에서 유래한다고 말하는데, 그의 주장은 상당히 통찰력이 있다.[263]

쿰란의 전쟁 두루마리(*1QM*)에서 선택된 자들의 종말론적 구원은 "악의 왕국"의 전복과 미가엘 왕국의 군주적 천사의 힘에 의해 구속받은 자들의 영원한 구원을 포함한다고 한다. 그때 하나님은 "신들 가운데 미가엘 왕국을, 그리고 모든 육체 가운데 이스라엘 왕국을 세울 것"이라고 한다 (*1QM* 17:6-8).[264] 여기에 나오는 종말론적 구원과 한 미가엘에 대한 언급은 다니엘 12:1-4에서의 언급과 유사하다. *1QM* 13:10의 관점도 주목해봐야 하는데, 여기서는 마지막 날에 택함 받은 자들을 돕기 위해 하나님이 임명한, 그리고 미가엘로 여겨질 수도 있는 "빛의 군주"가 언급된다.[265]

위에서 언급한 모든 문헌들에서 미가엘은 모든 하나님의 종들 중에서 특별히 선택되어 천상의 위계에서 강력한 지위를 부여받았다. 이런 증거들에 의하면 미가엘에 대한 추론이 고대 유대교에서 널리 알려져 있었고, 이는 하나님이 특정한 종이 하나님 바로 다음 자리까지 높아진 것으로 여겨지는 신적 대리행위 개념을 보여주고 있다.[266]

대천사에 관한 또 다른 문헌들

신적 대리행위 개념을 보여주는 용어로 특정 천사적 존재를 언급하는 또 다른 문헌들이 있다. 이에 대해 많은 학자들은 미가엘이 이 문헌들 중 일부에서 언급된 표상이라고 생각한다. 그리고 내게는 미가엘로 추론되는 이 표상의 정체 자체는 그에 주어진 역할과 지위에 있어서 부차적인 것이다.

우리는 쿰란 문헌에 나오는 한 표상인 멜기세덱을 살펴볼 것이다.[267] 이 표상은 *11Q 멜기세덱(Melchizedek)*으로 알려진 단편적인 문헌에 명시되어 있으며, 여기서 그는 마지막 날 선택된 자들의 지도자이자 수호자 역할을 한다.[268] 선택된 자들은 "멜기세덱에게 맡겨진 사람들"로 묘사되며, 그는 "그들을 회복시키고 그들에게 자유를 선포하며 그들을 모든 죄악에서[짐에서] 해방시켜 줄 것"이라고 말한다. 이 멜기세덱은 "엘[하나님]의 심판을 시행하고", "벨리알의 손"(2:4-25)으로부터 택한 자들을 보호하고 구원한다고 한다.[269] 다니엘 12:1에 나오는 미가엘의 역할과의 유사성을 고려하고, 앞서 다뤄진 다른 문헌들에 의하면, 미가엘과 멜기세덱을 동일시하는 것은 상당히 합리적인 결론이라고 볼 수 있다.

같은 구절에서 *11Q 멜기세덱(Melchizedek)*(2:9-11)은 다음과 같이 시편 82:1-2을 언급한다. 멜기세덱의 종말론적 활동에 대한 예언으로써 "하나님(*Elohim*)이 천상의 어전회의에 자리를 잡으시고, 신들 가운데서 심판을 하신다"(RSV). 즉, *11Q 멜기세덱*의 저자는 멜기세덱을 장차 나타날 *엘로힘(하나님)*으로 보고 있는 것이다. 그리고 시편 82편은 천상의 멜기세덱의 종말론적 행동에 대해 그가 말한 것에 대한 성경적 증거를 제공하기 위해 *11Q 멜기세덱*의 저자가 언급한 여러 구절 중 하나가 된다(예: 사 61:1-3; 49:8; 단 9:25).

*11Q 멜기세덱*은 쿰란 종파가 미가엘로나 멜기세덱으로 언급되는 천상의 표상을 하나님의 최고 대리자 또는 대신(大臣)으로 여겼다는 추가적인 증거이다. 더욱이 이 표상은 너무 고귀하고 신적 목적과 너무나 밀접하게 동일시되어 있었기에, 쿰란 공동체는 그 표상이 "엘로힘"과 같은 매우 거룩한 호칭으로 부르고 있었다는 것을 볼 수 있다.[270] 더 나아가, 하나님 자신을 그런 호칭을 부르는 구절들에서 그 표상을 찾아볼 수도 있다. 시편 82:1-2에서 멜기세덱을 언급하는 것은 멜기세덱과 미가엘 천사장과의 동일시에서 비롯되었다고 할 수 있으며, 히브리어 미가엘의 이름의 의미에 대한 추론을 반영하기도 한다("누가 신(엘)과 같은가?"). 이러한 시편의 해석의 기원이 무엇이든, 이는 매우 놀라운 발전이다. 쿰란의 문헌에서 등장하는 멜기세덱에 대한 추론은 최고 대리자 또는 대신(大臣)으로서의 신적 대리행위 개념이 고대 유대 종교 전통의 익숙한 부분이라는 결론을 강력히 뒷받침한다.

고대 유대교에서의 고위 천사에 대한 관심의 또 다른 예는 *아브라함의 묵시록(The Apocalypse of Abraham)*에서 찾아볼 수 있다.[271] 아브라함이 메소포타미아에서 우상을 숭배하는 아버지와 갈등을 겪었던 이야기(1-8장) 후에, 하나님이 아브라함 자신에게 나타나신 목적을 설명하는 긴 묵시적인 내용이 나온다(9-32장). 하나님이 천상에서 아브라함에게 말씀하신 후

(9장) 하나님은 야호엘(Yahoel)이라는 표상에게 다음과 같이 명령한다. "형용할 수 없는 내 이름을 가지고 이 사람을 나를 위해 성별하고, 누구에게도 두려워하지 않도록 그를 강하게 하라"(10:3-4). 이 표상의 이름은 신을 지칭하는데 잘 알려진 히브리 용어인 야훼(Yahweh) 및 엘(El)에 대한 암시, 혹은 조합으로 보인다.[272] 또한 그 천사는 자신이 하나님의 보좌를 둘러싸고 있는 "모든 피조물"과 "리바이어든"(10:8-17; 18:1-12 참조)에 대한 지배권을 포함하여 엄청난 힘을 행사하도록 하나님으로부터 권한을 받았다고 한다. 이 천사는 자신이 하나님에 의해 "너(아브라함)와 함께, 너에게서(태어날) 예정된 세대와 함께"(10:17) 동행하도록 임명되었다고 말하며 끝을 맺는다.

그 천사가 하나님의 "이름"에 거한다는 것은 출애굽기 23:20-21를 의식하고 있는 듯이 보이다. 여기서 하나님은 이스라엘 백성에게 그들을 위해 준비된 곳으로 인도할 천사를 보내겠다고 약속하신다. 그리고 이스라엘 백성에게 이 천사에게 반역하지 말라고 경고하는데, 그 이유는 "내(야훼) 이름이 그(이스라엘을 인도할 천사) 안에 거하기 때문이다." 고대 유대 전통에서 하나님의 이름 자체가 매우 중요했다는 점을 감안할 때, 이 야호엘이라는 천사를 하나님의 이름이 거하는 인물로 묘사한 것은 이 표상이 하나님의 위계에서 특별한 지위를 받았음을 암시한다.[273]

아브라함의 묵시록(The Apocalypse of Abraham) 11:1-4에 나오는 이 야호엘에 대한 설명도 주목할 필요가 있다. 그의 몸은 사파이어와 같고 그의 얼굴은 감람석과 같으며 "그의 머리털은 눈과 같다." 그는 일종의 머리 장식(사제용 두건일 것이다)을 쓰고, "무지개 모양"을 하고, 보라색 옷을 입고, 오른손에는 금색 지팡이를 들고 있다. 이러한 세부적인 묘사 중 일부는 에스겔(1:26-28)과 다니엘(7:9; 10:5-6)에 기록된 환상을 떠올리게 한다. *아브라함의 묵시록*의 저자는 야호엘을 위의 성경 구절들에 나오는 표상으로 여겼다기보다는, 야호엘과 성경 속 표상들 사이에 있는 보다 일반적인 모습

을 묘사하려고 했을 수도 있다.

야호엘의 이러한 묘사에서 그의 머리카락이 "눈과 같고" 오른손에는 황금 지팡이(혹은 홀)가 있다는 이 두 가지 세부적인 모습이 특히 중요하다. 첫 번째 모습은 다니엘 7:9에 나오는 하나님에 대한 묘사를 상기시키면서, 야호엘에게 하나님의 이름이 거하기에 그가 가지는 하나님 다음 서열 2위로서의 지위를 생생하게 묘사하려는 시도일 수 있다. 그리고 두 번째 묘사인 '황금 지팡이'는 성경 속에 나오는 어떤 환상에서도 등장하지 않는다. 그만큼 야호엘의 신성한 권위를 의미하는 것으로 볼 수 있다.[274]

이러한 묘사의 진정한 효과는 신적 대리행위에 대한 추론에 강력한 증거를 제공하는 것이다. *아브라함의 묵시록*이 고대 유대 전통을 반영한다면, 여기에 등장하는 야호엘은 고대 유대인들이 하나님의 대신(大臣) 또는 수장으로 여긴 고위 천사가 되는 것이다.

이러한 신적 대리행위라는 개념의 예시는 *아브라함의 묵시록* 외에도 많이 있다. 대표적인 예는 *스바냐의 묵시록*(The Apocalypse of Zephaniah)이다.[275] 이 문헌에서는 한 선지자가 하나님으로 착각할 만큼 영광스러운 외모를 가진 천사 에레미엘(Eremiel) (6:11-15)을 만난다. 이 문헌에 따르면, 에레미엘의 얼굴은 "영광 속에 있는 태양빛처럼" 빛나고, 그는 "가슴에 황금 띠 같은 것을 … 둘렀다." 그리고 그의 발은 "불에 녹은 청동 같다." 이렇게 에레미엘의 모습을 구체적으로 묘사하는 것은 아마도 엄청난 존재를 설명하며 성경에 나오는 천상적 존재들과 전반적으로 비교하게끔 유도하는 것으로 볼 수 있다. 천상에서 에레미엘의 지위와 그의 역할에 관하여 그가 "무저갱과 음부를 다스린다"고 나와 있다. 그러므로 *스바냐의 묵시록*의 저자가 에레미엘을 하나님의 대천사로 보았다고 확실하게 말할 수는 없지만, 천사의 외모에 대한 묘사와 그것이 그 선지자에게 미쳤던 영향은 분명히 천상의 큰 지위를 가진 존재가 있음을 암시하는 것이다.

신적 대리행위 개념의 또 다른 예는 *요셉과 아스낫*(Joseph and Asenath)에서 찾아볼 수 있다. 이 문서는 아마도 기원전 100년 및 기원후 150년 사이에 그리스어를 사용하는 유대인들 사이에서 작성되었을 것이다.[276] 요셉과 이집트 소녀 아스낫의 만남을 기술한 후(1-9장), 아스낫이 이방 종교를 가졌던 것에 대해 회개한 내용이 나온다(10-13장). 그런 다음 하나님에게 그녀가 받아들여졌다는 것을 확신시켜 주는 한 천상의 존재가 나타난다(14-17장). 이 존재는 형태가 사람 같지만, 그의 얼굴은 "번개 같고 눈은 햇빛 같고" 머리카락은 "불꽃 같다"고 묘사된다. 그리고 "그의 손과 발은 불꽃을 내뿜으며 불에서 나오는 빛나는 철과 같다"(14:9-10)고 한다. 그 존재는 자신을 "주의 집의 우두머리이자 하나님의 군대장관"(14:8)이라고 묘사한다. 이 천사적 존재는 옷과 면류관을 쓰고 "왕의 지팡이"를 지니고 있다 (14:9). 분명히 그 존재는 이집트에 있던 성경의 요셉처럼 천상에서 "최고 통치자 다음의 두 번째 지위"를 차지하고 있다.[277]

아스낫이 "내가 영원히 당신을 찬양하고 영화롭게 하기 위하여"(15:11-12) 이름을 알려 달라고 할 때, 그 존재는 그의 이름을 알려주길 거부한다. 그러나 그 천사는 자신의 이름이 "지극히 높으신 분의 책"에 기록되어 있으며 "가장 높으신 분의 청지기"이기 때문에, "모든 것(다른 사람들)보다 먼저" 거기에 적혀 있다고 말한다. 천사가 아스낫에게 신앙적 헌신을 자신에게 하려는 것을 거부함을 보면, 하나님만이 그러한 신앙적 헌신을 받아야 한다는 유대적 견해를 엿볼 수 있다. 그러나 동시에 이 문헌에서 이 천사를 묘사하는 방식은 고대 유대의 유일신론에서 신적 대리행위에 대한 추론의 또 다른 예가 되기도 한다. 부르크하르트(C. Burchard)는 이 표상이 사실 미가엘이라고 주장하지만, 이 천사의 정체성 자체에 대한 논의는 그가 가지고 있는 지위와 역할보다 덜 중요하다.[278] 천사의 이름이 무엇이든, 그의 자기 묘사는 그가 하나님의 대신(大臣) 또는 최고의 종이라는 것을 분명히 보여준다.

요약. 고대 유대인들의 전통을 반영하는 다양한 문헌들은 하나님의 대천사를 하나님의 대신(大臣)으로서 역할을 하고 있음을 보여주고 있고, 이 표상들을 매우 놀라운 방법으로 묘사한다. 가장 눈에 띄는 것은 하나님의 이름이 거하는 천사 야호엘과 시편 82편의 엘로힘으로 밝혀진 천상의 멜기세덱일 것이다. 이 둘의 경우는 고대의 유대교가 하나님이 다른 모든 천사보다 더 높은 어떤 특정 천사를 두었다는 생각을 수용하고 있었음을 보여주는데, 권위와 지위에서 그들을 하나님 바로 다음에 두었으므로 그들은 어느 정도 신적인 영광을 지녔다.

이런 종류의 천사적 표상들은 초기 기독교에서 승임 받은 예수를 수용한 것을 조사하는 데에 유용하다. 앞서 언급된 문헌들에 나오는 고위 천사로서의 표상들은 단순한 천사들이 아니다. 그들은 다른 모든 천사보다 우월한 역할을 한다. 적어도 일부 문헌에서 이런 표상은 하나님을 대신해 행동하고 완전한 권위를 가지고 하나님의 이름으로 힘을 행사하는 하나님의 대신(大臣)와 같다. 이런 문헌들에 나오는 고위 천사적 표상들은 초기 기독교 전통에서 부활한 예수에게 부여된 지위와 매우 흥미롭게 닮았다. 여기서 나에게 핵심적인 질문은 승임을 받은 예수가 초기 기독교인들에게 천사로 보였는지의 여부가 아니다. 오히려 더 중요한 질문은 예수가 승임을 받을 때 그에게 주어진 지위에 대한 유대인들의 이해가 위에 설명된 일종의 고위 천사들에 관한 추론에 근거한 것인지의 여부이다. 내 생각에는, 내가 조사한 고위 천사에 관한 추론과 다른 유형의 신적 대리행위가 초기 기독교인들에게 그들의 유일신론적 전통에서 벗어나지 않고서도 하나님 바로 다음에 부활한 그리스도를 위치시키는 것을 수용할 수 있는 기본적인 틀을 제공했다.

이와 동시에 초기 기독교 신앙은 당시 알려진 유대적 경건성과 비교할 때 독특한 이위일체론적 형태를 가지게 된 것으로 보인다. 그리고 승임을 받은 예수를 기독교인들이 자신들의 신앙의 대상으로 위치시킨 것은 고대 유대적 유일신교 전통에서의 독특한 변이로 보인다. 그러나 이 문제로 넘어가기 전에 우리는 고위 천사들에 대한 관심이 고대의 유대 종교가 이미 유일신교 전통에서 상당한 변화를 겪었음을 나타내는지에 대한 질문에 답해야 한다.

대천사와 하나님

앞서 인용된 문헌들은 고대 유대인들이 하나님과 밀접한 관계를 가진 고위 천사의 개념을 수용하고 있었음을 보여준다.[279] 그러한 천상의 표상들이 묘사되는 방식을 고려해 볼 때, 그러한 존재들에 대한 관심은 무엇을 의도한 것인지, 그리고 그 존재들에 대한 관심이 고대 유대교에서 하나님의 유일성에 대한 중대한 변화가 있었음을 암시하는 것인지 궁금하다.

이미 논의했던 부분에서(1장), 천사 숭배가 그리스-로마 시대의 고대 유대교 안에 있던 특징이라는 주장에 관하여 나는 그러한 견해가 제대로 확립된 견해는 아니라고 한 바 있다. 지금까지 살펴본 고대 유대교의 신앙심에 대한 증거들을 비추어 볼 때, 유대교는 본질적으로 유일신교이고, 이에 따라 오직 하나님께만 경배를 드리는 종교였음이 분명하다. 고대 유대교의 신앙이 하나님을 인간들과는 아주 먼 존재로 여겼다는 견해는 그다지 신빙성이 없다. 이는 그리스-로마 시대의 경건한 유대인들이 하나님이 자신들에게 대단한 관심이 있고, 또한 그들도 하나님에게 기도와 헌신을 통해 직접적으로 접근할 수 있다고 여겼기 때문이다. 천사들에 관하여 지대한 관심이 있었음에도, 이것이 유대교의 유일신론적 신앙이 약화되었음을 의미하지는 않았다. 오히려 천사들에 대한 그들의 관심은 아마도 하나님을 더 강력하고, 능력 있고, 모든 것을 통제하는 신으로 묘사하려는 열망에서 비롯되었을 것이다.

하나님의 왕권을 위와 같이 묘사하려는 유대인들의 시도는 당시의 강력한 지상 제국들의 영향 때문일 가능성이 크다. 이로 인해 하나님은 그런 제국들이 가지고 있던 국가 제도처럼 고도로 조직화된 계층을 가지고 그 안에 천상의 종들과 같은 강력한 집단을 통해 자신의 뜻을 이루는 신으로 묘사되었을 것이다. 이러한 신으로 하나님을 묘사하는 것의 의도는 하나님이 그 어떤 신보다 뛰어나고 가장 위대한 통치자이며, 지상의 그 어떤 것도 합법적으로 그의 지배를 피할 수 없다는 확신을 표현하는 것이었다. 어쩌면 이는 당시 억압받고 고통스러운 현실 상황으로 인해 하나님의 완전한 보살핌과 그의 지배에 대한 믿음이 약화되고 있었다는 증거일 수도 있다. 그래서 천사 집단에 대한 그 당시의 관심은 하나님을 만물의 참 왕으로 묘사하여 그들의 신앙이 약해지는 것을 막으려는 시도였다.

고위 천사들에 대한 언급은 유일신론을 확실히 지지하는 문헌에도 나타난다. 한 가지 예만으로도 충분할 것이다. 예를 들어, *에녹2서*에서 미가엘이 등장하는 부분을 생각해보자. 여기서 미가엘은 신의 유일성이 여전히 확고하다는 배경 가운데 하나님의 군대장관(archistratig)으로 묘사된다. 이 문헌에서 의인은 "주님 앞에서 흠 없이 행하는 자들과 *오직 그를 경배하는*"(*에녹2서* 9, 강조표시는 내가 한 것임) 자들로 표현된다.[280] 에녹 승천 장면에서 에녹은 열 번째 하늘에 들어가 다른 모든 권세들보다 훨씬 높은 "극히 높은 그의 보좌에 계신" 하나님을 영접하는데, 그곳에는 그룹들(cherubim)과 세라핌들(seraphim)이 끊임없이 하나님을 경배하고 있었다고 묘사한다(*에녹2서* 20-21). 이 장면에서 경배는 오직 하나님께만 드려지는데, 이는 십중팔구 *에녹2서*의 저자와 그의 동료 신자들의 신앙적 태도와 관습을 반영하고 있는 것이다. 또한 33:4-10에서 하나님은 자신이 모든 것을 창조하였고, 그 누구도 그를 대적할 수 없으며, "나 외에는 다른 신이 없다"고 단언한다. 이것은 미가엘이 하나님의 최고의 종으로 묘사는 되지만, 하나님의 유일성에 대한 확신은 여전히 흔들리지 않고 있다는 의미인 것이다.

마찬가지로 *아브라함의 묵시록*(10:4-17; 11:1-3)에서도 야호엘과 하나님 사이에 혼동은 전혀 없다. 오히려 야호엘은 아브라함에게 하나님이 자신을 나타내실 것에 대해 준비하게 하고, 그 강력한 영향에 대해 경고하고(16:1-4), 하나님이 나타날 때 아브라함이 하나님만을 경배하도록 일러준다(17:1-21). 하나님이 나타나자 이 강력한 천사도 다른 피조물과 하나님의 종들과 함께 유일한 분인 하나님께 경배를 드린다는 것은 중요한 의미가 있다. 신적 이름이 깃든 야호엘에 대한 이 묘사는 특히 나머지 천상의 시종들과 비교할 때 이 천사의 지위를 돋보이게 하지만, 이 문헌이 말하고자 하는 것은, 야호엘이라는 이름이 지니고 있는 신성한 의미가 그 천사에게 신앙적 헌신을 받을 자격을 부여한다는 의미는 아니라는 것이다.[281]

더욱이 *스바냐의 묵시록*(6:11-15)에서 강력한 외형으로 인하여 그를 신으로 착각하게 할 정도인 "위대한 천사 에레미엘"은 선지자에게 다음과 같이 경고한다. "조심하라. 나를 경배하지 말지라. 나는 전능하신 하나님이 아니다"(6:15). 유대 경건의 관례에서는 하나님과 그의 강한 천사들 사이의 구별이 뚜렷하다. 위와 같은 에레미엘의 경고는 그 문헌의 저자가 어떤 이유로든 대천사 추론의 남용 가능성을 이미 인지하고 있었음을 암시해 준다. 저자는 대천사의 전통을 분명히 받아들이면서도, 동시에 그러한 존재들이 경건한 신자들의 경배를 받아서는 절대 안 된다고 분명히 밝히고 있는 것이다.

*요셉과 아스낫*이 보여주는 증거를 다시 언급하는 것이 좋겠다. 여기에 나오는 천사적 표상은 분명히 고위 천사 전통의 한 예이다. 그의 옷차림과 외모(14:9-10), 그리고 자기묘사(14:8; 15:12)는 그가 하나님 바로 다음의

지위를 가지고 있음을 보여준다. 그러나 천사가 자기를 "칭송하고 영화롭게" 해주기를 원하는 아스낫에게 자신의 이름을 밝히지 않는다는 것은 이 표상이 하나님과 자신을 혼동하거나, 하나님에게만 드려져야 하는 경배를 자신에게 해서는 안 된다는 것을 의미한다. 또한 이 문헌의 다른 부분은 유일한 참 하나님만을 경배하는 히브리인과 여러 신에게 경배하는 이집트인 사이에 강한 대조를 보여준다. 이 뚜렷한 대조는 아스낫의 두 독백(11:3-14, 16-18)과 그녀의 회개기도(12-13장)에서 두드러지는데, 여기서 그녀는 진정한 구주가 아닌 이전의 다른 신들에 대한 숭배를 거절할 것이라고 말한다(11:4, 16-17; 12:5-9, 12-13; 13:11). 이런 점들을 감안할 때, *요셉과 아스낫*은 신의 유일성에 대한 확신에 흔들림 없이도, 하나님 다음으로 두 번째 서열에 있는 고위 천사를 인정한 것에 대한 추가적 증거라는 것이 분명하다.

또한 앞서 다룬바 있는 쿰란 문헌에는 천상의 최고 대리자에 대한 강한 관심과 동시에 신앙적 헌신의 유일한 대상으로서의 하나님께 대한 확고한 헌신에 주목해야 한다(예: 미가엘과 멜기세덱에 대한 언급). 따라서 주류 유대인들의 사회에서 분리된 쿰란 종파의 문헌에서도 하나님의 천사들, 심지어 미가엘/멜기세덱과 같은 고위 천사적 표상들조차 경배를 받을 자격이 없다는 암시가 있는 것은 참으로 놀랍다.

놀(S. F. Noll)은 쿰란 종파가 천사들의 특별한 지위와 하나님이 택한 사람들에게 자신의 거룩한 천사들과의 긴밀한 교제를 허락하셨다는 개념을 보여주었다고 말한다.[282] 이런 의미에서, 천사들은 쿰란 공동체가 바라는 이상(ideology)이었고, 하나님의 군대 장관인 고위 천사는 쿰란 종파의 천상의 지도자이기도 했다. 그러나 이들의 문헌에 고위 천사가 신앙적 헌신의 대상으로서 하나님과 함께 경배를 받았다는 암시는 그 어디에도 없다. 확실히 쿰란 종파는 소위 천사 의례(典禮: Liturgy) 문헌이 보여주는 것처럼 천상의 존재들이 행하는 경배에 관심이 있었던 것 같다.[283] 그러나 이러한 관심은 이 집단의 의례적 관습에서 예배의 대상으로 하나님 자신을 제외한 어떤 표상도 포함하지 않고 있다.

간단히 말하자면, 고위 천사 표상에 대한 숭임의 표시는 오히려 그와 하나님을 구별하는 것과 밀접한 관련이 있는 것이다. 이러한 구별은 우리가 여러 문헌에서 진정한 신앙적 헌신의 대상을 찾을 때 가장 명백하게 볼 수 있다. 고대 유대인들은 고위 천사를 묘사함에 있어서 놀라운 대담성을 보이며, 때로는 이 존재들의 신격화를 암시하는 것처럼 보이기도 한다. 그러나 이 고대 유대인들의 신앙적 삶에서 이러한 천상의 존재들은 확실히 하나님과 함께 신앙적 헌신의 또 다른 대상은 결코 아니었다.

대천사들과 하나님에 대한 분기점

최근의 일부 연구에서 고위 천사들의 표상에 대한 고대 유대인들의 관심은 일종의 신성(神性)에 대한 분기점 또는 초기적 이위일체론의 암시로 본다. 하지만 고위 천사에 대한 유대인들의 전통을 조사한 이 연구들은 그 방식에 있어서 서로 간에 상당한 차이가 있으며, 특히 이위일체론에 대해서는 그들 모두 결론을 잘 설명하지 못할 수도 있다. 그럼에도, 그 연구들은 고대 유대교의 유일신론에 대한 중요한 발전을 나타내는 고위 천사 전통에 중점을 두고 있다. 나는 그 전통이 분명 중요하다는 데는 동의하지만 그 전통의 본질과 의미에 대한 타 연구들과 나의 강조점 사이에 있는 차이를 분명히 밝히고 싶다.

1장에서 나는 포섬(Fossum)이 데미우르고스(demiurge: 창조자)에 대한 영지론적 교리와 창조에 있어서 하나님의 조력자로서의 천사의 역할에 대한 유대적 추론 사이의 연관성을 주장한다고 언급한 바 있다.[284] 포섬은 천지를 창조하는 일에 천사를 조력자로 사용하는 하나님에 대한 유대적 추론이 기독교 이전 시대로 거슬러 올라갈 수 있다고 주장하는데, 이것은 옳은 견해인 것 같다. 그리고 필로는 이러한 포섬의 의견에 증거가 될 만한 것들을 제시했다(예: *Opf. Mun.* 72-75). 내가 논의하고자 하는 것과 훨씬 더 관련이 있는 것은 고위 천사들이 종종 하나님의 이름(야훼/Yahweh)의 의인화로 그려지고, 하나님의 영광으로 표현되었다는 포섬의 주장이다.[285] 앞서 언급한 바 있듯이, 고위 천사들은 때때로 신적 이름을 내포하는 것으로 묘사된다(예: *아브라함 묵시록* 10:3-10). 또한 필로는 로고스가 지니고 있는 의미 중 하나는 하나님의 이름이며, 이것이 의인화된 표상은 "천사들 중 최고의 지위를 가진 것으로, 즉 다른 천사들의 통치자"로 묘사된다고 했다(*Conf. Ling.* 146). 따라서 로고스는 다른 문헌들에 나오는 고위 천사의 표상들과 유사한 역할로 제시되며, 이는 필로가 로고스에 대한 그의 성찰에서 고위 천사 추론을 사용했을 수도 있음을 시사한다.[286] 이처럼 고위 천사에 대한 고대 문헌들의 묘사는 인상적이다. 그러나 이 승임을 받은 로고스는 무엇을 의미하는가?

포섬(Fossum)은 고위 천사에 신적 이름이 내주하는 것을 이 표상이 "신적 본성" 또는 신적 "존재의 방식"[287]을 공유했다는 의미로 간주하지만, 그가 의미하는 바를 명확하게 알기가 어렵다. 그는 또한 고대 유대인들이 "하나님과 서열 2위의 권세 사이를 구별함과 동시에 그 둘 사이에 있는 친밀한 연관성"을 표현하고자 한다고 설명했지만,[288] 여기에서도 마찬가지로 고위 천사가 하나님의 창조 사역에 관련이 있다는 것을 강조하는 것 외에는 자세히 설명하지 않는다. "신성(神性)"이 창조, 통치, 심판하는 하나님의 주권을 의미한다면, 고위 천사는 하나님의 최고 대리자 또는 대신(大臣)으로서 하나님의 "권세" 혹은 "통치"에의 주요 참여자가 된다고 말하는 것이 더 정확할 것이다. 그리고 앞서 살펴본 문헌들에 따르면, 그 고위 천사들은 실제로 하나님의 능력의 행사에서 하나님 다음의 두 번째 지위에 있다.

우리가 이미 지적한 바 있듯이, 고위 천사는 하나님의 다른 모든 종들과 비교할 때 그의 지위가 아무리 위엄이 있더라도, 그가 하나님의 뜻의 행사와 아무리 밀접하게 연관되어 있더라도, 본질적으로 하나님과는 구별된다. 천상의 고위 존재들에 대한 영광스러운 묘사나 시각적 외모에 대한 언급을 보면 하나님과의 유사성이 분명하고 또 다분히 의도적이다.

그러나 종교적 헌신의 영역에서 고위 천사와 하나님의 관계를 살펴보면, 그러한 묘사에 대해 다른 시각이 주어진다. 즉, 창조 사역, 세상의 다스림, 종말론적 심판, 이런 것들에서 고위 천사가 하나님의 대리자 역할을 하지만, 이 표상을 신앙적 헌신의 대상으로 만드는 것을 고대 유대인들은 분명히 경계했다. 포섬(Fossum)이 하나님과 고위 천사 사이의 구별을 유지하고자 하는 유대인들의 바람을 언급하고 있지만, 이 표상이 "신성"을 공유한다고 하는 그의 언급은 내가 보기에 고대 유대인들의 신앙의 증거 이상으로 과도하게 하나님과 고위 천사 사이의 존재론적 연결을 암시하는 것 같다.[289]

로우랜드(C. C. Rowland)가 제시하는 유대교의 고위 천사 전통에 대한 논의에서 우리가 보기에 하나님과 그의 최고 대리자들 관계에는 다소 의문의 여지가 있어 보인다.[290] 로우랜드는 에스겔 1:26-28과 8:2-4에 나오는 환상에서 시작하여, 그리고 이후 묵시 문헌들까지 여러 방면에서 언급되는 하나님의 고위 천사들을 조명하며, 천상의 보좌에 신적인 인간의 표상이 나타나고 연이어 거기서 분리되며 그 표상이 "신의 뜻의 대리자"로 활동하는 과정을 본다.[291] 로우랜드는 이 과정의 초기 단계를 "신적인 기능이 설명되는 방식에 대한 점진적인 분리"라고 말한다.[292] 그는 에스겔 8:2-4를 신성한 왕위로부터 하나님의 형태가 분리되어 "유사 천사적 중개자"로서의 역할을 하는 것을 드러내는 중요한 구절로 본다.[293] 그는 또한 다니엘 10:5-9에 나오는 천상의 존재에서 이러한 발전에 대한 추가적 증거도 발견하는데, 이는 "본질적 발전의 시작"을 나타낸다.[294] 로우랜드

는 이런 신성(神性)의 분기점에 대한 성숙한 형태는 *아브라함 묵시록*에서 본다.[295]

위에서 언급된 로우랜드의 흥미로운 분석에는 몇 가지 추가적인 설명이 필요하다. 첫째, 에스겔 8:2-4에 나오는 표상이 무엇이든 간에, 이 구절이 로우랜드가 설명하는 중대한 발전을 뒷받침할 수 있는지는 확실치 않다. 이 표상이 1:26-28에 언급된 보좌에서 분리되었다는 근거는 그 어디에도 없으며, 분리되어 비어있어야 할 '빈 보좌'도 보이지 않는다. 사실 에스겔 8:4에서 선지자가 "이스라엘 하나님의 영광이 거기에 있는데 내가 들에서 본 모습과 같더라"라고 말했을 때, 이는 1:26-28과 동일한 장면을 의미하며, 하나님의 "영광"(*kābōd*)이 로우랜드가 주장하는 것과 같이 그 보좌에서 "분리" 또는 "분할"되었다고 보이지는 않는다. 신적 영광이 그룹(cherubim) 위로 올라와 성전의 다른 부분으로 이동하는 에스겔 10:4도 마찬가지로, 로우랜드의 주장에 대한 증거가 되지는 못하는데,[296] 10:18-19에서 *신적 영광*이 그룹(cherubim)으로 되돌아오고 그 이후 11:22에는 동일한 위치에서 묘사되고 있기 때문이다.[297]

또한 나는 *아브라함의 묵시록*[298]에서 야호엘 표상에 대한 로우랜드의 해석과 포섬의 해석에서 심각한 문제를 발견한다.[299] 여기서 나는 잠깐 그들의 견해에 반박하고자 한다.

"야호엘"은 하나님을 지칭하는 두 개의 히브리어 용어인 *야훼*(Yahweh)와 *엘*(El)로 구성된 이름이며, 하나님의 "말로 표현할 수 없는 이름"이 깃든 천사로서 그의 특별한 지위를 반영하기 위한 것으로 보인다(10:3-10). 나중에 나오는 세부적인 사항은 출애굽기 23:20-21에 대한 암시로 볼 수 있는데, 이것은 천사 야호엘을 하나님의 통치에 있어서 특별하고 특수한 권위로서 나타난다. 이런 독특한 지위는 10:8-17에 나오는 천사의 임무에 대한 설명에 더 자세히 나와 있다. 따라서 야호엘은 고위 천사 전통의 매우 중요한 한 예시이며, 신적 대리행위 개념에 대한 훌륭한 예이기도 하다.

그러나 포섬과 로우랜드는 야호엘이 하나님의 최고 대리자 그 이상이라고 주장한다. 포섬은 이 천사의 이름 자체가 "신적 이름의 의인화"임을 의미한다고 주장한다.[300] 그러나 이것은 해당 문헌의 의도를 지나치게 넘어서는 것으로 보인다. 야호엘이라는 이름은 그 자체로 신적 이름이기보다 그 이름에 하나님의 이름이 내주한다는 뜻인데, 이는 단지 천상의 위계에서 그의 특별한 능력과 중개자로서의 권위를 설명하기 위한 것이다.[301] 야호엘이 등장하는 문헌의 저자는 신성(神性)의 진화에 대해 추론하지는 않는다. 그는 야호엘이 지니고 있는 특별한 권한과 능력의 배경만을 설명하고 있을 뿐이다.

또한 포섬은 야호엘을 "신적 영광" 즉 에스겔 1:26-28에서 언급된 신적 표상의 의인화라고 주장하는데, 이에 대해서는 로우랜드도 지지한다.[302] 이 견해를 뒷받침하기 위해 제시된 근거는 두 가지이다. 하나는 11:1-4에 나오는 야호엘에 대한 시각적 설명과 또 다른 하나는 17-19장에 나오는 신의 출현(出現)에 대한 설명이다.

먼저 야호엘에 대한 설명을 살펴보자. 에스겔서과 다니엘서에서 천상적 표상의 환상에 대한 간접적인 언급과 반대로 직접적인 언급도 있지만, 이들은 지나치게 과장되어서는 안 된다. 성경에 나오는 신의 출현과의 유일하고 직접적인 연관성은 야호엘의 머리카락이 눈과 같다는 말과(참조. "고대의 날들"의 환상[단 7:9]에서 그의 머리카락은 "순전한 양털과 같다"), 무지개 모양의 머리 덮개에 대한 언급(에스겔 1:26-28에서 무지개와 같은 효과 참조)이다. 그러나 주의 깊게 비교해 보면, *아브라함의 묵시록* 11장에 나오는 야호엘에 대한 묘사가 에스겔 1:26-28, 다니엘 7:9-10, 10:5-9에 나오는 환상과 단지 표면적으로 비슷하다는 것을 알 수 있다. 사실 앞서 언급한 바와 같이, *아브라함의 묵시록*의 저자가 이러한 성경 구절을 잘 알고 있었음에도 그가 야호엘에 대한 묘사를 하나님에 대한 묘사에 더 가깝게 모형화하지 못한 것은 참으로 흥미롭다. 야호엘의 외모에서 우리가 발견할 수 있는 두 가지 직접적인 유사점은 저자가 원할 때 세부적인 모습들도 차용할 수 있었음에도 성경 속 환상에 나오는 모습들과의 유사성은 정밀하게 일치하지 않는다. 저자가 야호엘에 대한 설명에서 성경적 이미지를 더 정확하게 적절하게 사용하지 않았다는 것은 매우 중요하다. 이를 보면 야호엘과 하나님 또는 그의 "영광"에 대한 완전한 동일시가 의도되지 않았음을 나타내는 것이기 때문이다.

야호엘의 '흰 머리카락'과 '무지개 같은 머리 장식'은 그를 하나님의 대신(大臣)으로 묘사하기에 충분할 정도로 그와 하나님 사이의 제한적인 유사성을 암시하기 위한 것일 수 있다. 그러므로 야호엘에 대한 묘사가 *신적 영광*(kābôd)이 신의 의인화된 대리자가 되었다는 생각의 일부를 반영한다는 로우랜드의 견해에 나는 동의할 수가 없다.[303] 나는 하나님이 자신의 최고 대리자로 택한 천사에게 부여된 시각적 위엄을 묘사하려는 저자의 창의적인 시도였다고 본다.

아브라함의 묵시록 17-19장에 나오는 신의 현현 장면에 관하여 야호엘이 신의 보좌로부터 신적 표상의 분리를 나타낸다는 발상은 그 정당성이 부족하다. 로우랜드와 포섬은 18:1-5에서 신적 보좌에 앉은 한 표상에 대한 명시적인 설명이 없다는 사실을 지나치게 중시한다.[304] "보좌에 앉은 표상에 대한 묘사가 없는" 것을 보좌에 앉은 표상이 없다고 해석하는 것은 지나친 억측이다.[305]

보좌가 비어 있다는 말은 없다. 물론 저자는 하나님을 인간의 모습으로 묘사하지 않고 그 대신 하나님의 현현을 불로 묘사한다(17:1; 18:1-4, 13-14; 19:1). 그러나 16:3-4에서 야호엘은 "영원한 분"이 그들에게 올 것이라고 아브라함에게 말하고, 계속해서 "당신은 그를 직접 보지 못할 것이다"라고 한 점에 유의해야 한다. 선지자가 하나님을 직접 쳐다볼 수 없다면, 어떻게 그를 묘사할 수 있겠는가? 저자는 에스겔 1:26-28(요한계시록 4

장의 저자도 이 부분을 보여줌)에서와 같이 신에 대한 의인화된 묘사에는 관여하지 않지만, 이 자체로 하나님의 보좌가 비어있다는 증거가 되지는 않는다. *아브라함의 묵시록*은 불로서 전통적인 신의 현현을 표현하는 것 이상으로 하나님에 대한 물리적 묘사를 하지는 않지만, 저자는 보좌 위의 신성한 불에서 나오는 음성을 언급하는데(17:1; 18:1-3; 19:1), 이 음성에 대한 설명은 없지만, 이는 보좌에 누군가 앉아있음을 시사한다.

*아브라함의 묵시록*에서 한 신적 표상이 하나님의 보좌에서 분리됨을 보여준다는 견해를 내가 거부하는 또 다른 이유는 19:1-5에 제시되어 있다. 이 구절에 따르면, 보좌의 음성이 아브라함에게 "어떤 곳에도 네가 찾았거나 너를 사랑한 사람 외에는 아무도 없다는 것"을 주목하게 한다. 주위를 둘러본 후 아브라함은 "나는 그곳에서 다른 아무도 보지 못했다"라고 말한다. 신의 유일성을 이렇게 강조하는 것을 보면, 저자가 야호엘을 또 다른 신적 존재, 즉 신적 "영광"의 구체화 또는 보좌에서 내려온 신적 표상으로 보았다는 주장은 성립하기 어렵다.

기독교 이전의 유대교 전통에서 신성(神性)의 분기(分岐)에 대한 최근의 주장들에 대한 나의 조사는 그러한 견해들이 나와 있는 자료들에 의해 명확하게 뒷받침되지 않는다는 결론에 이른다.[306] 고위 천사적 표상은 에스겔 1:26-28에 묘사된 하나님의 영광이나 보좌에 앉은 신적 존재의 분리를 반영한 것이 아니다. 오히려 이 표상은 하나님의 종들 중 한 존재가 하나님의 통치를 집행하는 데 있어 독특한 지위를 부여받은 것으로 묘사되는 신적 대리행위 전통의 한 유형이다. 그러므로 우리는 이 장에서, 고대 유대인들이 하나님이 자신의 최고 대리자 또는 대신(大臣)의 역할을 맡기기 위해 특정 표상(예를 들어, 천상의 존재)을 창조하거나 승임했다는 발상에 호감을 가지고 있었음을 보았다.

고대 제국들의 국가체제의 패턴은 고대 유대인들의 신적 대리행위 전통의 발전에 영향을 주었는데, 이 패턴을 따르려면 하나님의 대신(大臣)의 위치를 차지하는 표상이 위엄 있고 권위 있는 언어로 설명됐어야 했다. 또한 그런 표상과 하나님과의 밀접한 관계를 고려할 때, 그 표상은 시각적으로 그의 주인인 하나님과 상당히 유사하게 묘사됐어야 했다. 그럼에도 불구하고, 하나님이 어떤 표상을 자신의 통치에 유일하게 관여하도록 임명할 수 있다는 사고만으로는 이 표상이 진정으로 "신적이다"는 결론을 내리지는 못한다. 앞서 언급했듯이, 이는 아직 존재하는 역사적 증거들 중에서 고대 유대인들의 신앙생활을 조사해보면 분명해진다. 그러므로 우리는 하나님의 최고 대리자에 대한 승임의 표현을 과대평가하지 말아야 한다. 설사 그런 표상들에게 하나님의 이름이 내주한다고 하더라도 그렇다.

요약

우리는 고위 천사들에 대한 고대 유대인들의 관심이 유대교적 유일신 신앙과 그들의 신앙적 헌신을 약화시키거나 크게 수정하지 않는다는 사실을 관찰했다. 내가 말하고 싶은 것은, 여러 고대 문헌들에 나타나는 고위 천사에 대한 언급이 본래 유대인들 사이에 존재하던 신적 대리행위에 대한 추론을 반영한다는 것이다. 다른 유형의 신적 대리행위 추론과 마찬가지로(2-3장), 하나님의 고위 천사에 대한 고대 유대인들의 관심은 하나님의 유일성에 대한 확신을 손상하지 않고서도 특이한 방식으로 수용되었다.

고대 유대인들이 그 시대에 있었던 제국들의 국가체제 모델을 인용하며 하나님의 권능과 그 의미를 묘사한 것처럼, 그들은 제국들의 수장인 대신(大臣)의 지위를 모방하는 것도 적합하다고 생각했다. 이 발상에서 나온 것이 바로 고위 천사의 역할이다. 확실히 이스라엘 전통에는 이런 개념의 발전에 유리한 요소가 이미 존재했다(예를 들어, 하나님의 이름이 거하는[출 23:20-21] 그리고 "여호와의 군대장관"[수 5:13-15]의 이름이 거하는 천사에 대한 언급). 천상 천사들의 위계에 대한 강조는 하나님의 위엄을 묘사하려는 시도였고, 이는 구약 성경의 지지를 받을 수 있었던 것처럼, 고위 천사에 대한 관심도 그러했다.

그러나 대천사는 이전의 전통에서 당연하게 여겨지던 천상의 왕국에 대해 적절한 표상 그 이상이었다. 이러한 표상들의 종교적 의미는 그들이 다양한 문헌에서 수행하는 기능을 보면 부분적으로 알 수 있다. 미가엘이라는 이름을 가진 대천사가 등장하는 문헌들(예: *T. Abr.* 1:4-5; *Adam and Eve* 14:1-2, 미가엘은 특히 이스라엘을 맡은 천사이기도 하다)에서 중요한 것은, 하나님의 천상의 종들 중 가장 위대한 존재는 이스라엘에 대한 특별한 책임이 있는 존재라는 것이다(참고: 단 12:1). 다른 이름을 가진 대천사가 등장하는 문헌들에서도 이 표상은 여전히 유대의 독자들에게 강한 격려를 주기 위한 것으로 보인다. 이런 대천사들은 특징적으로 어떤 구약성서의 훌륭한 인물에게 하나님의 계시를 전하거나, 천상의 층으로 안내하여 신적인 것에 대한 환상을 보여주거나, 때로는 승천시켜 천상으로 인도하는 역할을 한다. 즉, 천상의 권세에서 하나님 다음으로 두 번째인 이 하나님의 최고의 종들은 이스라엘 족장들의 개별 안내자로 행동하라는 명령을 받았으며, 대천사들에 의한 그 족장들의 환상, 승천 및 승임은 택한 사람들에게 소망을 주고 그러한 소망을 예표한다. 이런 맥락에서 쿰란 문헌에서의 멜기세덱(아마도 미가엘의 또 다른 칭호)에 대한 언급은 하나님의 최고 대리자가 택함을 받은 자들에게 종말론적 구원을 가져오는 데 있어서 하나님의 개인적인 대표자 역할을 의미하는 것이다.

하나님이 자신의 메시지를 전달하거나, 선지자들을 특정 장소로 인도하거나, 종말론적 구원을 가져오기 위해 최고 대리자들을 활용한다는 것은 하나님이 이 모든 일들을 직접 수행하는 모습으로 묘사되는 것보다 하나님의 활동에 대한 더 정교한 관점을 보여준다. 혹여 하나님이 만왕의 왕으로서 그의 뜻을 집행하는데 그의 일반적인 시종들을 사용하는 것이 더 적절해 보인다고 하더라도 하나님의 뜻을 수행하는 존재들이 일반 천사들이 아닌 하나님의 최고 대리자 또는 천상의 위계에서 최고 지위의 존재인 대천사들이라는 것은 상당한 의미가 있다. 이는 아마도 문헌들을 통해 전달하고자 하는 메시지나 문헌 속 환상들에 더 큰 의미를 부여하려는 의도였을 것이다. 더욱이, 스스로 하나님의 택함을 받았다 여기는 고대 유대인들은 아마도 고대 문헌들 속 선지자들의 경험을 통해 자신들의 비상함과 중요성을 인식했을 것이기에(제3장), 하나님이 천상의 궁에 있는 최고 지위의 인물들을 선지자들과 소통하도록 지정하였다는 것은 그들의 특별한 지위를 더욱 돋보이게 했을 것이다.

따라서 고위 천사에 대한 추론은 많은 고대 유대인들의 종교적 사상에서 매우 중요한 측면이었을 것이다. 세갈(Segal)은 기원후 2세기와 그 이후에 나타나는 랍비 문헌들의 증거를 통해, 고위 천사 추론이 상당히 회의적이었을 것으로 추측하는데 아마도 이는 유대 랍비들이 기독교인들과 영지주의자들을 유대교의 "이단자"(minim)로 여겼고, 그 기독교인들과 영지주의자들이 고위 천사와 같은 표상에 관심을 갖고 있었기 때문일 것이다.[307] 그러나 또한 세갈은 랍비 공동체 내부와 외부 모두에서 고위 천사에 대한 믿음 자체는 문제가 되지 않았다고 지적한다. 오히려 진짜 문제는, 특정 공동체에서 특정 표상에게 부여된 종교적 의미가 당시 랍비들에게는 "유일신론의 훼손"으로 간주되는지에 대한 여부이다.[308] 기원후 1세기 및 그 이전의 유대 종파의 신앙을 반영하는 문헌들에서 고위 천사에게 특징적으로 부여된 역할을 조사해 본 후, 세갈은 이러한 전통이 당시에 "이단적"이었다고 단정 짓기 어렵다고 결론지었다. 즉, 기독교 이전의 유대교에서 고위 천사들이 초기 랍비 전통의 '두 권세' 논쟁에 있어서 명확한 표적이 될 만큼 충분히 독립적이었다는 표시는 별로 없다.[309]

그러나 그럼에도 불구하고 고위 천사, 승임을 받은 족장, 또는 의인화된 언어로 묘사된 어떤 신적 속성이, 무엇이든 간에 하나님에게 "최고 대리자"가 있다는 보다 더 근본적인 사고는 고대 유대교 전통에서 상당히 중요한 발전이었다. 이 개념은 다양한 형태의 종교적 의미를 지녔을 뿐 아니라, 영지주의와 기독교 내의 또 다른 종교적 개념의 발전에도 영향을 미쳤을 것이다.

우리는 이번 장(chapter)에서 고대 유대교에 있었던 신적 대리행위 전통의 세 가지 기본 유형들을 검토해보았다. 이제 다음 장(chapter)에서 우리는 이러한 전통이 예수를 하나님 바로 다음의 천상적 권위로 승임한 것에 대한 초기 기독교인들의 이해에 어떻게 도움을 주었는지 살펴볼 것이다.

chapter 5

초기 기독교의 변이

chapter 5
초기 기독교의 변이

앞장(chapter 4)에서 우리는 초기 기독교인들이 하나님 바로 옆자리로 승임을 받은 예수의 지위를 개념적으로 수용하는 데 도움이 되는 유대 전통을 설명하였다. 이 장에서는 신적 지위로 승임을 받은 예수가 유대의 신적 대리행위 전통에 따라 이해되었음을 나타내는 초기 기독교 증거들을 살펴볼 것이다. 그런 다음, 이 신적 대리행위 전통과 초기 기독교의 유대 유일신론적 신앙에서의 독특한 변이의 본질을 규명해 볼 것이다.

하나님의 최고 대리자로서의 예수

본서의 서론에서 지적한 바와 같이, 초기 그리스도론적 사상과 유대적 배경의 연관성은 이미 많이 연구된 주제이다. 그러나 일반적으로 학자들은 신약성서에서 발견되는 초기 그리스도론의 특정 사례 또는 그리스도론 교리의 특정 구성요소의 배경을 조사했었다. 예를 들어 믹스(W. A. Meeks)는 요한복음이 보여주는 그리스도론에서 모세의 전통을 사용하는 유대적 배경을 조명하였다.[310] 그리고 던(J. D. G. Dunn)은 그리스도의 선재(preexistence)에 대한 초기 기독교 교리의 배경에 대해서 연구하였다.[311]

그러나 여기서 우리의 관심은 십자가에 못 박힌 예수가 하늘의 영광의 지위로 승임 받았다는 초기 기독교 신념에 관한 더 광범위하고 더 근본적인 사안이다. 이 신념은 초기 교회에서 예수에게 주어진 모든 칭호와 신약성서의 다양한 문서들에 반영된 모든 그리스도론적 강조, 그리고 그리스도의 존재 또는 그의 종말론적 재림(parousia)과 같은 교리들에 선행했으며 그 모든 교리의 기초가 되었다. 이에 대해 내가 주장하는 것은, 후기 그리스도론적 발전에 대해서 이 초기적이고 결정적인 전제의 형성이 하늘의 영광 가운데 계신 하나님 바로 옆으로 승임된다는 유대의 신적 대리행위 전통의 도움을 받았다는 것이다. 우리가 유대 전통의 변형이나 변이를 다루고 있음을 인식하기 위해서는 먼저 부활한 예수의 신적 대리행위 개념과 초기 기독교적 표현들 사이의 유사성과 연관성을 식별하는 것이 필요하다.

인간으로서의 나사렛 예수의 영향을 무시할 수는 없지만, 예수의 신적인 위격과 사역에 대한 모든 기독교적 성찰은 초기 기독교 공동체에서 예수의 부활에 대한 믿음에서 나온다는 데 학자들은 일반적으로 동의한다. 또한 예수의 부활이 다음 두 가지를 포함하는 것으로 초기 기독교인들이 이해했다는 것도 일반적인 견해이다. (1) 메시아라고 주장하면서도 십자가에 못 박힌 예수의 무죄를 입증,[312] (2) 그가 하늘의 영광으로 승임 됨.

사도행전 2:33-36. 이 구절에는 초기 기독교 신앙에 대한 간결한 요약이 담겨 있다. 이 구절은 예수의 부활을 하나님의 "우편"으로 승임되었다고 언급하고(시 110:1), "하나님께서 여러분이 십자가에 못 박은 이 예수를 주로 그리고 그리스도로 삼으셨다고 이스라엘 사람들에게 호소한다." 사도행전은 기록 연대가 주후 65년에서 85년까지로 추정되지만, 하나님을 활동적 나타내는 것, 예수를 신적 활동의 수혜자로서 강조하는 것, 예수의 부활이 이전에는 갖지 않았던 존엄과 직책을 그에게 부여했다는 사

고, 이 모든 것들은 우리가 아직도 사도행전 이전의 기독교적 사고를 반영하고 있음을 강력히 시사한다. 그리고 십자가에 못 박힌 예수가 하나님에 의해 하늘로 승임되었다는 인식은 예수의 부활이 유대의 신적 대리행위 전통을 통해 이해되었다는 명백한 증거이다. 여기에서 사용된 칭호인 '주와 그리스도'는 이 맥락에서 구체적인 기독교적 주장을 전달하지만, 근본적으로는 최상의 지위까지 높아진 하나님의 최고 대리자로서 부활한 예수에 대한 묘사에 해당하며, 고대 유대 전통의 최고 대리자 인물들에게 주어지는 지위를 닮아있다.

나는 이 장의 후반부에서 우리가 이해하고자 하는 신앙을 촉발시킨 요인들에 관하여 구체적인 의견을 제시할 것이다. 그러나 내가 앞서 이미 주장한 바 있듯이, 기독교 신앙이 단순히 유대(또는 이방인들의) 전통에 의해 만들어졌다고 여기는 것은 너무나 단순한 발상이다.[313] 초기 기독교인들의 종교적 사고방식은 유대교 전통에서 형성된 것이 분명하다. 초기 기독교 신앙을 유발한 종교적 체험들을 해석하는 개념적 범주를 제공한 것은 바로 이러한 유대교적 사고방식이었다.

우리는 유대교적 자료들에서 이런 신적 대리행위 전통의 많은 변형을 살펴보았기에, 기독교 안에서도 이러한 변형이 있다는 것은 그리 놀라운 일이 아니다. 우리는 단순히 유대교의 항목을 차용하는 것이 아니라, 새로운 종교적 체험과 다소 혁신적인 종교적 신념을 제공하는 고대 유대 전통의 기본 개념적 범주를 다루고 있는 것이다.

로마서 1:1-4. 신적 대리행위 사고의 사용에 대한 추가적인 증거는 로마서 1:1-4에서 찾을 수 있다. 이 구절에 대해 대부분의 학자들은 바울 이전의 신앙 고백적인 언어를 사용하고 있는 것으로 여기며, 이것은 아마도 팔레스타인 지역의 초기 기독교 공동체로 우리를 돌아가게 한다.[314] 특히, 3-4절에서 예수는 "육신으로는 다윗의 혈통에서 나셨고 성결의 영으

로는 죽은 자들 가운데서 부활하사 능력으로 하나님의 아들로 선포되셨으니"로 묘사되어 있으며, 두 부분의 같은 형식으로 이 구절이 구성되어 있어 쉽게 구조를 파악할 수 있다. 첫 부분에서 예수를 다윗의 혈통으로 언급한 것은 아마도 그에 대한 메시아적 주장을 반영한 것이라 볼 수 있다. 그러나 두 번째 부분은 부활한 예수를 신의 권능(*dynamis*)으로 임명되거나 지명된(*horisthentos*) "하나님의 아들"로 나타낸다. 헹겔(M. Hengel)이 말하듯이, 이 구절은 단지 부활한 예수가 "하나님의 영광을 공유"하는 초월적이고 천상적인 상태로 "변모된" 것으로 제시한다고 볼 수 있다.[315]

사도행전 2:36과 마찬가지로 여기에서도 예수의 부활은 하나님의 전체 구속의 계획을 위해 그가 천상의 지위로 승임이 됨을 포함하는 것으로 보인다. 따라서 로마서 1:3-4는 부활한 예수가 하나님의 최고 대리자가 되었다는 초기 그리스도론적 신념을 나타내고 있다. 유대 전통에서 "하나님의 아들"은 이스라엘 왕실의 개념(예: 시편 2:7)과 연결될 수 있고, 의로운 개인(예: *지혜서* 2:18)을 설명할 수도 있지만, 여기 로마서에서의 칭호는 초월적인 지위와 유일하고 밀접한 하나님과의 연결로 예수가 승임됨을 전달하고자 하는 것으로 보인다.

데살로니가전서 1:9-10. 신적 지위로 승임된 그리스도와 하나님의 밀접한 연결은 신적 대리행위 전통에 대한 바울의 또 다른 언급에서도 드러난다(살전 1:9-10). 여기서 우리는 바울에게 서신을 받은 이방인들이 개종하여 "살아계시고 참되신 하나님(이방인과의 구별을 강조하는 유대교의 주장을 반복함)을 섬기고 하늘로부터 강림하신 하나님의 아들 … 다가올 심판으로부터 우리를 건져주시는 예수"를 기다림에 대해 읽게 된다. 이러한 서술은 부활한 예수를 *11Q 멜기세덱*에서의 멜기세덱과 놀랍도록 유사한 역할을 하는 것으로 묘사되고 있다. 멜기세덱은 거룩하게 임명된 택함 받은 자들의 구원자이자, 하나님의 최고 대리자이며, 종말론적 구속에 대해 총체적 역할

을 한다. 이러한 역할의 유사성, 유대 종교적 수사의 명확한 영향력, 데살로니가전서 1장(서기 50년경)의 초기 집필연대, 이 모든 것이 결합하여 이 본문은 하나님의 반열로 승임된 예수를 초기 유대 기독교인들이 어떻게 수용했는지 이해할 수 있게 돕는다.

고린도전서 15:20-28. 신적 대리행위의 개념은 이 구절의 기초가 된다. 여기서 바울은 승임된 그리스도를 신적 계획에 대항하는 모든 적들이 "그의 발아래"(1절)에 무릎 꿇을 때까지 통치하도록 하나님이 임명한 인물로 묘사한다(25-26절). 그리스도의 통치권은 다음의 강조적 표현에 잘 나타나 있다. "모든 통치와 모든 권세와 능력"(24절), "그의 모든 원수"(25절), "만물"(27-28절). 그럼에도 불구하고 그리스도의 통치는 하나님이 선택하신 최고 대리자의 통치로서 분명히 제시되고 있다. 만물을 그리스도께 복종하게 하신 분은 하나님이시다(27절). 그리스도 통치의 절정은 "하나님 아버지께" 왕국을 넘기는 순간인데(24절), 이때 아들은 하나님의 절대성이 나타나도록 자신이 하나님 아버지에게 복종하는 모습을 보여준다(28절). 헤이(D. M. Hay)가 지적한 바 있듯이, 이 구절은 "두 군주가 공유하는 통치"를 묘사하는 것이 아니라, 오히려 "한정된 기간 절대적인 지배권을 가지는 신의 전권 대리자"라고 부를 수 있는 방식으로 승임된 그리스도를 보여준다.[316] 그리스도의 통치에 대한 고린도전서 15장의 표현은 분명히 바울 자신이 쓴 것이다. 따라서 신적 대리행위의 범주는 바울이 궁극적으로 팔레스타인 유대 기독교인들의 첫 번째 공동체로부터 물려받은 그리스도론적 전통과 그리스도의 중요성에 대한 그 자신의 더 많은 성찰 모두에 반영된다.

빌립보서 2:5-11.[317] 이 본문은 일반적으로 유대 기독교 환경에서 파생된 찬미가로 간주된다.[318] 로마서 1:3-4과 마찬가지로 주후 1세기 중반

에 쓰인 이 본문을 통해 우리는 초기 유대 기독교인들의 신앙과 헌신을 살펴볼 수 있다.[319] 이 구절의 흥미로운 특징들 중에서 9-11절에 나타나는 그리스도의 거룩한 승임에 대한 묘사야말로 본서의 연구와 가장 관련이 많다. 예수의 부활에 대한 명백한 언급에서 하나님이 그를 "지극히 높이시고" 창조의 모든 영역에서 "모든 무릎"이 절하는 "모든 이름 위에 있는 이름"을 그에게 주셨으며, "모든 입술이 예수 그리스도가 주이심을 고백하여 하나님 아버지께 영광을 돌린다"라는 것을 빌립보서 2:5-11을 통해 볼 수 있다.

이 구절은 부활한 그리스도의 승임된 지위에 대한 놀라운 묘사와 하나님의 유일성에 대한 명확한 선언 둘 다 포함하고 있기에 나의 견해를 뒷받침하는 데 특히 중요하다. 다음의 언급을 고려해보자. 첫째, 하나님이 그리스도를 신적 지위로 승임을 한 것을 설명하는 독특한 헬라어 동사 형태가 있는데(*huperypssen*, 9절), 이는 이 승임된 예수를 같은 위치로 승임된 바 있는 다른 모든 표상들보다 돋보이게 하려는 의도로 보인다. 그다음으로 해당 구절에서는 천상의 그리스도를 하나님에 비유하는 말로 묘사한다. 그리스도가 "모든 이름 위에" 있는 이름을 가지고 있다는 것은 하나님의 이름 자체(*Yahweh*)를 의미함을 암시한다. 그리고 "예수 그리스도는 주시다"라는 일종의 환호는 그에게 야훼(*Yahweh*)의 칭호를 부여한다.[320] 또한 10-11절은 구약성서(예: 사 45:23)의 고대 유일신론적 구절들의 언어가 예수에게 주어질 종말론적 승인(eschatological acknowledgment)을 묘사함을 나타낸다.

승임 받은 그리스도에 대한 위와 같은 놀라운 묘사는 그를 하나님의 경쟁자로 만들 의도가 결코 아니다. 어느 표상과도 비교할 수 없는 그리스도의 이런 지위는 하나님이 그에게 직접 부여한 것이며(9절), 11절에 나타나는 예수에 대한 엄청난 숭배는 "아버지 하나님의 영광을 위하여"이다. 즉, 그리스도는 아버지 하나님의 기쁨에 힘입어 자신의 높은 천상의 지위를 유지하고 있으며, 하나님이 명하신 그리스도에 대한 찬양은 하나님의 우월성과 주권을 오히려 확증하는 것이다. 확실히 부활한 그리스도의 지위는 하나님의 최고 대리자에 대한 고대 유대인들의 어떤 언급보다도 우월하다. 더욱이 빌립보서 2:5-11이 본래 초기 유대 기독교 집회에서 불린 찬송이었다면, 그리스도가 신앙적 숭배의 대상이었다는 명백한 증거가 된다. 그리고 이는 유대교 신앙 내 하나님께 승임 받은 최고 대리자들 중에서도 특별하고 월등하다. 그럼에도 불구하고 유대교 전통에서 나온 아버지 하나님의 우월성에 대한 신념을 고려할 때, 여기서 그리스도의 지위를 해석하는 근본적인 범주는 신적 대리행위 범주라고 말하고 싶다.

고린도전서 8:1-6. [321] 이 구절의 문구와 그리스-로마 상황에 대한 종교철학적 담론 사이에는 부분적으로 유사점이 있지만, 이 구절의 내용은 근본적으로 유대교의 범주 내에서의 기독교적 변형을 보여준다.[322] 이 독특한 기독교적 요소는 "만물이 그에게서 났고 우리도 그를 위하여 있고 또한 한 주 예수 그리스도께서 계시니"라는 주장으로 구성된다(6절). 십자가에 못 박히고 부활한 예수가 우주적 대리자라는 주장과 다른 모든 것을 배제한 "유일한 주"로서 그를 찬양했다는 것은 기독교적 변형이 상당히 심오했다는 의미인데, 특히 이런 찬양이 유일한 하나님의 유일성 즉 쉐마(Shema)에 대한 전통 유대교적 고백의 암시이자 변형을 포함한다면 더욱 그러하다.[323] 따라서 이러한 기독교의 변형은 고대 유대교의 종교적 개념을 기반으로 한다고 볼 수 있다.

다른 모든 "신들"을 배제하고 그런 신들을 모두 "우상"(eidlon)이라고 경멸적으로 폄하하면서 "유일한 하나님(one God)"을 강조하는 것은 유대 종교 전통의 분명한 표시이다.[324] 그리고 여기에 나타나는 그리스도의 역할에 대한 설명은 아마도 신적 지혜(Wisdom)에 대한 유대교적 자료들을 기반으로 한다는 것이 일반적인 견해일 것이다.[325] 이 모든 것은 그리스도의 개념적 수용이 신적 대리행위 전통의 영향의 특별한 사례라는 견해를 뒷받침한다. "만물"이 그리스도를 통해 창조되었다는 것은 그에게 우주적 우월성을 부여하기 위한 것이지만, 이와 동시에 그는 "유일한 하나님의 유일한 대리자"이다. 기독교적 특징과 함께 이 구절은 우리에게 하나님의 유일성을 지키면서 그리스도에게 독특하고 엄청난 의미를 부여하는 신적 대리행위 개념의 차용을 보여준다.[326]

우리는 초기 기독교에서 신적 지위로 승임 된 예수의 초기 개념적 수용을 더 잘 이해하려 하고 있기 때문에, 나는 예루살렘 교회의 첫 기독교 설교에 관한 사도행전 보고서를 간략히 살펴보면서 바울 서신의 구절에 집중했다. 아직 남아 있는 기독교 문헌들 중에서 바울의 저작들은 기독교인의 신앙과 종교적 헌신에 대한 최초의 증거라 할 수 있다. 그들은 심지어 그 서신들이 작성되기 이전의 기독교 전통의 일부, 즉 바울이 받아 전달하는 것들(예: 고전 11:23)도 포함한다. 우리가 초기 기독교 신앙의 형성과정을 살펴보려 한다면, 바울의 저작들에서 제시된 증거들이 최상의 증거라 할 수 있을 것이다. 초기 기독교에 대한 성찰이 신적 대리행위 개념을 사용했음을 보여주려는 것이 나의 의도이기에, 전체 신약성서의 그리스도론적 개념을 살펴볼 필요는 없다. 위에서 다룬 구절만으로도 신적 지위로 승임된 그리스도에 대한 가장 이른 개념과 하늘의 최고 대리자라는 고대 유대교의 개념 사이의 유사점과 연관성을 명확히 하기에 충분할 것이다.

고대 세계의 상황에 익숙한 독자들은 승임된 그리스도의 개념이 단순히 영웅의 신격화라는 그리스-로마 사상에서 파생된 것이 아닌지 궁금할 것이다. 물론 특정 사람들(예를 들어, 과거의 위인들이나 로마 황제들)이 죽음을 맞이하며 곧바로 지상적 존재에서 천상의 불멸적 존재로 승임된다는 서사들을 고려했을 때 어느 정도의 유사점은 있다. 나는 당시의 이방인들, 그리고 아마 유대인들도, 이런 유사성을 알고 있었을 것으로 확신한다. 그러나 예수의 승임이 당시 그리스-로마의 신격화 개념을 직접적으로 변형한 것으로 보는 것에 무리가 되는 몇 가지 요인들이 있다. 예수의 승임이라는 개념은 유대의 신적 대리행위라는 개념적 범주에 의존했을 가능성이 오히려 더 크다.327

이에 대해서는 첫째, 예수가 천상의 지위와 그에 맞는 권능으로 승임되었다는 신념이 인간의 신격화에 대한 생각을 쉽게 받아들이지 않는 경건한 유대인들 사이에서 일어났음을 기억해야 한다.328

둘째, 예수의 승임에 대한 초기 기독교 개념과 이방인들의 신격화 개념 사이에는 중대한 차이가 있다. 전자는 유대 전통에서 물려받은 유일신론적 신앙과 명확하게 연결되어 있다. 예수는 단순히 천상의 존재가 된 것이 아니고, 비록 그가 초기 기독교인들의 경건한 삶에서 두드러진 위치를 차지하긴 했지만, 자체적으로 숭배를 받는 또 다른 신으로 묘사되지도 않았다. 오히려 다음과 같은 세부적 사항들은 유대인의 신적 대리행위 전통과의 연관성을 분명하게 보여준다. (1) 예수는 유일한 신 하나님 다음의 지위로 승임되었다. (2) 이 지위에서 그는 하나님이 부여한 권능으로 하나님의 뜻을 실행하는 데 있어서 하나님의 최고 대리자로서 행동한다. (3) 그는 유일한 신 하나님과 직접 연관되어 있으며 특정한 방식으로 하나님에게 비유된다(예를 들어, 그에게 "모든 이름 위의 이름"이 주어짐). 즉, 유대인의 신적 대리행위 개념에 대한 기독교적 차용-(appropriation)이 이러한 전통과 유일신론적 신앙에서 중요한 변이를 보여주지만, 나는 이 개념이 차용된 분명한 증거가 있다고 주장하는 것이다. 그리스도의 승임에 대한 기독교적 개념은 우리가 최고 대리자를 다루는 유대교의 증거들에서 발견한 것처럼, 유일신 하나님의 유일성과 우월성에 대한 관심을 보여준다.

기독교의 변이

이제 나는 나의 두 번째 목표로 나아간다. 초기 기독교 신앙이 유대교의 유일신론 전통에서 나온 중대한 변이 또는 혁신이었음을 논증할 것이다. "변이"라는 단어를 사용하는 이유는 초기 기독교 신앙이 고대 유대 전통에서 직접적으로 파생되었기 때문이고, 실제로 유대 전통에는 다양한 변형이 있었다. 그러나 기독교 초기 단계는 유대인의 신앙과 그 신앙의 성격적인 면에서 급작스럽고 중대한 차이를 보여주었다.[329]

우선 첫째로, 초기 기독교와 타 종교 공동체들 사이의 구별되는 차이점에 주목해야 한다. 즉 신도들의 종교 생활, 신앙 또는 경건성에 대해서 승인 받은 예수의 신적 지위에 주목해야 한다. 앞서 나는 그리스도에게 주어진 칭호와 고대 유대 전통에서 여타 거룩한 대리자들에게 주어진 칭호들 사이에, 그리고 그리스도가 수행하는 기능과 그 다른 인물들이 수행하는 기능 사이에 상당한 유사점이 있음을 보여준 바 있다. 초기 그리스도론에 대한 이전의 다른 연구들은 그리스도에게 주어진 칭호와 기능에 초점을 두었다. 그러나 나는 단지 그리스도의 칭호나 역할뿐만 아니라, 초기 기독교 신앙의 혁신적인 형태, 즉 신앙적 변이를 보다 명확하고 의미 있게 나타내는 것은 초기 기독교의 종교적 관행이라고 본다.

나는 "신앙", "경건", "종교적 관행" 및 "종교적 생활"이라는 용어들은 서로 겹치고 모두 "종교적 체험에서 흘러나오면서 결정되는 행위"를 의미한다고 본다.[330] 이러한 종교적 행동에는 물론 내면의 감각과 사고의 영역이 포함되지만, 또한 외부적인 그리고 더 관찰 가능한 종교적 관행들도 포함하는데, 여기에는 공동체적(신앙적) 예배와 관련이 있는 종교적 관행과 이 맥락에 연결되지 않은 종교적 관행 양쪽 모두가 포함된다.[331]

둘째, 유일신론적 신앙의 기독교적 변이는 신적 지위로 승임을 받은 예수를 헌신의 대상으로 만드는 것을 포함한다. 더 구체적으로 말하자면,

그리스도는 유대 전통의 다른 예시들에서 하나님에게만 주어졌던 헌신적 숭배의 대상으로 여겨지게 되었다. 그러나 이는 그리스도가 우리가 이해하고자 하는 경건함을 추구하는 초기 기독교 신자들의 신앙에서 하나님의 경쟁자라는 의미는 결코 아니다. 오히려 그들은 그렇게 하는 것이 유일하신 하나님의 뜻이라는 명백한 신념에서 예수를 종교적 신앙의 대상에 포함시켰고, 그들은 자신들의 신앙적 행위를 하나님의 주권과 영광에 대한 확증으로 보았다.

따라서 강조해야 할 세 번째 요점은, 유대 전통의 이러한 변이가 유일신론적 신앙의 전례 없는 재형성으로 볼 수 있다는 것이다. 이는 자신들이 "유일한 하나님"에게 굳게 헌신하고 있다고 지속적으로 생각한 공동체 가운데서 일어나고 있었다.

넷째, 마지막으로 이 유일신론적 헌신의 재형성은 예수의 십자가 처형 후 초기 몇 년 동안 유대 기독교인들 사이에서 시작되었으며, 단순히 기독교 운동의 일부 후기 단계와 이방인 출신의 개종자들의 유입으로 인한 것일 수는 없다. 요컨대, 우리는 서기 1세기 초의 유대 전통 내에서 한 공동체에 의한 하나의 운동으로 여겨져야 하는 유대 유일신론적 신앙의 재정의를 다루고 있는 것이다. 초기 기독교 신앙의 이위일체론적 형태는 유대교의 유산에 대해 너무나 무지한 이방 기독교인들의 영향을 받아 유일신론적 유대교와 이방의 다신교의 서투른 혼합에서 비롯된 것이 아니다. 오히려 첫 단계에서부터 우리는 유대의 유일신교 전통 내에서 새롭지만 본질적으로 내부적인 발전을 이루었는데, 이것은 그러한 종교적 신앙 안에서의 '변이'이다. 이제 우리는 이 중대한 발전의 본질을 살펴볼 것이다.

기독교 변이의 6가지 특징

이제 우리는 유대의 유일신교 전통에서 중대한 변이를 나타내는 초기 기독교의 종교적 신앙의 6가지 특징을 살펴볼 것이다. (1) 찬송 관행, (2) 기도 및 그와 관련된 관행, (3) 그리스도라는 호칭의 사용, (4) 성만찬, (5) 예수에 대한 신앙 고백, (6) 부활한 그리스도의 예언적 선언.[332] 이러한 요소들은 초기 기독교 신앙을 놀랍도록 이위일체론적으로 특징지을 수 있고, 이러한 종교적 발전들은 기독교 운동의 초기 시대로 거슬러 올라갈 수 있다. 의심할 여지 없이, 어떤 사람들에게는 위의 마지막 요점은 받아들이기에 어려울 가능성이 있는데, 기독교 기원을 다루는 일부 학자들(예: 부세와 불트만)은 신앙적 헌신이 기독교의 초기 발전 단계에 있던 고대 팔레스타인 교회에서 유래될 수 없다고 주장해왔기 때문이다.[333] 그러나 데이스만(Deissmann)과 베이스(J. Weiss)는 정반대의 견해를 제시했다.[334] 요컨대, 나의 주장은 이미 학문적으로 연구된 전례가 있으며 그 증거들을 고려해 보기만 해도 그것이 옳은지를 판단할 수 있다.[335]

초기 기독교 찬송가

여기에서 우리는 찬미적 관행에서 엿볼 수 있는 초기 기독교 신앙 내 그리스도의 위상으로 돌아간다. 일반적으로 찬미적 관행이라는 것에 대해 거의 들은 바가 없겠지만, 초기 기독교 예배에서 바울의 활동 기록에는 찬송하는 행위가 눈에 띄게 많이 언급되어 있다(고전 14:26). 고린도전서 3:16-17 및 에베소서 5:18-20과 같은 구절들도 마찬가지로 찬미가를 부르는 것이 기독교 공동체의 예배에서 친숙한 부분을 형성했음을 보여준다. 이런 찬미가에는 구약의 시편, 특히 그리스도를 예표 하는 것으로 간주되는 시편들(예: 시편 110편)이 포함될 수 있지만, 예수의 사역을 직접적으로 묘사하며 기리는 새로운 작시들도 존재했었다.

신약성서의 내용들에는 1세기의 기독교 상황을 보여주는 소위 "기독교 찬송"[336]이 있다는 학문적 합의가 있다. 요한복음 1:1-18; 골로새서 1:15-20; 그리고 빌립보서 2:5-11은 그리스도에 관한 초기 기독교 찬송이 들어간 주요 구절로 학계에서 널리 받아들여진다. 짧고 다양한 구절들이 찬송의 흔적들을 보여주는 것으로 간주된다(예: 엡 2:14-16; 5:14; 딤전 3:16; 벧전 3:18-22; 히 1:3).[337] 또한 요한계시록에는 하나님과 그리스도(계 4:8, 11; 5:9-10; 15:3-4)에게 부른 찬송이 수록되어 있다. 형식과 기능에서 찬송의 역할을 하는 또 다른 구절들은 다음과 같다. 요한계시록 5:13-14(송영); 7:15-17; 11:15; 그리고 "할렐루야"라는 19:1-8의 외침. 요한계시록의 저자는 이러한 구절들을 자신의 환상에서 본 인물이 지은 것으로 보지만, 그 일반적인 형식과 내용이 그에게 알려진 교회의 예배 관행과 일치하였고, 따라서 요한계시록의 자료가 기독교 공동체들의 예배적 행위의 귀중한 지표라고 가정하는 것이 합리적이다.

위와 같은 신약성서 구절들은 주로 출처, 개별적 형식과 구조 및 그리스도론적 가르침을 결정하기 위해 다른 학자들이 이미 검토한 것이다. 나는 여기서 초기 기독교 신앙생활의 특징으로서 그 구절들의 특별한 연관성에 관심을 둔다.

1. 신약성서의 찬송 구절들은 주로 그리스도의 사역과 그 의미를 찬미하는 데 집중한다. 이런 찬송들의 살아남은 단편들이 기독교 신앙에 대해 대표성이 있다면, 초기 기독교 공동체의 예배 생활의 이러한 측면에 확실히 이위일체론적 형태였다는 것을 알 수 있다. 즉, 하나님의 구속을 찬미하는 것은 그리스도를 영화롭게 하는 것과 큰 관련이 있는 것이다.[338]

2. 그리스도에 대한 이러한 찬송은 예수의 중대성에 대한 기독교적 성찰의 가장 초기 단계를 보여주며, 아마도 초기 기독교 공동체들의 열렬한

종교적 열정의 결과일 것이다. 실제로 1세대 신자들의 여러 종교적 체험에서 비롯된 기독교 신앙의 서정적 선포는 그리스도론적 사상의 전체 발전 속도를 설정하며 그 발전 속도에 큰 영향을 미쳤을 것이다.[339]

3. 그리스도를 숭배하기 위해 찬송을 부르는 관행이 기독교 운동의 초기로 거슬러 올라간다고 생각하는 데에는 몇 가지 타당한 이유가 있다. 첫째, 예수가 천상의 영광으로 승입되었다는 신념에서 비롯된 종말론적 환희와 흥분을 포함하는 종교적 열광이 그러한 찬송하는 관행을 만들어 냈다는 것은 처음부터 기독교 공동체의 특징으로 보인다.[340] 또한 여러 신약성서의 구절들(예: 빌 2:5-11)을 통해 우리는 유대 기독교 공동체의 예배 생활을 엿볼 수 있다. 이는 그리스도를 찬양하는 것이 이방인 교회에 국한될 수 없었음을 의미한다.

더욱이 유대 기독교인들의 교회에서 예배하던 방식이 팔레스타인들의 교회를 포함하여 유대 교회들 사이에서도 매우 익숙했던 예배방식과 본질적으로 다르다는 바울의 인식을 보여주는 성경적 증거는 그 어디에도 없다. 부활한 그리스도에 대한 숭배가 이방 교회의 혁신이었고, 팔레스타인 지역의 유대 기독교인들 사이에서 완전히 불가능하고 용납될 수 없었다면(부세가 주장한 것처럼), 후자의 공동체에서 가정된 혁신에 대한 비판의 증거는 어디에 있는가?[341] 이방인 선교의 다른 측면(예: 이방인의 할례)에 비해 바울과 예루살렘의 일부 사람들 사이에 차이가 있었다는 증거는 분명 있지만, 그리스도에게 드리는 찬송에 반영된 그리스도 숭배 관행이 기이하거나 의심스럽다고 여겨졌다는 암시는 어디에도 없다.

또한 유대 기독교 공동체들 사이에서 시작된 것으로 보이는 그리스도에 대한 헌신적 찬미는 고대부터 우리에게 잘 알려진 다른 어떤 유대교 종파에서도 유례를 찾을 수 없다. 예를 들어, 쿰란 공동체의 경우, 천상의 멜기세덱과 같은 신적 대리자들에 관심은 있지만, 초기 기독교인들의 종교 생활에서 부활한 예수에 필적하는 지위에는 그러한 인물들을 설정한

적이 없다.³⁴²

또한 신약성서는 그리스도에 *대한* 찬송과 그리스도*에게* 부른 찬송을 모두 보여주고 있다. 가령 에베소서 5:19은 "온 마음을 다해 *주께*(tō kyriō) 노래를 바치는 것"을 보여주는데, 여기서 문맥상 "주"(Lord)는 그리스도를 의미한다고 볼 수 있다.³⁴³ 또한 신적 지위로 승임된 그리스도가 찬양의 대상이 되는 계시록의 구절들도 관련이 있다. 요한계시록 5:8-10에서, 천상의 궁정은 "어린 양" 앞에 엎드려 그가 모든 천상의 명예와 영광을 받기에 합당함을 노래한다. 그리고 요한계시록 5:13-14에서는 "왕좌에 앉은 하나님과 함께 그에게 드려지는 찬양"이 있다. 마찬가지로, 요한계시록 7:9-12에서 천상의 예배의 또 다른 장면이 나오는데, 이번에는 모든 민족들의 "큰 무리"가 하나님과 어린 양을 찬미한다. 그리스도에 대한 천상 예배의 이러한 장면들은 요한계시록 1:5-6의 찬양에서처럼 지상에서 그에게 주어진 찬양과 일치하고, 이에 따라 그리스도에 대한 신적 지위의 정당성을 부여한다.³⁴⁴

에베소인들에게 보내는 서신은 "제2바울 서신"(즉, 바울을 따르는 자들에 의해 바울의 사망 후에 쓰인 서신)으로 널리 알려져 있다. 그리고 요한계시록은 대체로 1세기 말엽에 기록된 것으로 본다. 따라서 우리는 지금까지 인용한 구절들이 초기 기독교 공동체의 찬미적 관행을 얼마나 반영하는지 확신할 수는 없다. 이 구절들은 1세기 후반에 일어난 그리스도에 대한 신앙적 헌신의 강화를 가리키는 것일 수 있다. 한편, 에베소서와 요한계시록은 모두 "한 분 하나님"(예: 엡 4:6)에 대한 강조를 포함하여 유대인의 종교적 전통의 강한 영향력을 보여주고, 기독교 신앙이나 관행의 많은 혁신적 모습들에 상당히 반하는 것 같다. 따라서 여기서 내가 말하고 있는 그리스도에 대한 찬미적 헌신은 사실적 문서들 그 자체보다, 그 문서들이 보여주는 종교적 관행들이 훨씬 이전에 있었음을 보여주는 것이다.

요한계시록에서 보이는 저자의 걱정, 즉 잘못된 예배에 대한 저자의 우려를 우리는 주목할 필요가 있다. 요한계시록의 독자들은 짐승과 용을 숭배하는 것에 대해 경고를 받고(13:4-18; 14:9-12; 19:20-21), 또한 하나님만을 경배하도록(14:6-7) 요구받는다. 그리고 저자는 그에게 환상을 보여주는 천사에게조차도 경배해서는 안 된다고 환상 가운데 두 번이나 듣는다(19:10; 22:8-9). 마지막 두 구절에 반영된 신앙적 실험에 대한 엄중한 우려를 고려할 때, 그의 환상에서 "어린 양"에게 주어진 일종의 헌신은 저자가 기독교 공동체의 오래되고 익숙한 숭배적 관행을 반영했다고 합리적으로 추측할 수 있다. 저자의 유대 묵시적 전통에 대한 풍부한 인식을 감안할 때, 요한은 유대 기독교인이었거나 적어도 일부 유대 기독교 공동체로부터 큰 영향을 받았을 것이다. 두 경우 모두에서 저자는 이 저작보다 훨씬 이른 시대의 신앙적 태도와 관행을 반영하고 있다.[345]

그리스도에게 드리는 신약성서의 찬송들을 살펴보면, 강조점과 그에 상응하는 언어적 특징이 다양하게 나타나는데, 이는 아마도 그 찬송가들이 작곡된 다양한 상황을 보여주거나, 내용과 의도에 있어서 어떤 유사성을 보여주는 것 같다. 그들은 모두 그리스도를 창조 사역에 동참한(예, 골 1:15-17; 히 1:3; 요 1:1-3), 지상에서 하나님의 뜻에 순종한(빌 2:5-8), 하나님의 구속사적 역사를 이루기 위한 고난을 당한(계 5:9-10), 종말론적 승리를 위한(빌 2:9-11; 골 1:20), 신의 최고 대리자로 찬양한다. 요컨대, 공동예배의 맥락에서 초기 기독교인들의 신앙적 삶이 부활한 그리스도를 찬양하는 것과 깊은 관련이 있다는 것이다. 이는 초기 기독교 신앙의 이위일체론적 형태를 분명하게 보여주며, 아마도 기독교 운동의 초기 몇 년간 발생했다고 볼 수 있다.

그리스도에게 드리는 기도

이제 우리는 기도 관행 및 관련 문제에 관한 증거를 살펴볼 것이다.[346] 첫째로, 신약성서에서 유대 종교적 기반에 충실한 초기 기독교의 기도는 특징적으로 "아버지" 하나님을 향하고 있다는 점에 주목해야 한다. 바울의 서신들에서 시작 부분에 바울이 교회를 위한 기도를 하는 것이 대표적인 사례이다(예: 롬 1:8-10; 고전 1:4; 고후 1:3-4; 빌 1:3-5; 살전 1:2-3; 몬 4). 로마서 15:30-33에서 수신자들이 바울의 예루살렘 여행의 성공을 위해 함께 하나님께 기도해달라는 바울의 부탁도 주목할 필요가 있다.

신약성서의 다른 구절들도 천상의 그리스도가 기도의 직접적인 대상이 되었음을 보여준다. 스데반은 순교를 당하는 마지막 순간에 "주 예수여, 내 영혼을 받으소서"라고 외친 다음 "주여, 이 죄를 그들에게 돌리지 마소서"(행 7:59-60)라고 한다. 또한 그리스도께 드리는 기도의 증거로서 주목을 받지 못한 구절 중 하나는 사도행전 1:24이다. 이 구절에서 예수를 따르는 자들은 "주"(kyrios)에게 가룟 유다의 뒤를 이어 사도가 될 사람을 보여 달라고 간구한다. 여기에서 언급되는 대상이 누구인지는 완전히 확신하기 어렵지만 "주 예수"(1:21)에 대한 문맥상 언급과 부활한 그리스도가 "주"(2:34)가 되었음을 강조하는 관점에서 볼 때(2:34-36), 1:24를 부활한 "주 예수"에 대한 기도로 여기는 것이 타당하다.[347]

또 다른 중요한 구절은 고린도후서 12:2-10이다. 여기서 바울은 개인적인 고난에 대해 "주께 세 번 기도했다"고(8절) 말한다(육체의 가시 … 사탄의 전령). 그런데 이는 많은 계시와 환상을 보았던 그를 겸손하게 하기 위해 그에게 주어진 가시였다. 이 역시 승임된 그리스도에 대한 (반복된) 간구의 예로 볼 수 있다. "주"가 대답한다. "내 은혜가 네게 족하도다. 내 능력은 약한 데서 완전해진다." 그리고 바울은 다음과 같이 말했다. -그러므로 그는 자신의 약함을 자랑하여 "그리스도의 능력이 나에게 임할 수 있도록" 그리고 "그리스도를 위하여" 그는 그의 모든 환난에 만족할 것이라고 말했다(12:9b-10). - 여기서 기도의 대상과 대답한 사람은 그리스도로 보는 것이 타당하다.

바울의 다른 글에서 그리스도께 드리는 기도는 그의 서신의 시작 부분과 끝부분에 나오는 축도에서 흔히 볼 수 있는 "은혜와 평화"와 같은 간구적 표현에 반영되어 있다. 전자의 예는 로마서 1:7; 고린도전서 1:3; 고린도후서 1:2; 갈라디아서 1:3-4; 빌립보서 1:2; 그리고 빌레몬서 3장이다. 여기서 "우리[또는 '그'] 아버지와[또는 '우리'] 주 예수 그리스도의 은혜와 평강이 있다."라는 관례적 표현이 나타나 있다.[348] 바울의 축도는 일반적으로 그의 교회에 "주 예수 그리스도의 은혜"를 간구한다(예: 롬 16:20b; 고전 16:23; 갈 6:18; 살전 5:28; 몬 25). 그러나 고린도후서 13:13에서는 이런 기도가 "하나님의 사랑과 성령의 교통하심"의 간구를 포함하는 것으로 확장되었다. 이러한 간구적 표현들이 진정한 기도로 받아들여져야 한다는 것은 데살로니가전서 3:11-13에서 살펴볼 수 있다. 이 구절에서는 위 구절들과 비슷한 형태의 표현으로 "하나님 우리 아버지와 우리 주 예수"에게 간구하여 바울이 데살로니가 교회를 다시 방문할 수 있도록 하고, 신자들에게 그리스도의 재림을 준비하도록 풍성하게 축복해 줄 것을 간구한다.

불트만(Bultmann)이 했던 것처럼, 그리스도께 직접 드리는 기도는 "공식적이고 관례적인 예배가 아닌 … 개인의 사적인 상황에서만" 이루어졌다고 주장함으로써 위에서 다룬 구절들의 영향력을 이용하지 말아야 한다고 해서는 안 된다.[349] 몇 가지 이유로 이러한 구별은 쉽다.

첫째, 위와 같은 주장은 서기 50년대 바울의 사역에서 "공식적이고 관례적인 예배"와 같은 것이 있었고 그러한 환경에서 허용되는 공적 기도와 개인기도 사이에는 의식적인 차이가 있었다는 가정을 요구하는 것으로 보인다. 그러나 이는 분명히 시대착오적인 견해이다. 고린도교회의 모임의 문제점들에 대해 바울이 지적하고 권면하는 과정에서 굉장한, 심지어 문제가 될 정도의 유연성을 가진 관례적 절차를 볼 수 있다.³⁵⁰ 전통적이며 관례적(liturgical)인 표현의 사용에 대한 몇 가지 증거는 있지만, 불트만이 가정했던 그런 고정된 예배의 패턴에 대한 증거는 거의 없다.

둘째, 바울이 사용하는 "은혜와 평강"이란 표현이 들어간 서신의 인사말과 그가 보통 서신 말미에 하는 축도의 정형화된 표현은 이 표현에 반영된 그리스도에 대한 간구가 불트만의 공적 기도 관행과 개인적 기도 관행의 구별에 의해 제시된 것보다 훨씬 더 독자들에게 익숙하고 대중적인 측면이었다는 것을 시사한다. 이런 정형적 표현들은 과장된 어조를 가지고 있으며 교회에서 독려하는 신앙의 모습에 매우 잘 적용될 수 있다. 또한 웨인라이트(A. W. Wainwright)의 의견을 적용시켜보면, 바울이 이러한 정형화된 간구와 데살로니가전서 3:11-13의 기도를 교회의 "예배적" 활동의 일환으로 신자들을 위해 작성한 서신에 넣은 것은, 불트만이 한 그런 구별은 바울이 인정하지 않았고, 아마도 그의 교회도 인정하지 않았다는 것을 의미한다.³⁵¹

공적 모임에서 예수께 드리는 기도는 바울의 교회에서 엄청난 혁신이 아니었다. 이것은 이미 여기에서 진행된 논쟁에 근거할 뿐 아니라, 아람어를 사용하던 초기 기독교 예배의 매력적인 단면을 보여주는 표현인 "*마라나타(maranatha)*"(고전 16:22)로도 분명해진다.³⁵²

1. "마라나타"라는 용어는 고린도교회의 헬라어를 사용하는 기독교인들에게 이미 익숙한 용어이었기에 바울이 그 단어를 번역하지 않은 상태로 두었다는 것은 학계에서 대체로 인정하는 부분이다. 이는 "마라나타"가 바울이 사역했던 교회들 사이에서 거룩한 신앙적 정형화된 용어로 이미 간주되어 있었고, 따라서 그 용어 자체를 소중히 여겨 그대로 두었음을 시사한다. 바울의 편지에 보존된 또 다른 흥미로운 아람어 용어는 *아바(abba)* (롬 8:15-16; 갈 4:6), 즉 "아버지"인데, 이 단어는 공적 예배의 기도에

서 하나님을 부르는 방식의 하나로 사용되었다. *아바(abba)*와 *마라나타 (maranatha)*는 모두 아람어 기도문에서 자주 사용하던 단어들이고, *아바*는 하나님을, *마라나타*는 그리스도를 의미했다고 볼 수 있다.

2. 이 표현은 *마라나-타(marana-tha)*로 발음되었던 것으로 보이는데, 이는 아마도 "우리 주(또는 오 주여) 오시옵소서!"라는 의미일 것이다. 그러므로 그것은 주로 "주"의 종말론적 계시와 택함 받은 자들의 구원에 대한 간구인 것이다. 이는 요한계시록 22:20에서 입증되는데, 요한계시록의 이 헬라어 구절은 대부분의 학자들이 영어로 "오시옵소서, 주 예수여!"라고 번역할 수 있는 종말론적 기대의 맥락이 분명하게 나타나는 지배적인 부분이다.

3. 이미 지적한 바 있듯이, *마라나타*는 아마도 성찬 관행의 일부로 아람어를 사용하는 기독교인들의 공동모임에 기원과 배경을 가지고 있었던 기도문의 관행적 표현이었을 것이다. 이러한 결론은 바울이 그리스도의 재림에 대한 소망과 "주의 죽으심을 그가 오실 때까지 전하라"라는 고린도전서 11:26의 성찬식의 연관성에 대한 언급으로 입증이 된다. 또한 헬라어로 써졌으며 보통 기원후 2세기에 만들어진 것으로 추정되는 기독교 문서인 *디다케(Didache)*에서 훨씬 이른 시기의 유대 전통을 보존하는 것으로 간주되는 용어 *마라나타*가 성례(10:6)를 기념하기 위한 규정으로 등장한다.

4. *마라나타*는 부활한 그리스도를 지칭하는 것이므로, 이 용어를 사용하는 관행이 초기 기독교 공동체, 즉 팔레스타인 지방의 유대 기독교인들 사이에서 예배의 정규적인 특징임을 나타낸다. 원래의 팔레스타인 지역의 교회들에서는 *마라나타*가 하나님을 향한 것이지, 그리스도에게로 향하지 않았을 것이라는 주장은 부세가 처음 주장하였고, 이 주장을 나중에는 철회하였지만, 다시 불트만이 이런 주장을 채택했는데, 이는 그것을 입증할 증거가 아무것도 없으며 유감스럽게도 설득력이 매우 떨어진다.[353]

5. *마라나타*라는 표현에서 *maran*(우리 주)으로 승임된 그리스도에게 간구하는 것은 그리스도론적 칭호로 아람어 용어 *marêh*(Lord)의 사용을 나타낸다. 헬라어 용어 *kyrios*와 마찬가지로, 이 칭호는 초기 기독교 시대와 관련하여 현재까지 남아 있는 아람어 문서들에서 다양한 의미를 가지고 있으며, 이 용어의 대상이 "신적인 존재"로 보인다는 것을 무조건적으로 나타내지는 않는다. 그러나 *마라나타*라는 단어는 당시 아람어를 사용하던 유대인들의 저술에서 종종 하나님의 칭호로 사용되기도 하므로, 이 단어를 그리스도를 지칭하는 것으로 사용하면 그를 하나님에 비유한 것으로 간주할 수 있다. 일부의 이전 주장들과는 달리, 이 칭호가 이러한 의미를 가질 수 없다고 생각할 근거는 없다.[354] 사실, 그리스도에게 *marêh*를 사용하는 것은 그가 거룩한 영광과 초월성에 참여하게 되었다는 신념을 내포하므로, 오직 하나님에게만 주어지는 숭배를 받을 자격이 있다고 결론을 내릴 수 있는 것이다.

바울이 사역하던 교회들에서 그리스도께 드리는 경외심이 어떤 중대한 혁신을 나타내거나, 팔레스타인 지방의 유대 기독교인들이 그러한 혁신에 반대했다는 징후가 없음을 분명히 인지해야 한다. 이것과 더불어 바울이 기독교 신앙을 가진 것이 이 새로운 기독교 운동의 처음 몇 년으로 거슬러 올라가야 한다는 사실과 그가 바나바와 같은 팔레스타인 기독교인들과 오랫동안 교제를 가졌다는 사실을 비추어 볼 때, 그가 그리스도에 대해 주장한 신앙적 경외심이 거의 분명히 기독교의 가장 초기 단계에서 파생되었다고 보는 것이 합리적이다.

마지막으로, 그리스도는 아람어를 사용하는 기독교인들의 예배 모임에서 명백하게 *marêh*(주)로 꾸준히 언급되었다. 이 칭호가 사용된 정황을 볼 때, 확실히 이 용어가 단순한 경어 그 이상의 의미로 사용되었음을 알 수 있다. 현대 언어학자들은 특정 용어들이 사용된 시대 상황적 문맥이 그 용어들의 의미 결정에 있어서 가장 중요하며, 그러한 시대적 정황은 이 용어들이 사용되는 상황을 포함한다는 것을 알고 있다.

요약. 이러한 증거는 초기 기독교인들의 기도문에서 천상의 그리스도가 꾸준히 그 간구의 대상이 되었으며, 또한 이러한 관행은 기독교 운동의 초기 공동체들이 아람어를 사용하는 환경에서 유대 기독교인들 사이에서 시작되었음을 나타낸다. 게다가 초기 기독교 공동체의 찬송에서 보이는 그리스도의 우월하고 압도적인 지위가 명백했듯이, 기독교 공동체들의 기도에서도 신적 지위로서 정형화된 그리스도의 위치는 유대 공동체 역사에서 그 전례가 없다.[355] 이는 천사들의 중보적 역할에 대한 유대인들의 믿음과는 확연히 다르다. 내가 이미 (1장과 4장에서) 보여준 바와 같이, 중보적인 천사들이 유대 공동체의 예배에서 이와 유사한 신앙적 헌신의 대상이 되었던 적은 결코 없다. 따라서 초기 기독교 예배 모임에서 부활한 그리스도께 드리는 기도의 관행은 그들의 이런 그리스도에 대한 헌신을 유대 유일신교의 종교적 관행 안에서 주목할 만한 변이로 간주하는 또 다른 이유이다.

그리스도의 이름

초기 기독교인들의 다양한 종교적 관행은 그리스도라는 이름을 사용하는 것과 매우 밀접한 관련이 있으며, 이런 관행은 그들의 경건한 삶에 관하여 부활한 그리스도의 현저한 지위를 고려했다는 추가적인 증거이다.[356] 어쩌면 그리스도의 이름을 사용하는 가장 익숙한 종교적 관행은 기독교 세례 의식의 시작 부분일 것이다.[357]

세례의 관행은 예수의 "이름으로" 행해진 의식에 대한 이해와 더불어 교회의 첫 출발까지 거슬러 올라간다.[358] 하트먼(L. Hartman)이 그러한 표현의 셈어적(semitic) 배경을 조사한 결과, 누군가의 "이름으로"라는 표현은 "어떤 것 혹은 어떤 행동의 근본적인 기준, 근거, 목적 또는 능력"을 도입한다는 결론을 지었다.[359] 따라서 세례가 "예수의 이름으로" 행해졌다는 것은 예수가 "세례 의식의 근본적인 기준이었으며, 상황에 따라 신앙적으로 더 실질적인 내용을 전달하는 것"을 의미했다고 볼 수 있다.[360] 세례는 구원받은 공동체로의 입문과 죄의 용서, 이 모두를 암시했기 때문에, 예수의 "이름으로" 세례를 받는다는 것은 죄에 대한 예수의 용서로 인해 기존 신자들이 바라던 종말론적 구원에의 참여를 보장해주는 존재로 여겨진다는 것을 암시한다.[361]

예수를 거룩한 구속의 유일한 대리자로 보는 것은, 비록 중요하지만, 쿰란 공동체에서 천상의 멜기세덱과 관련된 소망과 완전히 다르지 않았을 수도 있다. 그러나 유대 기독교 공동체의 입문 의식에서 예수의 이름을 표준화하여 사용하는 것에는 보다 더 중요한 이유가 있는 것으로 보인다. 나는 당시의 기독교 외 다른 유대인 공동체들에서 그 어떤 구속자의 이름도 이와 유사하게 사용되었다는 증거를 보지 못했다. 이는 예수의 이름을 그렇게 사용했기 때문에 예수의 이름이 하나님 나라에 들어가는 결정적인 요소가 되고, 결국 그 이름이 신앙의 대상이 되었음을 보여준다. 따라서 예수의 "이름으로" 하는 세례는 유대교 유일신론의 유대 기독교적 변형의 또 다른 예인데, 이것은 부활한 그리스도가 그들의 신앙생활에서의 가장 중요한 요소가 되는 것이었다.[362]

세례 관행과 관련된 또 다른 사안은 주 예수의 "이름"을 부르는 것이다 (행 9:14, 21; 22:16; 고전 1:2; 롬 10:13).[363] 이 문구는 분명히 "주"를 부르는 것을 언급하는 구약성서의 구절들에서 유래되었다(아래!; 예: 창 12:8; 13:4; 21:23; 26:25; 시 99:6; 105:1; 욜 2:32).[364] 사도행전 22:16에서는 세례의식과 예수의 이름을 부르는 것이 서로 연결되어 있음을 보여준다. 또한, 로마서 10:9-13은 이러한 연결에 대한 추가적 증거를 제공한다. 로마서의 이 구절은 구원은 "예수를 주"라고 고백하고 하나님이 그를 죽음에서 살리셨다는 믿음에서 온다고 말한다. 그런 다음 바울은 구약성서의 요엘 2:32이 나타내는 신앙적 표현을 다음과 같이 정리한다. "누구든지 주의 이름을 부르는 자는 구원을 받으리라"(롬 10:13). "주를 부르는" 행위가 구원을 가져오는 신앙고백과 관련이 있다는 사실은 초기 기독교의 모든 신자들이 이러한 의례에 참여했음을 의미할 수도 있다. 이와 비슷하게, 고린도교회의 신자들을 "씻음을 받은, 거룩하게 된" 그리고 "주 예수 그리스도의 이름으로 의로워진"(고전 6:11)으로 묘사한 것은 그들의 세례의식을 암시할 수 있으며, 그렇다면 이는 "이름을 부르는 것"이 기독교의 입교 의식과 관련이 있다는 추가적 증거가 된다.

크레이머(W. Kramer)는 초기 기독교 공동체의 예배에서 그리스도를 찬양하는 것과 관련된 "주(예수)를 부르는 것"은 아마도 "예수는 주시다"와 같은 "고백"의 형태로, 그리고 이로부터 "세례와 같은 교회의 다른 종교적 활동에도 적용될 수 있게 되었다"고 주장했다.[365] 하지만 나는 우리가 예수의 이름을 부르는 관행의 발전을 이처럼 정확하게 도식화할 수 있다고 생각하지 않으며, 또한 그럴 필요도 없다. 그럼에도 세례 의식의 일부로든 혹은 다른 방식으로든, "주를 부르는 것"이 교회 공동체의 예배에서 행해졌다는 크레이머(Kramer)의 말은 정확하다.[366] 따라서 "주를 부르는 것"은 기독교인의 초기 예배의 관례적이고 규칙적인 부분으로서 "주"로서의 그리스도에게 간구하고 찬양하는 것으로 볼 수 있다. 이로 인해 이는 그들의 공적 예배에서 천상의 그리스도의 우월적 지위를 더욱 암시한다. 기독교인을 단순히 "우리 주 예수 그리스도의 이름을 부르는"(고전 1:2) 사람들로 묘사하는 것은 그 당시에 이미 이런 문구가, 특히 예배 환경에서, 전체 기독교 종교적 삶에 대한 포괄적인 묘사였음을 의미한다.[367] 이 구절만으로도 기독교 태동 초기 수십 년 동안 기독교 신앙에서 부활한 그리스도의 엄청난 위치에 대한 강력한 증거가 된다.[368]

고린도전서 5:1-5에는 "주 예수의 이름"에 대한 또 다른 중요한 언급이 있다. 이 구절에서 바울은 고린도교회 사람들 모여 심각한 부도덕함을 회개하지 않는 사람을 "사탄에게 넘길" 것을 요구하는데, 이는 "그 육체를 소멸하게 하여 주 예수의 날에 그의 영이 구원받도록 하기" 위해서였다(5절). "주 예수의 이름으로"라는 표현이 이런 도덕적 문제에 대한 바울의 심판 선언과 관련이 있는지, 교회의 모임과 관련이 있는지, 또는 죄를 지은 사람을 사탄에게 넘기는 것과 관련이 있는지, 명확히 확인하기는 어렵다.

나는 여기서 RSV 번역(Revised Standard Version, 영어 성경의 하나옮긴이)의 의미를 벗어나 이 구절을 교회가 취해야 할 행동과 연결하고자 한다. 고전 5장은 기독교인들의 모임 또는 예배와 그 목적이 명확하게 연결되어 있기 때문에, 1-5절이 둘 다에 적용되는 것일 수도 있다. 이는 4절에서 "주 예수의 능력으로"라는 구절로 확인되는데, 4절은 집회 및/또는 그 사람을 사탄에게 넘겨주는 행동을 설명하고 있다. 여기서 주 예수의 "능력"(*dynamis*)과 "이름"은 밀접하게 연관되어 있다. 그리하여, "주 예수의 이름"이 영적 영역에서 교회의 징계적 행위를 온전히 유효하게 하는 천상의 그리스도의 능력과 임재를 불러일으키는 방식으로 특정 사람의 심판을 선언하는 데 사용되었던 것으로 보인다.

이 "이름"의 사용은 고대 세계에서 널리 행해졌던 주문, 저주, 엑소시즘 및 기타 치유적 행위에서 신과 천사의 이름을 주술적으로 사용하던 것과 어떤 점에서는 유사하다. 그러한 고대 세계의 주술적 관행과 훨씬 더 유사한 것은 사도행전 3:1-6에 언급된 것과 같은 기적에서 예수의 이름을 사용하는 것에 대한 언급이다. 하지만 여기서 내가 다루었던 행동은 다음과 같은 이유들로 이와는 다소 다르다.

첫째, 다양한 신적 이름의 주술적인 사용과는 달리, 기독교인들이 주 예수의 이름을 부르는 것은 "공적인" 기독교 신앙으로서 공개적이고 집단적인 행위였다. 둘째, 기독교에서 예수를 부르는 것은 일련의 신들을 부르는 데 있어서 하나의 요소가 아니었다. 주술적 문헌들과는 달리, 아버지 하나님을 제외하고는 다른 모든 신적 이름은 배제된 채 오직 예수의 이름만 불렀다. 즉, 주 예수의 이름의 사용은 엄격한 유일신교 전통에 헌신하는 종교적 운동에서 발생한 것이다. 따라서 기독교에서 주 예수의 이름을 사용했던 것은 그 유일신적 전통의 주요 변이를 나타내기는 하지만, 주술적 문헌들이 보여주는 것과 같은 모든 신적 이름에 대한 일반적인 개방성은 철저히 배제하는 독특한 변이였던 것이다.

마지막으로, 우리가 성경이나 기타 문헌들에서 찾아볼 수 있는 증거들은 부활한 그리스도의 "이름을 부르는 것"이 초기 기독교 공동체에서 유래했으며, 따라서 그 전통의 구성원들에 의해 유대교의 유일신론적 관행의 혁신으로 간주되어야 함을 시사한다. 그러므로 앞서 우리가 살펴본 *마라나타*라는 용어는 천상의 그리스도를 주로 찬양하고, 그에게 간구함이 이 초기 기독교 공동체에 분명히 있었다는 결론에 대한 여러 이유 중 하나일 뿐이다.

초기 기독교인들은 종말론적 의미에서 그리스도를 미래의 구원만을 가져다줄 사람으로의 "주"로 보았고, 따라서 그들은 현재의 "주"와 그들의 모임의 "주"와는 관계가 없다는 견해는 이제 설득력이 없다. 튀싱(W. Thüsing)은 부활한 그리스도의 현재 승임된 지위와 중요성이 실제로 그가 다가오는 종말의 주라는 신념과 분리할 수 없이 밀접하게 연결되어 있음을 주장한다.[369] 그리고 언(D. Aune)의 귀중한 연구는 초기 기독교와 같은 고대 유대 종파의 예배 모임에서는 종말론적 희망이 특이하게 이미 "실현된" 것으로 보였고, 미래와 현재의 지평선이 합쳐졌음을 보여준다.[370]

요컨대, 부활한 주의 이름의 사용에 대한 위와 같은 근거들에 의해서 우리는 기독교의 독특한 신앙적 패턴의 본질을 또 한 번 엿볼 수 있다. 그리고 이 패턴은 기독교 운동의 매우 초기에 시작되었고, 그리하여 유대 유일신교의 변이로 보는 것이 타당하다.

성찬

초기 기독교인들은 예배 모임에 성찬을 포함시켰다.[371] 이 종교 관행과 관련하여 상대적으로 논란의 여지가 없는 몇 가지 사안이 나의 연구와 관련이 있다.

첫째, 고린도전서 11:23-26은 기독교의 성찬전통이 바울의 기독교로의 개종보다 더 위로 거슬러 올라간다는 증거이다. 23절에서 "받은"(paralambanō)과 "전달된"(paradidōmi)으로 번역된 용어는 고정된 전통의 전승을 가리키며, 유대인 전통의 전승을 묘사하기 위해 동등한 히브리 용어가 사용되었다는 것은 널리 잘 알려져 있다.[372] 성찬에 사용된 성스러운 표현들에 어떤 변화가 있었든지(예를 들어, 이 구절과 함께 막 14:22-25 및 눅 22:14-20 참조), 성찬이 진행되는 방식의 다른 측면들에서 어떤 변화가 있었든지, 고린도전서 11:23-26은 기독교 운동의 초기 몇 년간 기독교인들의 모임에서 정기적으로 성찬이 열렸음을 보여준다.

이것은 그런 성찬 관행의 일부가 초기 10년 동안의 유대 기독교 집단에서 비롯되었다고 볼 수 있음을 의미한다. 더욱이, 초기 기독교인들로부터 유래된 것으로 보이는 바울이 묘사한 종류의 의식은 분명히 그리스도의 구속적 죽으심을 제시하고, 그의 종말론적 승리에 대한 기대를 그 목적으로 가지고 있었던 것으로 보인다(특히 26절).[373] 이것이 의미하는 것은 우리가 가지고 있는 가장 시기적으로 빠른 증거들 가운데 하나라는 것인데, 유대 기독교 모임에서 부활한 그리스도가 그들의 신앙적 관행에서 우월한 지위였다는 또 다른 예를 보여준다. 바울이 이 성찬을 "주의 만찬"(kyriakon deipnon, 20절)이라고 부르는 것은 매우 의미심장하다. 우리는 "주의 만찬"이 기독교 운동의 초기 수십 년 동안 예배의 일부였음을 완전히 확신할 수 없지만, 그러한 그리스도 중심의 식사행위는 거의 분명히 공동체적인 기독교 종교 생활의 익숙하고 정상적인 측면이었을 것이다.

여기서 다시 한번 우리는 초기 기독교와 관련된 유일신론적 신앙의 재형성을 볼 수 있는데, 이것은 당시 모든 유대인 공동체에서는 전례가 없는 신앙적 혁신의 또 다른 예이다. 분명 이는 쿰란 공동체에서도 행해졌던 것과 같은 일반적인 식사이다. 그러나 하나님의 "최고 대리자"를 찬미하고 그와 소통하기 위한 이런 식사행위는 그 어느 고대 유대의 기록에서 찾을 수 없다.

예수 고백하기

초기 기독교 신앙의 또 다른 중요한 표시는 예수를 "고백"(*homologeō*)하는 관행이다. 이 동사는 바울의 서신(롬 10:9)과 다른 신약성서의 문서들(예: 마 10:32; 요 9:22; 요일 4:2-3, 15)에서 모두 사용되는데, 이는 이 용어가 초기 기독교에서 널리 공유된 용어임을 보여준다. 위와 같은 신약성서의 구절들은 이 용어가 다른 사람들 앞에서 자신의 믿음을 고백하는 것과(예: 마 10:32) 그리고 신도들의 모임에서 자신의 믿음을 확인하는 것에(예: 롬 10:9) 모두 사용되었음을 시사하고 있다. 이러한 행동은 정확하게 "고백하다"라는 동사를 사용하지 않는 다른 신약성서의 구절들에도 흔적이 있다. 이런 맥락에서 대부분의 학자들은 로마서 1:3-4가 예수는 "다윗의 후손"(메시아)이며 "하나님의 아들"로 찬미를 받은 "바울 이전의" 고백이라는 것을 보여준다. 또한 초기 기독교인들의 설교행위를 묘사하는 사도행전의 구절들도 마찬가지로 초기 기독교의 신앙고백적 관행을 반영한다(행 2:38; 5:42; 9:22; 10:36). 이 신앙고백의 정확한 표현은 사도행전의 이 구절들에서 약간의 변형을 보여주는데, 특히 예수에 대한 다음의 찬미적 칭호와 관련하여 그러하다: "주"(롬 10:9), "하나님의 아들"(롬 1:3-4; 요일 4:15) 및 "그리스도"(예: 행 9:22).

많은 학자들이 이러한 그리스도론적 칭호 중 하나 이상의 칭호에 초점을 맞추고 있음을 알 수 있지만, 내 연구의 목적과 더 관련이 있는 사안은 초기 기독교인들의 종교적 헌신의 정기적 측면으로 예수를 "고백"하거나 찬미하는 *행동*이다.[374] 이러한 관행에 대한 기독교 초기 자료만을 참고해 보면, 바울은 로마서 10:9-13에서 "예수는 주시다"고 고백하는 것을 기독교 신앙의 구두적 상징으로 만들었음을 볼 수 있다. 이는 내가 앞서 이미 언급했듯이, 이러한 상황은 기독교 공동체로의 입문을 가리키는 것처럼 보인다. 예배적 상황에서 동일한 주장에 대한 고백은 고린도전서 12:1-3에 반영되어 있다. 여기서 바울은 그러한 표현을 성령이 역사하는 표시로 여긴다.[375] 그리고 빌립보서 2:9-11에는 바울이 인용한 것으로 보이는 초기 찬송의 내용이 있는데, 그 내용은 모든 창조영역에서 초기 기독교 공동체를 특징짓는 종류의 찬사를 만드는 종말론적 승리의 장면으로 묘사된다.

앞서 *마라나타*와 관련하여, "주"에 대한 아람어의 사용을 포함한 부활한 그리스도를 지칭하는 표현과 그에 대한 찬미가 아람어권의 교회로까지 거슬러 올라갈 수 있다는 결론을 내릴 수 있었다. 이는 유대 종교 관행의 놀라운 혁신이었다. 초기 유대 기독교인들이 예수를 "메시아"(그리스도)로 찬미하고 선포한 것은 의심의 여지가 없으며, "종(servant)"(*pais*, 행 4:27, 30)과 같은 다른 경칭을 사용한 증거도 있다. 이 모든 칭호는 다양한 방식으로, 심지어 가장 초기의 기독교 신앙에서조차도, 부활한 그리스도를 구원에 대한 종말론적 소망을 실현시킬 자로 그리면서 거룩하게 택함 받은 분임을 나타낸다. 이 모든 것으로 고려할 때, 이미 기독교의 가장 초창기에도 예수를 "고백"하는 것이 기독교 신앙의 확고한 한 측면이었다고 볼 수 있다. 그리고 이것은 기독교인들을 다른 종교적 관행들과 구별하는 역할을 했다. 이러한 구별은 십자가에 못 박힌 예수의 고귀하고 배타적인 지위를 주장하는 것뿐만 아니라, 그가 하나님의 최고 대리자라고

"고백하는" 것에도 있는데, 이는 그들의 신앙생활에서 예수가 그 무엇보다 우월한 지위를 차지했음을 나타내는 것이다.

위와는 대조적으로, 쿰란 분파는 분명히 자신들이 택함을 받은 자들이며 나머지 이스라엘 사람들은 사악한 지도자들을 따라가서 길을 잃었다고 믿었던 것으로 보인다. 그들도 종말에 하나님의 구원을 위한 대리자가 될 것으로 기대했던 어떤 천상의 표상(미가엘/멜기세덱)을 언급한다. 그러나 현재까지 남아 있는 쿰란 공동체의 문서들에는 자신들이 멜기세덱을 "고백한" 자들이라고 다른 사람들에게 밝히거나, 그러한 표상에 대한 찬양을 교인들이 집회에서 의무적으로 하도록 했다는 증거는 그 어디에도 없다. 쿰란 종파는 하늘에 있는 천사들이 제공하는 의례를 숭배하였고, 천상의 멜기세덱의 다스림 아래에 있을 미래의 승리를 찬양했겠지만, 이는 부활한 그리스도가 초기 기독교인에게 숭배의 대상이 되었던 것처럼 천사를 숭배의 대상으로 만들지는 않는다. 따라서 쿰란 공동체와 같은 기독교 외 다른 유대 공동체들이 아직 알지 못하는 불특정의 메시야나 또 다른 인물을 기다리고 있는 동안에 초기 기독교인들은 그리스도가 이미 그 인물이었기 때문에, 쿰란 공동체 구성원들이 그리스도에게 자신들의 종교적 신념에서 더 우월적인 지위를 주었다고 말하는 것은 설득력이 있지 않다. 쿰란 공동체는 자신들이 종말론적 구속자인 미가엘/멜기세덱을 알고 있다고 확신했지만, 이는 초기 기독교의 이위일체론적 종교적 헌신으로 이어지지는 않았다.

쿰란 공동체와는 대조적으로 부활한 예수에 대한 초기 기독교 고백과 관련된 참신한 흥미로운 사례를 살펴보았다. 하지만 초기 기독교인들의 종교생활에 있어서 독특한 형태에 대한 또 다른 예가 있다.

예언과 부활한 예수

마지막으로, 초기 기독교 신앙의 한 가지 추가적 특징을 고려하려고 한다. 바로 천상의 그리스도의 말씀으로 선언된 예언이다.[376] 요한계시록 1:17-3:22은 초기 기독교 선지자 요한이 1인칭 형태로 그리스도의 말씀을 전하는 분명한 사례이다. 이러한 형태의 기독교적 신탁이 예외적이었는지, 혹은 전형적이었는지에 대한 논쟁은 지속적으로 있었다.[377] 요한계시록이 아닌 신약성서의 다른 곳에서는 예언을 성령에 의한 것이라고 한 바 있지만(예: 행 11:27; 21:10-11), 언(Aune)의 다음과 같은 주장은 매우 옳은 것으로 보인다: "요한계시록의 저자는 자신의 수사가 예언적인 수사로 인식되기만 한다면, 자신의 책이 진실된 것으로 받아들여질 것이라고 희망했을 것이다."[378]

이것이 올바른 추론이라면, 부활한 주가 직접 한 것으로 제시된 예언적 수사가 수용 가능한 예언적 수사의 한 형태이며, 아마도 초기 기독교 모임에서 비교적 일반적인 특징이라고 가정해야 한다. 그리고 이것은 초기 기독교 신앙에 매우 중요했을 것이다. 어떤 인물이 자신이 부활한 그리스도의 말씀을 직접 전했다고 함으로써 초기 기독교 모임의 관심과 인정을 받을 수 있었고 참된 선지자로 간주될 수 있었다면, 이것이 의미하는 바는 기독교 공동체가 그 인물이 전달한 주 예수의 말씀을 성부 하나님이나 성령 하나님의 예언적 말씀으로 간주하는 권위를 부여했다는 것이다. 아마도 팔레스타인 지방에 있던 유대 기독교인들 사이에서 그러한 기독교 예언적 관행이 시작되었을 것이다.

따라서 유대의 유일신론적 신앙과 거짓 예언에 대한 전통적 우려(예: 신명기 13장)에 의해 교육된 공동체는 하나님의 말씀과 그의 최고 대리자로 승임된 예수로부터 전달된 예언적 명령을 따로 구별하지 않았으며, 신앙생활의 공적인 부분에서 예수의 예언적 말씀도 포함시켰음을 알 수 있다.

다시 한번 강조하지만, 기독교 외 다른 유대 공동체들 사이에서는 이와 유사한 관행은 찾아볼 수 없다.

결론. 나는 앞서 말한 신앙적 혁신이 다음과 같은 나의 주장을 뒷받침 한다고 생각한다. (1) 초기 기독교 신앙은 부활한 그리스도에게 하나님과 같은 특별한 지위를 부여하는 이위일체론적 형태로 설명될 수 있으며, (2) 이 이위일체론적 신앙의 형태는 초기 기독교의 종교적 배경이었던 광범위하고 다양한 유대 유일신론적 전통에서는 아주 특이했다는 것이다.

기독교 변이의 원인

언어가 일부 방언의 소멸과 다른 방언의 출현을 포함하여 변화와 발전을 종종 겪는 것처럼, 종교적 전통도 변화하고 발전하며 때로는 그 전통 내에서 새로운 변이가 나타난다. 초기 기독교 내 종교적 헌신의 이위일체론과 같은 큰 변화의 경우, 그리스-로마 시대의 유대 유일신론 전통에서 그 뿌리를 찾는 것이 자연스럽고 또한 옳다. 나는 앞서 고대 유대 전통에는 신적 대리행위의 개념이 포함되어 있음을 보여주었는데, 이는 하나님 바로 다음의 최고 대리자 인물에 대한 추론과 관심으로 입증되었으며, 천상에서의 최고 대리자 지위를 널리 받아들이는 것이 승임된 그리스도를 수용하기 위한 중요한 개념적 자원을 초기 기독교인들에게 제공했다.

그러나 유대교의 신적 대리행위 전통은 그것이 일종의 이위일체론의 뿌리라고 간주할 수 있지만, 그 자체로는 초기 기독교 공동체에서 갑자기 널리 퍼진 진정한 이위일체론적 신앙의 온전한 원인이 아니었다. 여기서 나는 유대교의 유일신론적 신앙에서 기독교적 변이를 일으킨 요인으로 합리적으로 가정할 수 있는 또 다른 것을 설명하고자 한다. 앞으로 내가 설명할 요소들은 초기 기독교의 종교적 체험의 모든 측면이며, 우리가 이전에 살펴본 종교적 헌신의 새로운 변혁은 종교적 체험과 그 여파의 결과라고 생각한다. 그 결과, 초기 기독교인들은 유일신론의 한계를 포함하여 자신들의 유대 전통의 많은 요소를 재해석하는 변화된 종교적 관점을 가지게 되었다.[379]

예수의 사역

연대적으로, 고려해야 할 첫 번째 요소는 예수 자신의 사역과 그 사역들이 그의 제자들에게 미칠 수 있는 영향이다. 그의 메시지의 본질과 특정 선언들을 어느 정도 정확하게 파악하기 위해 많은 학자들이 기울인 노력을 감안할 때, 이 사안에 대해 정확하게 합의된 내용이 거의 없다는 것은 상당히 실망스럽다.[380]

예수가 자신을 따르는 자들과 자신의 메시지와 관련하여 일종의 예언적 권위를 행사하였고, 이 예언적 활동들이 자신의 위격과 중요성을 불가피하게 두드러지게 했다는 것은 일반적 의견이다. 예를 들어, 마가복음 8:38은 예수의 지위에 대한 이러한 우월함을 반영하는데, 이는 마가복음서의 독자들의 반응과 신앙이 종말론적 구원에 참여하기 위한 결정적 요소가 된다. 실제로 예수의 사역에서 핵심적인 쟁점은 그의 예언적 권위의 정당성이라고 말할 수 있다.

왜냐하면, 그는 자신이 한 모든 일의 기반을 하나님이 자신을 보내셨다는 확고한 믿음에 두었기 때문이다. 대부분 학자들의 평가에 따르면, 예수의 사역은 여러 정치인들, 특히 그를 십자가에 못 박은 로마 총독을 포함하여 유대 지도자들과 충돌을 일으켰을 것이다. 즉, 예수를 따르는 자들에게 그의 사역은 하나님이 보내신 자로서의 정당성과 관련된 정치적 위기를 불러일으켰다. 실제로 그가 그의 사명에 부여한 명백한 의미를 고려할 때, 이 위기가 과연 그가 하나님이 보낸 이가 맞느냐에 대한 질문으로 돌아가게 한다고 말할 수 있다. 왜냐하면 예수는 자신의 사역에 대한 사람들의 반응을 종말론적 판단을 하는데 있어서 필수적인 요소로 삼은 것으로 보이기 때문이다.

요컨대, 그의 사역이 끝나갈 무렵, 예수는 그를 따르는 자들 사이에서 자신이 거룩한 하나님의 말씀의 종말론적 대변자로서 하나님의 계획에서 영광스러운 자리를 차지했다는 신념을 불러일으켰다. 그러나 이러한 신념 가운데 예수를 따르는 사람들에게는 큰 위기가 발생했는데, 예수가 십자가에서 처형되었다는 것이다. 따라서 예수가 평소 사역에서 보여준 확고한 권위와 그가 죽음으로 겪은 거부와 굴욕 즉, 이 두 가지 상반되는 것이 결합되어 예수의 위격의 문제는 그를 따르는 자들에게 핵심적 문제가 되고 말았다.

어떤 사람들이 생각하는 것처럼, 예수가 자신과 종말론적 심판을 행하며 택한 자들에게 구원을 가져다줄 인물 사이를 구분하였다면, 예수를 따르던 자들에게는 확인할 수 없는 또 다른 미래의 인물이 있었을 것이다.[381] 그러나 예수를 따르는 자들이 종말론적 심판자, 즉 하나님의 "최고 대리자"의 역할을 할 또 다른 특정 인물을 기대했는지 여부에 관계없이, 그들에게 가장 핵심적인 사안은 하나님의 대리자로서 예수의 정당성이었다. 따라서 예수가 십자가에 못 박힌 후 초기 기독교의 신앙은 부활한 예수를 최고 대리자로서, 그리고 종말론적 구속을 가져오기 위해 하나님이 다시 보내시는 인물로서 제시하는 신앙이다. 예수가 십자가에 처형된 상황에서, 그를 따르던 자들에게 어떤 새롭고 강력한 일이 일어나지 않았다면 이러한 신념이 쉽게 일어날 수는 없었을 것이다. 초기 기독교인들의 신앙에서 십자가에 못 박힌 예수의 승임된 지위는 예수의 사역에 대한 이전의 영향과 하나님의 대변자로서의 개인적 정당성에 관한 위기가 없이는 적절하게 이해할 수 없다.

따라서 예수에 대한 초기 기독교 신앙의 급작스러운 발전을 이해하는 데 고려해야 할 핵심적 요소는 예수의 부활 전 사역과, 그의 사역이 그를 따르던 자들에게 미친 영향이다. 부활 이후의 모든 종교적 체험에서, 처음 수십 년 간의 초기 기독교인들은 갈릴리의 첫 제자들을 가르치고 인도했던-자신이 왕이라고 주장한 혐의로 십자가에서 처형당한 사람(막 15:26)- 바로 그 사람의 현재와 미래의 의미에 대해 더 많은 체험과 더 온전한 통찰력을 가져가고 있음을 확신했다. 인간 예수와 그의 부활 이후의 신앙과 환상을 통한 승임된 천상의 인물 사이의 연속성에 대한 이런 개념은 예수가 자신의 공생애 동안 강력하고 지속적인 인상을 남겼다는 분명한 표시이다.

부활과 그 이후

빈 무덤의 이야기에 대해, 그리고 부활한 그리스도가 제자들에게 처음 나타났던 장면에 대해 오늘날 어떻게 생각하든지 간에, 한 가지 사실만은 분명하다. 예수의 처형 직후, 적어도 그를 따르는 자들 중 일부는 그가 사망의 권세로부터 하나님이 살리셨다고 확신하게 되었다는 것이다.[382] 그러나 이것뿐만 아니라, 그들은 또한 예수가 하나님의 영광 가운데 천상의 지위로 승임되었고, 하나님의 종말론적 구원의 최고 대리자로 선택되었으며, 하나님의 천상의 위계제도에 있는 다른 모든 권위들보다 상위로 그가 승임되었음을 확신했다.

물론 이는, 완전히 상상을 초월할 정도는 아니지만, 매우 놀랍다. 예상치 못한 이런 신앙의 발전은 초기 기독교 공동체 내에서 종교적 신앙의 중심에 하나님 바로 다음의 지위로 부활한 예수가 나타난 것이다. 즉, 초기 유대 기독교 내에서 이 특별한 "최고 대리자"는 일반적으로 하나님에게만 주어졌던 종교적 헌신의 또 다른 대상이 되었다. 이는 유대 기독교 공동체의 초기 종교적 체험이 이러한 신앙적 발전을 이끈 요인과 관련이 있음을 시사한다. 부활 후 천상의 자리로 승임 된 예수에 대한 그들의 종교적 체험은 예수가 하나님의 영광을 함께 가지고 하나님의 영광과 위엄에 너무나 직접적으로, 그리고 완전하게 참여했다는 신앙적 반응이었다. 요컨대, 초기 기독교인들은 그들이 예수의 부활과 승임을 실제로 느끼게 해주는 직접적인 종교체험을 했다는 것이다.

신약성서의 복음서들에 기록된 예수의 부활 후 모습에는 제자들이 실제로 목격한 것에 대한 세부 사항들이 안타깝게도 매우 부족하다. 그들은 그들이 본 인물을 자신들이 따랐던 동일한 예수로 인식하긴 했지만, 더 이상의 자세한 내용은 서술하지 않았다. 그러나 이러한 이야기에는 그들의 체험의 본질과 의미를 가지고 있다. 예를 들어, 누가복음 24:25-27과 36-49은 부활한 그리스도에 대한 체험이 구약성서가 예수의 고난과 승임과 그의 이름으로 전파될 용서의 메시지를 예언한다는 것으로 볼 수 있는 새로운 시각의 기초가 되게 한다. 하나님이 자신의 통치를 수행하는 데 주도적인 지위를 맡긴 최고 대리자에 대한 우리의 관심에 비추어 볼 때, 잘 알려진 마태복음 28:16-20에서 부활한 그리스도가 자신의 제자들에게 "아버지가 하늘과 땅의 모든 권세를 내게 주셨다"라고 말한 것은 상당히 주목할 만하다. 위와 같은 복음서들의 구절들은 복음주의자들의 편집 기술을 반영하지만, 동시에 예수를 따르는 자들이 신적 지위로 승임된 예수와의 초기 부활 후 만남의 창조적 효과, 즉 구약을 재해석하기 위한 새로운 해석적 관점과 거룩한 계획에서 부활한 예수의 지위에 대한 고조된 감각을 포함하는 창조적 효과를 우리에게 줄 수도 있다.

사도행전 7:55-56에 나오는 스데반의 죽음에 대한 유명한 기록에서 부활한 그리스도의 환상에 대한 또 다른 중요한 언급이 있다. 순교자 스데반은 하늘이 열리며 "하나님의 영광, 즉 하나님의 우편에 서 있는 예수가" 나타나는 것을 바라본다고 묘사되고 있다. 스데반의 죽음에 대한 이 이야기의 가치가 무엇이든, 이것은 아마도 초기 기독교 신앙과 헌신을 형성한 일종의 환상적 체험의 반영일 것이다.[383] 이런 종류의 종교체험은 그리스도가 지상이 아니라 하늘에서 보인다는 점에서 복음서(및 행 1:1-11)에 나오는 익숙한 부활의 모습과 형식적으로는 다르다. 그러나 초기 기독교인들은 예수가 죽음을 이겼고, 하나님 앞에서 초월적인 명예와 권위로 승임되었다고 여긴 것은 분명하다. 아마 천상의 권위로 승임된 예수의 환상이 후자의 신념을 위한 주요 원동력이었을 것이다.

부활한 그리스도와의 만남에 대한 최초의 언급은 바울의 서신에 있다. 바울 자신이 체험한 것에 대한 세부적인 요소들은 그다지 남아 있지 않지만, 몇 가지 암시적 표현을 통해 정밀한 추론은 가능하다.[384] 첫째, 바울은 자신이 본 인물이 예수라고 주장하며(고전 1:10; 9:1), 그래서 우리는 바울의 다메섹 도상 체험에(그리고 의심할 여지 없이 이어지는 "주의 환상과 계시", 고후 12:1) 부활하고 천상으로 승임된 그리스도의 환상이 포함되는 것을 우선 이해해야 한다. 둘째, 동일한 초기의 환상적 체험(갈 1:12, 15-16)에서, 바울은 "계시"(apokalypsis, 1:12)라는 용어를 사용하여 그것을 정의하고, 그것은 하나님이 "자신의 아들"을 바울에게(또는 바울 안에, en emoi) 현시하는 (apokalyptō, 16절) 것이다. 이는 그가 하늘과 하늘의 존재들의 환상에 대한 묘사를 하는 묵시적 전통을 통해 자신의 체험을 이해했을 수도 있음을 시사한다. 또한, 환상 자체에 대한 무엇인가가 하나님의 아들로서 그리스도의 영예로운 지위를 전달했음을 나타내는 것일 수 있다.[385] 바울이 처음에 기독교를 강력히 반대한 것을 고려해 볼 때, 그가 예수에 대해 완전히 다른 견해를 갖도록 한 것은 무엇인가 매우 강력하고 변형적인 것이었을 것이다.[386]

이는 바울이 본 것에 대한 더 구체적인 힌트가 될 수 있는 몇 가지 다른 구절로 우리를 안내한다. 빌립보서 3:20-21에서 바울은 장래에 택한 자들의 부활하고 변화된 몸의 실례로 그리스도의 "영광스러운 몸" 또는 "영광의 몸"(sōmati tēs doxēs autou)을 언급한다. 그리스도의 부활한 몸에 대한 이 묘사는 바울 자신의 환상에 근거한 것이며, 따라서 바울은 하나님의 밝은 영광으로 빛나는 몸에서 십자가에 못 박힌 예수를 "봤다"고 결론짓는 것이 합리적이다.[387]

이러한 결론은 고린도후서 3:4-4:6에서도 확인할 수 있다. 이 구절에서 바울은 복음 안에서 신자들에게 주어진 계시를 설명하기 위해 자신의 계시적 체험을 활용하고 있다.[388] 이 구절에서 바울은 모세의 얼굴에 비친 서서히 사라져 가는 영광(3:7-9)을 복음과 관련된 영속적이고 우월한 영광(3:10-11)과 대비한다. 이 구절의 끝(4:4-6)에서 부활한 그리스도에 대한 자신의 첫 체험에 대한 명백한 언급으로 바울은 하나님을 닮은 "그리스도의 영광과 복음의 광채"를 보는 것을 언급하며(4:4), 그리고 하나님은 "그리스도의 얼굴에 있는 하나님의 영광을 아는 빛을 우리 마음에 비추셨느니라"(4:6)라고 말한다. 이 구절들은 자서전적인 내용이며, 바울의 회심 환상은 영광스러운 그리스도의 모습을 포함하는데, 이는 유일무이한 충만함 중에 있는 하나님의 밝은 영광을 보여주고 있다. 바울이 예수를 고린도전서 2:8에서 "영광의 주"라고 언급하는데, 이것도 마찬가지로 자신의 환상적 체험을 바탕으로 한 것으로 볼 수 있다. 나의 생각과 마찬가지로 김(S. Kim)도 다음과 같이 결론을 내렸다.

> "그러므로 부활한 그리스도는 거룩한 영광으로 인식된 빛의 광채와 함께 바울에게 나타났음이 분명하다."[389]

신약성서에서 신적 지위로 승임 된 예수에 관해 가장 나중에 나온 환상은 요한계시록 1:12-3:22에 있다. 이것은 신약성서의 필자들이 자신이 본 그리스도에 대한 환상을 설명하는 다른 모든 구절들과 다르다(1:12-16). 요한계시록 1장에 나오는 영광스러운 그리스도에 대한 묘사는 에스겔과 다니엘에 나오는 환상과 전반적으로 유사하여 그 구약의 환상을 참고한 것으로 보인다.[390] 그리스도에 대한 요한계시록의 이 환상과 신약성서의 다른 환상들 사이의 또 다른 차이점은 선견자가 그리스도의 것이라고 밝히고 있는 긴 축어적 연설이다. 이 구절은 몇 가지 의문을 제기한다.

첫째, 일부 사람들에게는 이 구절에서 설명된 체험이 실제 체험인지 필자의 순수 문학적 기법인지에 대한 의문이 있다. 이 특별한 체험이 실제로 일어났든 아니든, 필자가 그것을 요한계시록 2-3장에 언급된 교회들에 그의 예언서를 보내는 근거로 한다는 사실은 그러한 환상적 체험이 그 예언서를 받는 기독교 사람들의 신앙전통의 일부로 받아들여졌음을 나타낸다. 즉, 그리스도에 대한 이 환상은 그러한 체험이 초기 기독교인의 종교적 생활에서 익히 알려진 특징이라는 증거가 된다는 것이다. 계시록의 필자는 천상의 그리스도에 대한 환상이 그의 첫 독자들의 종교적 전통에서 벗어나지 않는 경우에만 그의 환상적 이야기가 인정받기를 희망할 수 있었다. 그러므로 우리는 그의 환상 이야기를 이러한 체험 중 일부의 본질을 나타내는 것으로 볼 수 있다.

둘째, 서기 1세기 말 무렵에 집필된 요한계시록에서의 그 환상이 과연 초기 기독교적 환상의 체험을 얼마나 잘 반영했을지는 의문이다. 요한계시록을 보수적인 기독교 전통을 구축하고 반영하는 것으로 받아들일 충분한 이유가 있는데, 이 전통은 우리를 그 계시록이 집필된 시기보다 이른 시간으로 거슬러 올라가게 한다. 다시 말해, 여기 요한계시록의 환상 장면은 초기 기독교 종교 생활에 포함된 그런 체험, 특히 부활한 주의 환상과 예언이 일어날 가능성이 큰 기독교 예배에서 나타나는 종교적 체험을 보여주는 표시로 볼 수 있다.[391]

여기에서 주어진 천상의 예수에 대한 실제 환상과 말씀에 대해 몇 가지 논점을 말하고자 한다. 요한계시록 1:12-16에서 장엄하고 웅장한 시각적 이미지로 그리스도를 묘사하는 것은 성경에 나오는 대천사를 본 환상에 대한 묘사들과 매우 유사하다(4장 참조). 요한계시록 1:13에서 그리스도는 다니엘 7:13에 있는 "인자와 같은 이"와 연관되거나 동일시될 수 있는데, 그는 하나님의 계획에 대해서 모든 권한을 부여받은 자이다. 그러나 그의 흰 머리카락(1:14, 단 7:9 참고)과 그의 장엄한 목소리(1:15, 겔 1:24 참고)는 하나님의 환상에 대한 암시이며 예수의 신적 영광을 의미한다.

그리스도의 말씀도 또한 의미가 있다. 그는 자신을 십자가에 처형당한 예수와 동일시하지만(1:18) 스스로 전혀 새로운 주장을 한다. 그가 자신이 "처음이자 마지막"이라 말하는 놀라운 주장은 하나님 자신을 언급하는 구약의 구절들을 반영한다(예: 사 44:6; 48:12). 그리고 "사망과 음부의 열쇠"를 가지고 있다는 주장은 또한 하나님의 권위를 직접 가지고 있음을 나타낸다. 그리고 교회들에게 보내는 말씀(2:1-3:22)이 있는데, 여기서 그리스도는 자신을 따르는 자들의 행위에 대해 심판하고, 회개를 명령하거나 혹은 칭찬하고, 다시 거룩한 권능을 행사한다.

이러한 언급은 그리스도가 그 환상을 통해 전달되는 극적인 방식을 보여주기에 충분하다. 우리는 기독교 교회의 초기 수십 년 동안 다양한 유형의 환상 체험을 고려해야 하지만, 여기의 이 장면은 아마도 그러한 체험들을 대표한다고 말해도 무리가 아닐 것이다. 요한계시록에 나오는 그리스도에 대한 환상은 기독교계에서 수십 년에 걸친 그리스도론적 성찰뿐 아니라, 그러한 체험의 오랜 전통에 의존할 수도 있다. 그러나 나는 기독교 운동의 초기 단계에서 이런 환상 체험은 이전의 그리스도론적 신념의 단순한 결과물이 아니라, 그리스도론적 신념의 생성적 요인이라고 본다. 즉, 요한계시록 1:12-3:22은 예수가 신적 권능과 천상의 영광을 하나님과 완전하게 공유하게 되어, 택한 자들의 신앙적인 삶에서 경배의 대상으로 그가 포함되었고, 이전에 하나님에게만 주어졌던 숭배를 그도 받게 되었다는 종교적 신념을 만들어낸 강력하고 압도적인(1:17) 환상적-예언적 체험일 수도 있다.

신적 지위로 승임을 받은 예수에 대한 환상과 그에 대한 예언적 말씀은 어떤 방법으로도 초기 기독교인들의 그리스도론적 신념을 자극한 초기 종교적 체험의 범위를 소진시키지 않았을 것이다. 그러나 우리가 여기서 다룬 환상은 그 환상의 기록을 수신하는 사람들과 그 체험에 직접적으로 관련된 사람들 모두에게 분명히 강력한 영향을 미쳤을 것이다. 그러한 환상 체험이 공적 예배의 맥락에서 일어난다면(이런 일은 많이 일어났을 것이다),³⁹² 그 자리에 있는 다른 신자들에게 미치는 영향은 더 즉각적이고 강력했을 것이다.

요컨대, 초기 기독교의 이위일체론적 신앙이 나타내는 유대 유일신론적 전통에서 새로운 변이의 가장 유력한 원인 중 하나는 이런 신앙의 형태를 경험한 종교적 체험이었다는 것이다. 많은 학자들이 그리스-로마 세계의 영웅들을 개념적으로 차용하여 예수 숭배와 같은 변혁을 설명하려고 시도하려 하지만, 그보다 초기 기독교인들의 종교적 체험에 더 많은 관심을 기울여야 할 것이다. 특정 최고 대리자(예수)가 특정 유대 공동체(초기 기독교인들)에게 종교적 숭배를 받게 된 초기의 주된 이유는 그들이 부활하여 신적 지위로 승임된 그리스도를 나타내는 환상과 그에 관련된 체험들을 가지고 있었기 때문일 가능성이 높다. 이러한 체험들은 그러한 체험을 한 기독교인들로 하여금 예수를 전례 없는 최상의 거룩한 영광 가운데 나타나게 해서 그에게 헌신적으로 반응하지 않으면 안 된다고 느끼게 했을 것이다.

초기 기독교인들의 종교체험의 또 다른 측면도 주목할 만하다. 예수의 천상의 지위에 대한 신념을 낳은 승임된 그리스도에 대한 체험은 의심할 여지 없이 초기 기독교인들에게 예수를 그러한 영광의 자리에 세우는 것이 하나님의 기쁨이라는 신념을 주었다. 우리는 예수에 대한 초기 기독교 신앙이 자연발생적인 숭배가 아니었다는 것을 앞서 살펴본 바 있다. 예수는 초기 기독교인들의 주로서 "아버지의 영광을 위해" 찬양을 받는다(빌 2:9-11). 유대 기독교인들의 예수에 대한 종교적 헌신은 그를 하나님과 혼동하거나, 그를 또 하나의 신으로 만드는 것이 전혀 아니었다. 기독교인들이 유일신론적 경건 행위를 확장하여 승입된 그리스도를 그 대상에 포함시킨 것은, 그렇게 하지 않으면 유일한 한 하나님에게 그들이 불순종하는 셈이 될 것이라는 믿음에서 시작되었다.

이로 인해 환상적 체험의 한 측면에 대해 더 정확하게 알 수 있게 된다. 아마도 그러한 체험에는 천상의 영광으로 둘러싸인 예수를 보는 것뿐 아니라, 하나님 혹은 하늘의 보좌와 같은 하나님의 상징과 관련된 그의 환상을 보는 것도 포함된다. 그리고 이는 그리스도의 지위가 하나님의 유일성을 위협하지 않는다는 관념과 함께 기독교 공동체들에 전달되었을 것이다. 스데반이 예수가 "하나님의 우편에 서 계신다"(행 7:55-56)고 말한 것은 비록 시편 110:1a의 묘사에 일부 의존하고 있지만, 그가 독특하게 경험한 환상을 반영하는 것일 수도 있다. 또한 사도 요한의 하늘 환상도 요한계시록 5장에 나오는데, 여기서 어린 양 그리스도는 "보좌에 앉으신 이" 앞에 나타나며 하나님의 심판과 구속의 종말론적 계획을 실행하기에 유일하게 합당한 분으로 찬양을 받는다(계 5:5-12). 이러한 체험은 기독교 초기에 새로운 신앙을 형성케 한 자극들 하나일 가능성이 높다. 기독교 초기의 환상과 여타 그러한 종교적 체험들은 특히 1세기 기독교 예배의 관례적인 부분을 형성한 것으로 보이는 유사한 체험들로 인해 그 이후 몇 년간 강화되었다(고전 14:26).

유전된 종교전통의 해석에 창의적인 영향을 미쳤던 종교적 체험들에 기초한 기독교의 변이에 대한 위와 같은 설명들은 일반적으로 기독교 기원에 대한 많은 학술적 글에서 많이 제공되지 않고 있다. 그러나 이러한 설명은 초기 기독교 공동체의 본질에 대해 현재의 우리가 가지고 있는 정보와 일치할 뿐 아니라, 초기 기독교인들의 첫 수십 년 동안에 그리스도론적 신념과 그리스도 중심의 헌신적 관행의 갑작스럽고 빠른 변화를 설명하는 데 도움이 될 것이라 생각한다. 이 기독교 운동은 니케아 신조에 반영된 바와 같이, 하나님과 그리스도에 대한 교리를 구성함에 있어서 기본적인 신념과 헌신적인 관행을 지성적으로 그리고 철학적으로 받아들이기까지 수 세기가 더 걸렸다.[393] 그러나 천상의 지위로 승임 받은 예수의 의미에 대한 기독교의 근본적인 신념은, 우리가 지금까지 살펴본 바와 같이, 추적 가능한 오랜 관념적 발전 과정 없이 나타났다.[394] 종교적 신념의 이러한 갑작스럽고 빠른 발전은 역사상 유례가 거의 없으며, 그런 것이 일어난 곳에서는 강력한 지도자나 핵심 공동체의 강한 종교적 체험이 그 원인으로서 매우 중요했다. 방언(glossolalia)의 중요성을 강조하는 현대 오순절 운동은 그 교리를 형성하고 새로운 종교 운동을 생성하는 데 있어 강력한 종교적 체험의 창의적인 영향을 보여주는 최근의 한 예이다.[395]

새로운 예수 운동에 대한 반대

우리가 살펴볼 마지막 요소는 새로운 운동, 특히 당시의 유대 종교전통인 "모태 전통"(mother tradition)에 대한 반대의 영향이다. 하나님의 유일성에 대한 집착은 아마도 많은 경건한 유대인들로 하여금 예수에 대한 유대 기독교적 신앙을 의심의 눈초리로 바라보게 했을 것이다. 이것은 동일한 유일신론적 신앙을 자신들이 공유한다고 생각했던 초기 기독교인들에게 예수의 하늘 영광에 대한 강조를 약화시키거나 혹은 반대로 그의 중요성에 대한 그들의 신념을 더욱 완전하고 확고하게 정당화하도록 했을 것이다. 일부 유대 기독교인들은 그중 전자를 택했고, 일부는 후자를 택했다. 사도 바울과 같이 후자를 택해야 한다고 느꼈던 사람들 중에는 예수의 지위에 대한 변호의 증거가 분명했다. 그들의 신앙에 대한 변호에는 성경의 본문(예: 시편 8편과 110편)의 재해석과 하나님과 가장 밀접하게 관련된 전통적 칭호(주)와 특권을 예수에게 사용한 것이 포함된다.[396] 기본적으로 그러한 유대 기독교인들은 자신들의 종교적 체험으로 인해 운명적으로 만나게 된 그리스도에 대한 헌신을 정당화하는 그리스도관을 공식화해야 한다고 느꼈던 것으로 보인다.

또한 그들은 단 한 분 하나님의 우월성과 유일성, 그리고 그 하나님에 대한 전통적인 종교적 방향성을 굳게 유지했다. 내가 보기에 이는 본질적으로 그리스도의 승임된 지위를 고려하면서, 바울의 서신에 명백하게 나타나고 신약성서의 나머지 부분 전반에 걸쳐 특징적으로 반영된 신앙적 의도이다. 즉, 이러한 형태의 유일신론적 신앙은 처음에는 이방인들의 영성의 영향에서 나온 것이 아니며, 또한 단순히 그리스-로마시대의 시대적 상황의 다양한 신들에 대한 숭배를 모방한 것도 아니다. 처음에 이 이위일체론적 신앙은 초기 기독교인들의 종교적 체험의 힘과 유대적 "모태 전통"의 유일신론적 "제약"(constraints)의 결합에서 비롯되었다고 봐야 한다.[397] 역설적이게도, 기독교인이 아닌 다른 경건한 유대인들의 유대 기독교인들을 향한 반대와 비판은 하나님의 지위로 승임을 받은 예수에 대한 초기 기독교적 성찰에서 중요한 역할을 했을 것이며, 유대 유일신교의 변이로 가장 잘 묘사되는 종교적 헌신의 형태를 결정하는 데 일조했을 것이다. 초기 기독교인들은 자신들이 유일한 하나님에게만 신앙적 충성을 드리도록 해야 했고, 또 이것을 다른 유대 공동체들에게 보여주어야 했을 것이다.

그들은 또한 부활한 예수께 그들이 드렸던 놀랍고 혁신적인 신앙적 헌신에 대해, 유대교의 유전된 전통 내에서 무엇이건 그것을 정당화할 수 있는 것을 찾아야만 했다. 그들이 다른 유대인들에게 자신들의 견해와 관행의 정당성을 설득시키는 데 항상 성공한 것은 아니지만, 그렇게 하려고 시도하거나 유대 비판자들에 대한 방어의 필요성은 기독교 신앙의 초기 발전을 이해하는 데 중요한 요소 중 하나이다.[398]

요약

이 장의 요점은 다음과 같이 요약할 수 있다.

1. 기독교의 아주 초기 단계에서, 부활한 예수에 대한 기독교적 체험과 성찰은 아마도 유대교 내에서 전해 내려오는 신적 대리행위 개념에 영향을 받았을 것이며, 또한 그것을 차용했을 것이다. 예수가 하나님의 최고 대리자의 지위로 승임되었다는 믿음은 기독교인들의 종교체험이 큰 역할을 하였다. 신적 대리행위 전통은 신적 권위와 영광에서 하나님 다음인 천상의 어떤 표상을 수용하기 위한 자원을 제공하는 데 중요했다. 처음에 어떤 최고 대리자 인물에 대한 유대적 관심보다 더 중요한 것은 하나님에게 그의 창조 및/또는 구원 계획을 실행하는 데 그러한 역할을 하는 어떤 인물이 있을 수도 있다는 기본적인 생각이었다.

2. 신속하게 그리고 초기에, 예수에 대한 기독교적 체험과 성찰은 그러한 최고 대리자 표상과 관련하여 유대 유일신론적 신앙에서 변이로 간주되어야 할 어떤 것을 만들어냈다. 이러한 신앙적 혁신은 초기 기독교 집단의 신앙생활에서 처음으로 나타났는데, 부활한 그리스도는 정상적이라면 하나님께만 주어졌던 신앙적 헌신을 공유하게 되었다. 즉, 유대 유일신론의 초기 기독교적 변이는 일종의 이위일체론적 형태의 신앙이었다. 기독교의 가장 초기적이고 핵심적인 혁신은 단순히 특정 존칭이나 기타 그리스도론적 수사를 사용하는 것이 아니었다. 오히려 이는 초기 영향력 있는 기독교 공동체의 종교적 실천의 성격이었다.[399]

3. 종교적 헌신의 이러한 변혁은, 거의 분명히 아람어를 사용하는 교회

를 포함하여 기독교의 초기 단계로까지 거슬러 올라갈 수 있을 것이다. 신앙적 발전과 교리적 발전은 그 본질이나 속도가 일정하지 않지만, 적어도 초기 유대 기독교 공동체 사이에서는 우리가 여기서 논의했던 특이한 발전들이 수용된 것 같다. 따라서 초기 기독교의 이위일체론적 신앙은 하나님의 유일성에 대한 그들 조상의 신앙에 충성하는 유대 기독교인들이 주도한 변혁이었다.[400]

4. 유대 유일신론에서 이러한 변이가 나타난 원인 중 가장 두드러진 것은 예수를 천상의 영광으로 승임된 존재로, 그리고 그들 신앙의 대상으로, 하나님 자신에 의해 정당화된 존재로 경험한 초기 유대 기독교 신자들의 강력한 종교적 체험이었다.

결론

결론

나는 이 연구의 결과로부터 나온 기독교 기원 연구에 대한 몇 가지 고찰을 하면서 결론을 지으려고 한다.

먼저, 연대순의 지표는 신중히 검토되어야 한다. 물론 기독교 기원과 관련된 연대적 문제에서 신약성서 내 문서들의 정확한 날짜와 같은 사안들이 정밀하게 파악되기란 상당히 어렵다. 하지만 흔히 그렇듯, 증거를 통해 우리가 상대적으로 정확해질 수 있는 부분은 보다 면밀하고 엄밀하게 다뤄져야 한다. 사도 바울의 서신들이 그 대표적인 예이다. 그동안 사도 바울의 서신 속에서 보이는 역사적 증거들은 기독교 운동 초기 아람어를 사용하는 신도들을 포함하여 유대적 배경을 가진 기독교인들의 예수에 대한 종교적 헌신에 대한 기원을 보여주었다. 초기 기독교 역사에 대한 많은 학자들이 자신들의 지식과 유대 기독교인에게 보이는 특징들을 일치시키기 어려워했다. 그래서 그들은 기독교인들의 예수에 대한 종교적 숭배 기원의 발생을 기독교 운동 후기로 돌리면서 이방 종교의 영향을 원인으로 생각했다. 이는 비록 결과가 증거를 이긴 유일한 사례는 아니지만, 엄격한 역사적 성찰을 기반하지 않은 안타까운 예이다. 하지만 우리가 신중한 관찰을 통해 연대적 지표를 완전히 받아들인다면, 초기 기독교의 신앙적 발전은 선형적 단계로 쉽게 기록될 수 있는 느린 과정으로 일어난 것이 아니라, 오히려 상당히 빠르고 급진적으로 발생했다는 사실을 알 수 있다. 이는 지금까지 있었던 역사적 분석이 잘못되었다고 말하기 위함이 아니다. 나는 현재의 여타 연구들이 오히려 그러한 역사적 연구를 좀 더 면밀히 확인해 주기를 바라는 것이다. 나는 이런 역사적 분석이 보다 자료에 근거하여 더 세심하고 조심스럽게 다뤄져야 함을 강조하고 싶을 뿐이다.

둘째로, 현대의 언어학자들이 단어의 의미와 레퍼런스가 지나치게 일반화되는 것을 경계하여 특정 맥락에서 결정된다는 것을 알고 있는 것처럼, 바빌론 포로기 이후의 유대교와 초기 기독교와 같은 고대 종교를 배우는 자들은 이러한 종교들과 관련이 있는 현상의 의미에 관한 결론은 해당 종교의 관행과 그에 관련된 증거의 지배를 받고 있다는 사실을 더 신중히 바라보아야 한다. 만약 이 원리가 보인다면, 바빌론 포로기 이후의 유대교가 초기의 순수 유일신교로 추정되는 것의 약화된 형태를 대표한다는 주장에 쉽게 동의해서는 안된다. 다른 방식들보다 선명한 증거에 기반을 둔 추론을 하는 것이 더 지혜로울 것이다. 그 다른 방식들의 관점은 바빌론 포로기 이전의 고대 히브리인 종교에 대해 낭만적으로 만들어진 비유와 바빌론 포로기 이후의 역사적 증거들에 대한 몰이해한 분석, 둘 다 반영하는 경우가 많다.

많은 학자들이 실제 유대인들의 당대 종교적 관습이 알려주는 증거를 신중히 검토하지 않았으면서, 천사에 대한 고대 유대인들의 흥미와 의인화된 신적 속성은 구약성서에 나오는 하나님의 실존주의적 약화 같은 것의 결과로 발전되었을 뿐이라고 상당히 자신 있게 주장했다. 하지만 유감스럽게도 그들의 주장과는 반대로 고대 유대인들은 천사나 다른 표상들이 하나님을 대신한다고 생각하지 않았던 것으로 보인다. 우리는 역사적 증거를 면밀히 검토하지 않고 주장을 하는 것에 대해 조심스럽게 접근

해야 하며, 사실 그러한 증거들은 관련 사람들의 실제 종교 생활과 분명히 관련이 있다. 중재자로 추정되는 표상들에 대해 존경을 나타내는 언급들을 보고, 그 표상들이 실제로 고대 유대인들에게 믿음과 신앙심으로 작용했다고 말하는 것은 부정확하다. 우리는 단순히 눈에 보이는 증거에 의해서만 결정을 내려서는 안된다. 증거는 신중한 질문에 적절한 것이어야 한다. 고대 유대교와 초기 기독교에 관련된 연구에서 고대 신자들의 실제 종교적 생활과 관련된 증거들은 더욱 신중하게 고려해야 한다. 그 이유는 우리가 교리적, 지성적 발전에 대해 그 범위를 너무 선택적으로 할 수가 있고, 또한 이러한 중대한 종교적 운동의 또 다른 측면들을 간과할 수 있기 때문이다.

셋째로, 특히 초기 기독교와 같은 새로운 종교적 운동과 종교 개혁의 발전에 관한 연구에서, 창립자와 창립 단체의 종교적 체험들의 창의적 역할에 더 많은 관심을 기울여야 한다. 의심의 여지 없이, 기독교 기원 및 고대 종교 관련 분야 전문가들은 종교운동의 발전과 성장을 겪는 과정에 관한 가설을 세움으로써 새로운 종교운동의 현대 연구로부터 무언가를 배울 수는 있다.[401] 하지만 나는 종교의 사회적, 심리적 연구에 대한 큰 전문지식은 없지만, 내가 여기에서 말하는 종교적 체험의 중요성을 인식하기 위해 이러한 분야들에 대한 완전한 전문성이 필요하다고 생각하지는 않는다.[402] 고대의 역사와 더 최근의 역사, 양쪽 모두 우리에게 새로운 종교운동의 다양한 사례를 보여주는데, 이 종교운동들은 주로 기성 종교 전통의 혁신적인 재해석으로 나타난다. 그리고 이 혁신들은 그 새로운 운동들의 영향력 있는 구성원들 그리고/혹은 공동체들의 강력한 종교적 경험에서 비롯된 변화한 해석학적 관점에서 나온다.[403]

그런 과정의 일부는 시간적, 공간적으로 광범위한 종교운동, 이를테면 불교, 쿰란 종파, 시크교, 그리고 현대 오순절주의와 같은 종교들의 기원과 관련이 있는 것으로 보인다. 모든 지표를 보면, 초기 기독교는 또 다른 중요한, 그리고 분명히 영향력 있는 예시이다. 초기 기독교 신념의 여러 가지 특성과 유사한 것, 그에 대한 선례를 역사적으로 면밀하게 분석하는 것, 그리고 기독교 기원에 대한 보다 더 많은 역사적 조사를 하는 연구들은 종교적 체험의 발전에 대해서도 충분히 검토해야 할 것이다.

초기 기독교에서, 기성 종교전통-(예를 들어 그리스-로마 시대의 고대 유대교)의 재해석은 배타적인 유일신교의 신앙 관습의 한계에 대하여 중요하고 독창적인 재해석을 내놓는다. 만약 나의 연구가 옳다면, 이러한 종교적 혁신은 기독교 운동 초기 기독교인들의 신앙적 관습에서 빠르고 급격하게 나타났다. 여기에는 또한, 아마도 처음부터, 하나님의 계획에 대한 그들의 이해를 사색적으로 재해석한 것도 포함된다. 초기 기독교인들은 예수를 의미하는 말로서 야훼를 지칭하는 단어들을 포함하는 구약성서 구절들에 집중했다. 이에 대한 대표적 예시는 빌립보서 2:9-11에서 이사야 45:23을 인용한 것이다.

초기 기독교인들이 자신들의 신앙을 형성하던 사색적 과정은 초기 기독교 이후 세기에서도 지속되었고, 이 과정은 니케아(Nicaea)와 칼케돈(Chalcedon)과 관련된 기독교 신념의 고전적 공식화와 성삼위일체의 발전된 교리로 이어졌다.[404] 이런 기독교적 사색의 후기 단계와 우리가 이 책에서 살펴본 기독교 초기 단계의 차이를 무너뜨리는 것은 지나치게 단순하고 순진한 일일 것이다. 기독교 후기의 신앙 공식화로 이어지는 복잡하고 열띤 토론은 고대 유대교 하나님의 섭리에 대한 성찰에 의해 기독교 운동 매우 초기에 이미 활기를 띠었다. 이렇게 초기에 자리 잡은 기독교인들의 신앙적 관습에 의해 그들의 신앙형성이 크게 힘입었다는 사실을 간과해서는 안 된다. 기독교 태동 이후 초기 몇 세기 동안의 그리스도론에서 나타난 신학적 성찰에 대해서 면밀한 관찰이 필요한 이유는 바로 유대교에서 내려온 대부분의 기독교인들의 유일신적인 전통적 헌신과 우리가 앞서 살펴보았던 이위일체적인 신앙적 관습 때문이다. 이러한 이위일체적인 신앙적 관습은 그것이 포함하고 고취시킨 신학적 성찰과 함께, 본래 "모체"(parent) 종교 전통의 재해석에 기반을 제공했던 종교적 체험들과 같은 것에 의해 형성되었다.

이는 기독교 역사에 있던 여러 협의회들의 토론과 교리의 구성 뒤에 유일신론의 변이라 할 수 있는 수 세기 동안 하나님과 더불어 예수를 숭배했던 기독교인들의 이위일체적인 신앙적 관습이 있었다는 말이다. 신약성서와 후기 그리스도론적 논쟁 및 교리의 그리스도론적 서술들은 인간의 심오한 종교적 체험과 영적인 숭배문화에서 시작된 발전을 지성적으로 해명하고 방어하려는 시도를 반영한다. 고대 혹은 현대의 열띤 그리스도론적 토론을 진정으로 이해하고자 하는 사람이라면 반드시 그 토론 주제의 발전에 앞서, 그 밑에 깔려있으며 바로 오늘날까지도 희생적 헌신과 강렬한 지성적 노력을 자극하는 당대 신자들의 종교적인 삶을 우선 성찰해야 한다.

에필로그

에필로그

이 에필로그에서는 이번 3판이 초판 이후 35년간 진행되었던 나의 연구에 어떤 방식으로 부합하는지 설명하고자 한다.

유일신, 유일한 구세주라는 설정

내가 기독교 초기의 예수 숭배에 대한 역사적 질문에 관하여 연구하기 시작한 것은 박사학위를 딴 직후인 1970년대였다.[405] 그때 당시만 해도 예수에 대한 기독교 초기의 신앙이 언제, 그리고 어떻게 발달했는지를 설명하는 지배적인 이론은 빌헬름 부세(Wilhelm Bousset)의 『주 그리스도(Kyrios Christos)』였다.[406] 부세의 책에서 다루고 있는 두 가지 핵심적 주장은 (1) 부활하고 승임 받은 예수를 마땅히 공동으로 숭배해야 할 대상으로 취급하는 "큐리오스 신앙"(the Kyrios-cult)의 출현이 아마도 초기 기독교에 있어서 가장 중대한 발전이라는 것과 (2) 예루살렘과 로마에 있는 유대인들의 공동체에서는 이런 일이 일어날 수 없었을 것이며, 그 대신 다양한 신들과 신격화된 영웅들을 향한 이교도적 숭배문화의 상당한 영향력으로 인해 부활한 예수 또한 그들과 동등한 숭배를 받도록 촉구하기에 충분한 장소들이었던 안디옥과 다마스쿠스 같은 곳에서 먼저 일어났을 것이라는 주장이다. 그러나 앞서 소개한 1979년에 발표된 기사에서도 볼 수 있듯이, 당시 여러 학문적인 발전 가운데 특정한 핵심 사안에 대한 부세의 입장과 가정은 더 이상 옹호되기 어려워졌고, 그로 인해 나는 예수 숭배에 관하여 역사적으로 새로운 도식을 그려야 할 필요가 있다고 주장하였다.[407]

예를 들어, 부세는(그 시대의 많은 다른 학자들과 더불어) "인자"(the Son of Man)라는 칭호가 고대 유대의 전통 내에서 널리 쓰이는 칭호일 것이라고 가정하였고, 그 칭호는 천상에서 내려와 하나님의 최종적인 구원 계획을 이루게 될 종말론적 표상을 지칭하는 것이라 주장하였다. 이러한 가정 하에 부세는 예루살렘과 로마에 있던 유대교의 "초기"(primitive) 신자들의 공동체에서 예수에 대한 그들의 고백은 예수를 제2성전 시대(예루살렘에 제2성전이 존재했던 기원전 516년에서 주후 70년까지의 시기를 말한다. 성경에서 볼 수 있는 바리새파, 사두개파, 에세네파, 열심당, 그리고 초기 기독교 공동체가 모두 이 시기에 형성되었다―옮긴이)의 유대교 전통에서 잘 알려진 칭호이자 범주인 "인자"로 칭하는 것이라고 자신 있게 주장하였고, 이러한 지위가(이미 언급된 바와 같이) 2차적으로 발전한 "큐리오스 신앙" 내에서 예수에게 주어진 지위와는 극명하게 다른 것이라고 말하였다. 그러나 적어도 1970년대 초반부터 시작해서 그 이후부터는 제2성전 시대의 유대교 전통에 대하여 정통한 학자들 사이에서 부세의 이러한 가정이 틀렸다는 사실이 점차 받아들여졌다. "인자"라는 칭호(또는 이 표현이 지칭하는 표상)가 제2성전 시대의 유대교 전통 내에서 널리 쓰이고 인정받는 칭호였다는 증거는 역사적으로 존재하지 않으며, 그것이 예수 운동 초기에(핵심적인 칭호는 물론) 신앙 고백적인 칭호로 사용되었다는 흔적도 없다.[408]

그러나 아마도 부세가 역설한 이론의 가장 결정적인 특징은 신약성경에서 가리키는 예수를 "주님"(Lord, *Kyrios*)으로 지칭하고 종교적으로 다뤄져 왔다는 사실이 "초기 팔레스타인 공동체"(the Primitive Palestinian Community) 안에서 본래 유대 신앙의 발전적 형태인 "헬라화"(Hellenization)를 나타낸 다는 주장일 것이다.[409] 그의 견해에 따르면, 이는 초기 아람어권 사회에서는 일어날 수 없는 일이었다. 하지만 그의 연구에 대한 비평가들은 예수를 추종하는 고대 아람어권 사회에서도 부활한 예수를 "주님"(아람어로 *Mārêh*. 이는 고린도전서 16:22에서 바울이 언급한 아람어 *maranatha*에 결정적으로 반영되어 있다)이라고 지칭했다는 사실을 명백하게 밝혔다.[410] 나아가 1970년대에 이르러서는 이 문제에 대한 부세의 입장을 의심하게 될 만한 이유들이 더 생겨났다. 특히 아람어인 *Mārêh*가 하나님을 지칭하는 단어이자 신성한 칭호로 사용될 수 있으며, 이 때 이 단어는 헬라어 *큐리오스*(Kyrios)와 동등한 의미로 사용된다는 것을 쿰란의 자료를 통해 더욱 명확히 확인할 수 있었다.[411] 따라서 고대 아람어권 사회에서 *Mārêh*라는 용어로 하나님을 지칭했다는 것이 신적 숭배의 견해를 반영하지 못한다고 더 이상(부세와 그 이후 몇몇 학자들이 그랬듯이) 주장할 수 없었다. 실제로 아람어를 사용하는 신자들을 포함한 로마의 유대 신자들의 공동체 내에서 처음으로 예수를 "주님"이라고 칭하기 시작했다는 사실을 강력히 뒷받침하는 증거들이 여럿 제시되었다.[412]

이러한 증거들과 여러 다른 이유들로 인해, 나는 본서 *One God, One Lord* (OGOL, 원서의 영어 제목)에 관한 연구를 초기 기독교 집단의 관점에서부터 유대 역사를 거슬러 올라가면서 진행하고자 했고, 예수 운동 초기의 유대교적 기반에 주력하면서 예수를 향한 기독교 초기의 숭배적 표현 속에서 사용되었을 근거를 찾아내고자 했다. 그렇기 때문에 이러한 근거가 작용했을 것으로 추정되는 유대교 전통을 논하는 데 이 책의 상당 부분을 할당한 것이다. 나의 주된 관심사는 이러한 제2성전 시대의 유대교 전통의 맥락에서 초기 예수숭배의 모습을 조사하여, 그 유대교 맥락에서 초기의 예수 숭배가 어떠한 방식으로 발생했는지, 그 유대교 전통에 어떠한 방식으로 기반을 두었는지, 그리고 예수에 대한 숭배가 이러한 유대교 전통 내에서 독특하고 새로운 발전 혹은 변형을 어떤 방식으로 발생시켰는가에 대해 알아내는 것이었다.

이 책 *OGOL*의 초판은 나의 첫 연구였고, 이를 기초로 이후 수 년 동안 나는 예수 숭배에 관한 다양한 문헌들과 사안들을 다루며 부세의 고전적 저서만큼의 공신력을 지닌 온전한 연구 결과를 내놓기 위해 노력했다.[413] 이러한 나의 노력은 *OGOL*을 집필한 지 15년 후인, 2003년에 『주 예수 그리스도: 초기 기독교에서의 예수를 향한 숭배(Lord Jesus Christ: Devotion to Jesus in Earliest Christianity)』를 출판함으로써 결실을 보았다.[414] 그러나 이 책의 초판은 내 연구의 최종 목적지가 아니라 그 목표에 도달하기 위한 중요한 첫 단추였다. 그래서 2003년 출판된 이 책은 예수에 대한 초기 숭배에 관하여 쓴 나의 다른 여러 출판물들에 기초적인 역할을 했다. 이러한 후기 출판물들은 이 책의 연구를 단순히 반복하거나 변형하지 않고, 그것에 여전히 견고한 기반을 둔 채 연구의 범위를 확장시키는 방식으로 집필되었다.

나의 출판물들, 특히 『주 예수 그리스도(Lord Jesus Christ)』를 집필할 때, 나는 예수를 향한 숭배가 초기 기독교 안에서 표현되는 방식보다 광범위하게 조사를 하고자 했으며, 이를 위해 초기 기독교의 증거들(특히 바울의 편지들)에 주력하여 기독교의 가장 초기 자료들로부터, 역사의 하류(비유적으로)를 바라보며 1세기 반 정도(대략 서기 30년~170년)에 걸쳐 드러나는 예수를 향한 숭배의 본질을 파악하고자 했다. 이 책에 나와 있는 주요한 연구 결과들은 그 이후 초기 기독교 증거에 대한 다른 연구들의 핵심 전제들이 되어주었다. 따라서 예수 숭배에 관한 나의 연구들을 이해하고 평가하기 위해서는 이 책 *OGOL*을 필수적으로 염두해 두어야 함을 강조한다.

주요 결론들

이 책의 서문에서도 볼 수 있듯이, 이 연구가 다루는 역사적 질문은 "어떻게 초기 유대 기독교인들은 조상들의 유일신 전통을 근본적으로 충실히 이행하면서도 하나님과 더불어 승임 받은 예수에 대한 숭배를 동시에 수용할 수 있었는가?"이다. 상당히 오랜 기간의 연구를 통하여 내가 내리게 된 다소 놀라운 판단 중 하나는, 비록 초기 기독교 신자들이 활용한 개념적 근거가 고대 유대교의 전통 내에 있기는 하였지만, 예수 숭배에 관한 숭배적 표현이 갖는 강렬함의 정도와 그 본질에 관한 완전한 선례가 존재하지 않았다는 것이다. 따라서 기독교 내의 초기 예수 숭배 관행이 처음 등장하게 된 것은 로마 시대의 다양한 유대 전통의 맥락 안이었지만, 그러한 역사적 맥락을 고려하더라도 이런 관행은 "다소 독특한 '변종' 혹은 혁신"을 구성한다고 결론을 짓게 되었다.[415]

기독교 초기의 예수 숭배는 다른 여타 종교들의 관행들과는 구별 가능하고 심지어 특수하기까지 한 고대 유대교 전통이었다는 점을 강조하고 싶은데, 그럼에도 초기 기독교의 유대 신자들은 스스로를 여전히 유대인이라고 여겼으며, 자신들이 유대교로부터 변절하거나 새로운 종교로 개종했다고 생각하지 않았다. 이러한 태도는 꾸준히 유대 기독교인들의 특징처럼 자리 잡았으며, 이것이 "이방인 사이에서의 신앙적 순종"(로마서 1:5 참고)을 이끌어내고자 했던 사도 바울의 헌신적인 노력과도 닮아 있다고 생각했다. 확실히 초기 유대 기독교인들에게 있어서 예수라는 존재는 그들이 하나님의 목적을 이해하고, 그 목적에 대한 경배를 표현하는 데에 중요한 변화들을 가져온 하나님의 새로운 계시와도 같았다.

1998년 재판본의 서문에서 나는 *OGOL*가 처음 출판된 후 10년 동안 진행된 학구적인 논의에 대해 다루었다. *OGOL*에서 내가 제시한 견해들을 반박하는 몇몇 주요 비평에 주목하면서, 그러한 비평들이 왜 설득력이 떨어지는지 그 이유와 그런 이유로 인해 책의 주된 부분들을 수정할 필요가 없다고 설명하였다. 다음 이어지는 내용에서 나는 1998년 이후의 *OGOL*에서 내가 취한 입장들이 어떤 추가적인 학문적 논의에 포함되었는지에 초점을 맞추어 말해보고자 한다.

그러나 그러기 이전에, 나는 *OGOL*와 후속 출판물들에서 내가 제시한 견해들이 미친 광범위한 영향에 대해 언급하고자 한다. 예를 들어, 이제 기독교에 대한 기원을 연구하는 학자들 사이에서는 로마-유대(팔레스타인)의 아람어권 공동체들을 포함한 유대 기독교인들의 공동체 속에서 예수가 최초로 고유의 신성한 명예와 지위를 얻게 되었다는 인식이 상당 부분(그리고 아마 지금 시대에는 더욱 견고해져 있을 것이다) 있는 것으로 보인다. 이를 보여주는 예로, 초기 그리스도론적 신앙에 대한 학문적 논의의 발전을 다룬 앤드류 체스터(Andrew Chester)의 저작을 인용하고자 한다. 그는 이 새로운 방향에 관해 이러한 학문적인 견해를 피력했다.

> "이러한 합의가 초기 기독교에 대한 우리의 이해를 방해하는 여러 문제들을 불러일으킴에도 불구하고, 그리스도를 하나님으로 묘사하는 그리스도론이 상당히 이른 시기에 유대교의 맥락 안에서 뚜렷한 유대적 용어를 사용하며 등장한다는 학문적 합의는 (비록 만장일치는 아니더라도) 명백하다."[416]

후반부에 이르러 그는 핵심적인 바울 문헌을 참고하며 다음과 같이 말한다.

> "…예를 들어, 빌립보서 2:6-11에서 그리스도가 하나님과 같은 방식으로 칭송되고 숭배될 것이라고 가정하거나 예상하지 않는다면(그리고 이 승리 자체가 하나님의 영광을 위한 것이 아니라면), 이 구절이 의미를 가지기는 매우

어렵다. 또한 허타도(Hurtado)는 일관되게 누적된 방식으로 사도 바울의 공동체들은 물론, 팔레스타인의 기독교 사회에서도 일종의 그리스도 숭배 공동체들이 존재한다는 주장을 펼친다."[417]

내가 처음 *OGOL*에서 주장했던 견해가 미친 장기적인 영향의 또 다른 지표로 최근에 크리스핀 플레처 루이스(Chrispin Fletcher-Louis)가 내 연구에 대해 다룬 방대한 연구논문을 인용하고자 한다. 비록 그의 논문의 대부분이 (안타깝게도 여러 특정 사안에 관한 나의 견해를 잘못된 방식으로 이해한 뒤) 비판적인 시각을 보이고 있지만, 그럼에도 나의 연구가 기독교의 근원에 대한 자신의 이해를 근본적으로 재고하도록 설득하였다는 것을 인정하며, 여러 사안들에 있어서 내가 주장했던 견해들이 이제는 학계에서 더 광범위하게 받아들여지고 있는 새로운 관점이라고 말했다.[418] 나아가 그는 다음과 같이 판단했다.

"이제는 고등 그리스도론이 초기 기독교의 엄연한 특징이며 이는 굉장히 이른 시기에 등장했을 뿐만 아니라 본질적으로 유대교적이며 유대 사회 안에서 널리 퍼져 있었다는 허타도의 견해에 반대하고자 한다면 새로운 증거를 찾아내야 하는 상황이다."[419]

내 연구를 다룬 더 최근의 작업 중에서는 리처드 보컴(Richard Bauckham)을 인용할 수 있다. 그는 1988년 *OGOL*가 출간되기 전에는 유대 기독교의 역사 초기부터 이미 예수에게 신성한 지위를 부여하고 숭배했다는 견해가 신약성경을 연구함에 있어서 다소 중요하지 않은 것으로 취급되었으나, 지금은 많은 이들이 대체적으로 동의할 수 있는 견해가 되었다고 말했다.[420] 그는 또한 다음과 같은 말을 남겼다.

"…이제 많은 학자들이 초기 유대인들의 기독교 내에서 고등 그리스도론의 기원을 어렵지 않게 찾을 수 있게 된 것에는 *유일신, 유일한 구세주 (One God, One Lord)*의 공헌이 크다. 이 주제에 관한 허타도(Hurtado)의 수많은 후속 간행물들도 *유일신, 유일한 구세주 (One God, One Lord)*를 보충하는 역할을 충실하게 해냈다." [421]

보컴은 예수 숭배에 관한 사안에 대하여 현재 논란이 되고 있는 상황 가운데 나의 연구에 느끼는 연대감을 언급하면서, *OGOL*에서 다룬 핵심 주장들이 여전히 활발하게 논의되고 있다는 사실은 매우 의미 있는 일이라고 보았다. 또한 이러한 주제들에 관하여 계속해서 논의를 이어 나가는 것은 초기 기독교를 이해하는 데 있어서 가장 중요한 일 중 하나라고 판단하였다.[422]

이렇게 다른 학자들의 언급을 인용하는 것이 조금 과하다고 생각할 수 있을 것이다. 그러나 그들의 진술이 옳다면, 내가 들인 노력이 이 분야의 다른 학자들이 관심을 갖는 학문적 논의와 의견을 형성하는 데에 크게 공헌했다는 점에서 나에게 보람이 되는 것은 사실이다. 물론 본서가 다룬 여러 주제에 대한 비판이 있는 것도 사실이다. 그러나 *OGOL*은 적어도 이러한 논의를 할 수 있는 장을 형성하는 데 기여함으로써 특정 사안들에 관하여 이 책이 출간되기 전보다 더 많은 학문적 탐구와 논쟁이 이루어지게 했다는 것은 분명 학문적으로 큰 발전이라 생각한다.

미주

1. 그리스-로마 세계의 이교도인들 사이에서 인기 있다고 여겨진 "유일신론"에 대해서 많은 논의가 이루어졌지만, 여기에서 이야기하는 "유일신론"은 유대교와 기독교의 유일신론과 구분되어야 한다. 물론 최고의 신 아래 여러 계층의 보다 덜 중요한 신들이 배열되어있는 개념이 있었다는 증거는 존재하지만, 이것은 유대인과 기독교인들의 배타적인 유일신론과는 전혀 다른 것이다. 유대교와 기독교 집단이 이교도의 많은 신들을 악마적(예: 고전 10:14-21) 혹은 순전히 환상이라고 여겼던 반면에, 당시 다른 종교 집단들은 그러한 신들도 모두 숭배될 가치가 있으며 모두 타당하게 신성한 신들로 여겼다. 다음을 주목. Note the discussion by R. McMullen, *Paganism in the Roman Empire* (New Haven: Yale Univ. Press, 1981), 83-94. 그는 하나의 최고 신에 대한 이교도 사상을 묘사하기 위해 "megalodemonia"라는 용어를 제공한다(p. 88. 하비에르 텍시더(*The Pagan God: Popular Religion in the Graeco-Roman Near East* [Princeton: Princeton Univ. Press, 1977], 13-17)는 이교도의 유일신론에 관해 언급하면서도 그가 묘사하는 그것이 고대 유대교의 특징이라 할 수 있는 유일신에 대한 배타적인 숭배와 같지 않다는 것을 인정한다(17쪽. 이러한 경우라면, 나는 역사적 정확성과 명확한 의사소통을 위해서 "유일신론"이라는 용어는 오직 유일신에 헌신하고 그리스-로마 세계에서 숭배되었던 신들의 판테온을 거부하는 경우를 묘사하는 데만 사용되어야 한다고 제안하는 바이다.

텍시더가 언급한 "유일신론으로 향하는 경향"(17쪽)에 관해서도 의문을 제기할 법하다. 이러한 구절은 그리스 로마 시대의 이교도가 유대교나 기독교의 영향 없이도 적절한 의미에서의 진정한 유일신론 신학을 발전시키고 있었고 스스로 이런 종류의 신앙에 도달했을 것임을 암시하고 있다. 그러나 로마의 이교도가 그러한 수준의 발전을 겪었다는 언급은 거의 되고 있지 않으며(cf. McMullen, *Paganism*, 62-73, 92-93), 유대교와 기독교가 등장하지 않았다면 무슨 일이 일어났을지 추측하는 것은 의미가 없다. 텍시더 자신 또한 그가 이교도의 유일신론이라고 부르는 것이 어떤 심오한 종교적 경험의 결과가 아니라 페르시아와 그리스의 영향에 의해 초래된 근동의 정치적 통합 속의 종교적 영역에 대한 성찰이었다는 것을 인정한다(p. 15. M. P. Nilsson, *Geschichte der griechische Religion, Vol. 2: Die hellenistische und römische Zeit*, 2d ed. (Munich: C. H. Beck, 1961), 569-78. 닐슨은 유일신론으로 향하려는 "경향"(Neigung)과 "충동"(Drang)에 관해 언급했지만, 그 또한 자신이 가리키고 있는 것이 하나의 높은 신 아래 덜 중요한 신들의 배열이거나 순전히 철학적인 신조일 뿐이라는 것을 인정했다. cf. idem, "The High God and the Mediator," *HTR* 56(1963): 101-20; and H. Kleinknecht, *TDNT*, 3:71-79. On early Christian and pagan ideas about deity, see now R. M. Grant, *Gods and the One God*(Philadelphia: Westminster Press, 1986).

2. 이 문맥은 이교도 신들에 대한 숭배를 다루고 있고(고전 8:1-13), 특히 5절에 나오는 "신들"(*theoi*)과 "주님"(*kyrioi*)이라는 용어는 이것을 명확히 가리키고 있다. 따라서 바울이 여기서 "주님"이라는 용어를 예수의 칭호로 사용한 것은 이교도의 신들을 가리키는 용어들이 그리스도의 것임을 나타내는 것으로 받아들여야 한다. See H. Conzelmann, *1 Corinthians, Hermeneia*(Philadelphia: Fortress Press, 1975), 139-45; C. K. Barrett, *A Commentary on the First Epistle to the Corinthians*(New York: Harper & Row, 1968), 187-94; and R. A. Horsley, "The Background of the Confessional Formula in 1 Kor. 8:6," *ZNW* 69(1978): 130-34. 또한 만약 고린도전서 8장 6절이 유대인 고해성사인 셰마그리스어로 theos와 kyrios를 모두 야훼의 호칭으로 사용했다를 암시하고 있다면, 우리는 여기에서도 그리스도를 가리키는 kyrios라는 용어가 신성한 명예를 함축하는 것으로 볼 수 있는 것이다.

3. "두 권세들"에 대한 고대 유대의 비판을 더 면밀한 조사를 원하면 다음을 참고, A. F. Segal, *Two Powers in Heaven*, SJLA 25(Leiden: E. J. Brill, 1978).

4. 바울의 회심 사건에 대한 연구는 다음을 참고, S. Kim, *The Origin of Paul's Gospel*(Tübingen: J. C. 8. Mohr[Paul Siebeck], 1981; Grand Rapids: Wm. B. Eerdmans, 1982); 그리고 다음에 나오는 나의 리뷰 *JBL* 103(1984): 122-23. 유대 기독교인들에 대한 바울의 박해 연구는 다음을 참고, A. J. Hultgren, "Paul's Pre-Christian Persecutions of the Church: Their Purpose, Locale,

and Nature," *JBL* 95(1976): 97-111. E. P. Sanders(*Paul, the Law, and the Jewish People*[Philadelphia: Fortress Press, 1983]. 데살로니가전서 2장 16절에서는 바울이 당했던 박해와 바울 자신이 유대교 기독교인들을 박해한 주요한 원인으로 기독교 집단에서 비유대인들을 할례 없이도 받아들였다는 것으로 꼽고 있지만(190-192), 다음과 같은 점을 참고할 필요가 있다. 첫째, 바울 자신이 경험한 박해를 자신의 비유대인적 사명(예: 살전 2:16)과 연결시킨 것은 맞지만, 할례에 관하여 자신의 입장에 대한 근거를 예수와 그가 십자가에 못 박히신 것에 대한 자신의 견해로 설명하기도 했다(예: 갈 6:12에서 "그리스도의 십자가를 위해 박해되는 것"을 가리킨다. 또한 빌립보서 3장 2-21절에서 바울은 자신의 이전 종교 생활을 그 이후의 입장과 대조하고 있는데, 그 둘은 본질적으로 그리스도에 대한 가장 강력한 헌신에 의해 구별된다(3절, 7-10절, 14절, 20-21절. 둘째로, 바울의 박해가 시작된 것으로 보이는 예루살렘의 유대교 기독교인들에게 비유대인적 사명이 존재한다고 믿을 수 있는지에 대해 나는 확신할 수 없다. 사도행전 6장 11-14절에서는 스테파노의 메시지가 "모세와 하나님"을 모독하고 성전에 이의를 제기하였으며, 모세의 법칙에도 이의를 제기했다고만 언급되어 있다. 이 유대교 기독교인들의 메시지가 무엇이었든 간에, 그것 또한 고귀한 예수의 지위에 대한 높은 추정치에 기초했을 것이다. 다음을 참고, M. Hengel, *Between Jesus and Paul*(Philadelphia: Fortress press; London: SCM press, 1983), 71; W. Horbury, "The Benediction of the *Minim* and Early Jewish-Christian Controversy," *JTS* 33(1982): 19-61; and G. N. Stanton, "Aspects of Early Christian-Jewish Polemic and Apologetic," *NTS* 31(1985): 377-92.

5. 나는 각각 성도, 성모 마리아, 그리고 하나님에 대한 올바른 숭배 사이의 학문적 구분을 위해 쓰이는 서로 다른 용어 속에 존재하는 어떠한 기술적인 함의 없이 "숭배"라는 용어를 사용한다. 나는 신성한 존재로 여겨지는 존재에 대한 종교적 숭배를 지칭하기 위해 이 용어를 광범위하게 사용한다(5장 참고).

6. 더 구체적인 연구들은 다음을 참고. D. E. Aune, "The Problem of the Genre of the Gospels: A Critique of C. H. Talbert's What Is a Gospel?" *Gospel Perspectives 2*, ed. R. T. France and D. Wenham(Sheffield: JSOT Press, 1981), 9-60.

7. 이런 입장에 관한 고전적 문서는 W. Bousset, *Kyrios Christos*(Göttingen: Vandenhoeck & Ruprecht, 1913, 1921); 영어 번역본이 여기에 인용(Nashville: Abingdon Press, 1970. 우리는 다음과 같은 Bousset의 말을 인용할 수 있다. "신앙을 가진 공동체의 가운데에 예수를 안치시키는 것, 즉 예배 가운데 경배의 대상을 이중으로 두는 것은 절대적 보장과 함께 구약의 유일신론이 더 이상 좌우되지 않는 환경에서만 가능하다"(p. 147. Bousset의 판단에 대한 비평은 다음을 참고. M. Casey, "Chronology and the Development of Pauline Christology," in *Paul and Paulinism: Essays in Honour of C. K. Barrett*, ed. M. D. Hooker and S. G. Wilson(London: SPCK, 1982), 124-34.; L. W. Hurtado, "New Testament Christology: A Critique of Bousset's Influence," *TS* 40(1979): 306-17.

8. 나는 "편안한"이라는 단어를 다음의 에세이에서 빌려왔다. S. Sandmel ("Palestinian and Hellenistic Judaism and Christianity: The Question of the Comfortable Theory," *HUCA* 50[1979]: 137-48).

9) M. Hengel, "Christology and New Testament Chronology: A Problem in the History of Earliest Christianity," in *Between Jesus and Paul*, 30-47.

10) J. Munck, *Paul and the Salvation of Mankind*(Atlanta: John Knox Press; London: SCM Press, 1959. More recently, there is the careful and persuasive treatment of Paul and the Jerusalem church by B. Holmberg, *Paul and Power: The Structure of Authority in the Primitive Church as Reflected in the Pauline Epistles*(Philadelphia: Fortress Press, 1980), 9-56. See also A. M. Hunter, *Paul and His Predecessors* 2d ed.(London: SCM Press, 1961).

11. See my treatment of these passages in chap. 5. "마라나타"라는 구절의 중요성에 반박하기 위한 부세의 여러 시도들은 예수를 숭배하는 기도가 팔레스타인 유대교-기독교적 배경에서 비롯되었을 가능성을 스스로 받아들이려 하지 않는다는 것을 보여줄 뿐이다. 언급된 "주님"이라는 용어가 예수님이 아니라 하나님이었다는 주장이나, 두 개의 언어를 구사하는 디아스포라 도시들에서 원래 헬라어로 된 기도를 아람어로 번역한 데서 비롯되었다는 더 절박한 주장은 오늘날 그의 연구에 동의하는 자들에 의해서도 받아들여지지 않고 있다(*Kyrios*

Christos, 129. "마라나타"라는 구절의 핵심에 놓여있는 "주님"(*marêh*)을 일컫는 아람어가 신성함을 함축할 수 없으며 따라서 그 구절이 예수에 대한 진정한 숭배를 반영할 수 없다는 주장을 통해 이 구절의 중요성을 최소화하려는 최근의 시도는, 쿰란의 아람어 본문에서 *marêh*를 신성한 칭호로 사용하였던 것이 발견됨으로써 오히려 이전보다 더 설득력 없는 시도로 여겨지고 있다(against, e.g., S. Schulz, "Maranatha und Kyrios Jesus," *ZNW* 53[1962]: 125-44. See now J. A. Fitzmyer, "The Semitic Background of the New Testament *Kyrios*-Title," in *A Wandering Aramean: Collected Aramaic Essays*, SBLMS 25(Missoula, Mont.: Scholars Press, 1979), 115-42; idem, "New Testament Kyrios and Maranatha and Their Aramaic Background," in *To Advance the Gospel: New Testament Studies*(New York: Crossroad, 1981), 218-35; and Hengel, *Between Jesus and Paul*, 162-63 n. 43.

12. R. Deichgräber, *Gotteshymnus und Christushymnus in der frühen Christenheit*(Göttingen: Vandenhoeck & Ruprecht, 1967); Hengel, *Between Jesus and Paul*, 78-96; R. P. Martin, "Some Reflections on New Testament Hymns," *in Christ the Lord: Studies in Christology Presented to Donald Guthrie*, ed. H. H. Rowdon(Leicester: Inter-Varsity Press, 1982), 37-49.

13. L. Hartman, "Baptism 'Into the Name of Jesus' and Early Christology: Some Tentative Considerations," *ST* 28(1974): 21-48.

14. A. W. Wainwright(*The Trinity in the New Testament*[London: SPCK, 1962], 93-104) discussed briefly the worship of Jesus in the New Testament. See further chap. 5 of this book. On the scene in Revelation 4-5, see L. W. Hurtado, "Revelation 4-5 in the Light of Jewish Apocalyptic Analogies," *JSNT* 25(1985): 105-24.

15. 예루살렘 교회의 신앙에 대한 바울의 지식을 "가장 미미한 종류"(*Kyrios Christos*, 119)로 제한하려는 부세의 시도는 그것의 변형된 형태조차 설득력이 없다. 그의 이러한 시도는 바울이 사도가 되었던 이유에 대한 매우 방어적인 설명(갈 1:11~2:21)에 기반하는데, 바울이 개종 후 처음으로 예루살렘으로 떠난 여행이 베드로와의 15일간의 방문이었다는 것이다(베드로, 갈 1:18. 부세는 바

울의 유대인 기독교인 박해가 팔레스타인 교회들을 포함하지 않았다는 이전의 주장을 철회했지만(같은 책 119쪽 2번), 따라서 바울이 자신의 개종 전부터 팔레스타인 유대인 기독교인들의 신앙에 어느 정도 정통했을 가능성에 합당한 의미를 부여하지 못했다. 게다가, 그는 바울이 팔레스타인 초기 공동체의 신념에 익숙해질 수 있었던 기회들을 추정할 때 팔레스타인 교회에 바탕을 두고 있는 유대인 기독교인들과 바울과의 오랜 관계를 전혀 고려하지 않았다.

16. "유대 기독교"라는 용어의 정의에 대해 복잡한 논의가 있어왔다. "유대 기독교"에 관하여 나는 유대 민족이며 종교적 배경을 가진 기독교인을 의미한다. 이에 대한 중요한 사안들에 대한 문헌들은 다음을 참고. M. Simon, "Reflexions sur le Judéo-Christianisme," in *Christianity, Judaism and Other Greco-Roman Cults: Studies for Morton Smith at Sixty: Part Two*, ed. J. Neusner(Leiden: E. I. Brill, 1975), 53-76; A. F. J. Klijn and G. J. Reinink, *Patristic Evidence for Jewish-Christian Sects*(Leiden: E. J. Bill, 1973); and F. Manns, *Bibliographie du Judéo-Christianisme*(Jerusalem: Franciscan Pub., 1979).

17. Grant, *Gods and the One God*; and A. D. Nock, *Early Gentile Christianity and Its Hellenistic Background*(New York: Harper & Row, 1964).

18. J. D. G. Dunn, *Christology in the Making: A New Testament Inquiry Into the Origins of the Doctrine of the Incarnation*(Philadelphia: Westminster Press, 1980. Cf. C. R. Holladay, "New Testament Christology: A Consideration of Dunn's Christology in the Making," *Semeia* 30(1984): 64-82; and Dunn's response in the same issue(97-104), "Some Clarifications on Issues of Method: A Reply to Holladay and Segal."

19. 초기 기독교의 유대 배경에 관한 비슷한 강조는 다음 최근 연구들을 참고. C. C. Rowland, *Christian Origins*(London: SPCK, 1985); A. F. Segal, *Rebecca's Children: Judaism and Christianity in the Roman World*(Cambridge: Harvard Univ. Press, 1986).

20. H. J. Schoeps는 바울이 기독교 신앙을 수용할 수 있었다는 것을 설

명하기 위해 바울의 유대적 배경에 관해 납득하기 어려운 묘사를 하였다. *Paul: The Theology of the Apostle in the Light of Jewish Religious History*(Philadelphia: Westminster Press; London: Lutterworth Press, 1961. Cf. W. D. Davies, *Paul and Rabbinic Judaism*, 4th ed.(Philadelphia: Fortress Press, 1980[1948]); E. P. Sanders, *Paul and Palestinian Judaism*(Philadelphia: Fortress Press; London: SCM Press, 1977); idem, *Paul, the Law, and the Jewish People*.

21. 고대 유대교와 기독교에 관한 융통성 없는 단순화에 대한 비평은 다음을 참고. I. H. Marshall, "Palestinian and Hellenistic Christianity: Some Critical Comments," *NTS* 19(1972/73): 271-87.

22. 1세기 팔레스타인에서 사용된 언어에 대하여는 다음을 참고. Fitzmyer, *A Wandering Aramean*, 29-56. Cf. S. Lieberman, *Greek in Jewish Palestine*(New York: Jewish Theological Seminary, 1962).

23. M. Hengel, *Judaism and Hellenism*, 2 vols.(Philadelphia: Fortress Press; London: SCM Press, 1974. Cf. also D. Flusser, "Paganism in Palestine," in *The Jewish People in the First Century, Volume Two*, ed. S. Salfrai aind M. Stern (Philadelphia: Fortress Press, 1976), 1065-1100; J. F. Strange, "Archaeology and the Religion of Judaism in Palestine," *ANRW* 19/1:646-85; E. M. Meyers, "The Cultural Setting of Galilee," *ANRW* 19/1:686-702. On oversimplifications about Diaspora Judaism, see A. T. Kraabel, "Paganism and Judaism: The Sardis Evidence," in *Paganisme, Judaisme, Christianisme: Infouences et affrontements dons le monde antique, Mélanges offerts à Marcel Simon*, ed. A. Benoit, M. Philonenko, and C. Vogel(Paris: E. de Boccard, 1978), 13-33; idem, "The Roman Diaspora: Six Questionable Assumptions," *JJS* 22(1982); 445-64. J. J. Collins, *Between Athens and Jerusalem: Jewish Identity in the Hellenistic Diaspora*(New York: Crossroad, 1983) is an introduction to relevant primary texts; cf. the review by M. Goodman in *JJS* 35(1984): 214-17.

24. 예를 들어, 예루살렘 교회의 초기 구성원이지만 키프로스 출신인 바나바를 사도행전 4장 36절에서 찾을 수 있다. 사도행전 6장 1절의 "헬레니스트"는 아마

도 팔레스타인으로 돌아온 디아스포라의 그런 유대인일 것이다. 그리고 우리는 사도행전 6장 8-9절의 다양한 장소에서 예루살렘에 살고 있는 유대인들의 이야기도 볼 수 있다. Hengel, *Between Jesus and Paul*, 1-29.

25. 다양한 유대 종교 공동체들에 대한 유용한 묘사는 다음을 참고. M. Simon, *Jewish Sects in the Time of Jesus*(Philadelphia: Fortress Press, 1967).

26. J. E. Possum, *The Name of God and the Angel of the Lord: The Origins of the Idea of Intermediation in Gnosticism*, WUNT 1/36(Tübingen: J. C. 8. Mohr[Paul Siebeck], 1985. Segal, *Two Powers in Heaven*, 217-19, 266-67. 특정 사안들에 대해 서로 다른 점들에도 불구하고 나는 유대의 유일신론은 통상 인식돼 있던 것보다 훨씬 더 복잡하고 다양했다는 이 연구들의 일반적인 취지에는 동의한다.

27. 고위 천사들의 중요성에 대한 Segal의 진술에 주목(*Two Powers in Heaven*, 205): "천사의 중재에 대한 이러한 전통들과 기독교의 관계는 지금까지 형성된 기독론의 배경에 관한 문제를 다루기 위한 더 정교한 연구를 불러내는 데에 매우 중요하다."

28. 여기서 나는 존귀한 예수에 대한 초기 기독교의 성찰이 "분열된 대리인"에 대한 고대 유대인의 관심에 빚지고 있다는 점과 초기 기독교 헌신의 분명한 특징들 모두를 설명하고 강조하고자 한다. 나는 이것이 다른 하나를 희생시키면서 어느 한쪽을 강조하는 것으로 독자들이 받아들이지 않았으면 한다.

29. L. W. Hurtado, "The Study of New Testament Christology: Notes for the Agenda," in *Society of Biblical Literature 1981 Seminar Papers*, ed. K. H. Richards(Missoula, Mont.: Scholars Press, 1981), 185-97; idem, "New Testament Christology: Retrospect and Prospect," *Semeia* 30(1984): 15-27.

30. 주요 학자들은 다음과 같다. W. Heitmüller, O. Pfleiderer, R. Reitzenstein, W. Wrede, and W. Bousset. 이런 학파에 대한 비평적 논의는 다음을 참고. H. C. Kee, *Miracle in the Early Christiam World*(New Haven: Yale Univ. Press, 1983), 1-41. 이러한 학자들과 그들의 연구에 대한 소개는 다음을 참고. W. G. Kümmel, *The New Testament: The History of the Investigation of Its Problems* (Nashville: Abingdon Press, 1972), 206-324.

31. C. Colpe에 의해 만다이즘 자료 안에서 기독교 이전의 구원자에 대한 신

화를 찾으려는 시도는 단호히 논박을 당했다. 다음을 참고. C. Colpe, *Die religionsgeschichtliche Schule. Darstellung und Kritik ihres Bildes vom gnostischen Erlösermythus*(Göttingen: Vandenhoeck & Ruprecht, 1961. 다음은 비교분석 자료. H. M. Schenke, *Der Gott "Mensch" in der Gnosis*(Göttingen: Vandenhoeck & Ruprecht, 1962); E. Yamauchi, *Pre-Christian Gnosticism: A Survey of Proposed Evidences*(Grand Rapids: Wm. B. Eerdmans, 1973); idem, *Gnostic Ethics and Mandean Origins, HTS* 24(Cambridge: Harvard Univ. Press, 1970); K. Rudolf, "Der Mandäismus in der neueren Gnosisforschung," in *Gnosis. Festschrift für Hans Jonas*, ed. B. Aland(Göttingen: Vandenhoeck & Ruprecht, 1978), 244-77. 고대 신비 종교들 안에서 초기 기독교의 많은 특징들에 대한 자료를 찾으려는 Reitzenstein의 시도는 다음을 참고. *Hellenistic Mystery-Religions: Their Basic Ideas and Significance*(Pittsburgh: Pickwick Press, 1978. 위와 같은 견해에 대한 비평은 다음을 참고. B. M. Metzger, "Methodology in the Study of the Mystery Religions and Early Christianity," in Historical and Literary Studies: Pagan, Jewish, and Christian(Grand Rapids: Wm. B. Eerdmans, 1968), 1-24; D. H. Wiens, "Mystery Concepts in Primitive Christianity and in Its Environment," *ANRW* 2. 23/2: 1248-84. Cf. also A. J. M. Wedderburn, "Paul and the Hellenistic Mystery Cults: On Posing the Right Questtons," in *La Soteriologia del Culti Orientali nell' Impeiro Romano*, ed. U. Bianchi and M. J. Vermasseren(Leiden: E. J. Brill, 1982), 817-33.

32. 예를 들어 현대 언어학에 대한 소개는 다음을 참고. J. Lyons, *Language and Linguistics: An Introduction*(Cambridge: Cambridge Univ. Press, 1981. He discusses the "etymological fallacy" on p. 55. On the dangers of pressing "parallels," see S. Sandmel, "Parallelomania," *JBL* 81(1962): 1-13; and A. Deissmann, *Light from the Ancient East*(Grand Rapids: Baker Book House, 1965 [1922]), 265.

33. E. P. Sanders, *Paul and Palestinian Judaism*, esp. 12-18.

34. W. Bousset, *The Faith of a Modern Protestant*(London: T. Fisher

Unwin, 1909), 이 그룹의 주요한 구성원에 대한 관점에 관하여, 기독교 신앙에 대한 부세의 논의는 예수를 오직 신앙심의 예시로서 단언하고, 그는 기독론의 발달을 "삼위의 하나님을 염두해 두는 추측에 관한 혼란스러운 덩이"라고 묘사한다(46쪽).

35. 물론 이런 태도가 늘 이렇게 미묘하게 표현되지는 않는다. 부세(*Kyrios Christos*, 151)는 예수를 숭배하는 "의심스러운 측면"과 "키리오스 크리스토스의 컬트적 예배를 도입함으로 인해 하나님에 대한 단순한 믿음이 부담스럽고 복잡해지는 측면"을 이야기한다. 그러나 그는 "그것의 내적 필요성을 인정해야 할 것"이라고 덧붙인다. 왜냐하면 다양한 사이비 종교의 신을 숭배하는 "환경"이 그것을 요구하였고, "헬레니즘 기독교 공동체"는 그들 자신의 새로운 신을 도입하여 경쟁해야 했기 때문이다. 그의 논평은 예수에 대한 숭배를 "부담"으로 판단하고 "하나님에 대한 단순한 믿음"을 "복잡하게" 만들었다고 판단할 만한 역사적인 근거를 필요로 하는데, 이렇듯 다소 이상한 그의 발언을 설명할 만한 역사적 근거는 찾아볼 수 없고 그저 부세의 명백하게 암묵적인 신학적 선호만 있을 뿐이다. 예수를 숭배하는 근원에 대해 이교도 사이비 종교가 가지고 있는 것으로 추정되는 영향에 대한 부세의 생각은 단순할 뿐만 아니라 앞에서 설명한 연대기적 증거에 의해서도 타당하지 않다고 말할 수 있다.

36. 이러한 후기 발달에 대한 것은 다음을 참고. A. Grillmeier, *Christ in Christian Tradition*, 2d ed. (London: A. R. Mowbray, 1975).

37. B. Lindars, *Jesus Son of Man: A Fresh Examination of the Son of Man Sayings in the Gospels in the Light of Recent Research* (London: SPCK, 1983; Grand Rapids: Wm. B. Eerdmans, 1984), esp. "The Myth of the Son of Man," 1-16; and M. Casey, *Son of Man: Interpretation and Influence of Daniel 7* (London: SPCK, 1979).

38. F. Hahn, *The Titles of Jesus in Christology* (New York: World Publishing Co., 1969); W. Kramer, *Christ, Lord, Son of God*, SBT 50 (London: SCM Press, 1966); and M. Hengel, *The Son of God: The Origin of Christology and the History of Jewish-Hellenistic Religion* (Philadelphia: Fortress Press; London: SCM Press, 1976).

39. J. D. G. Dunn, *Christology in the Making*. Cf. I. H. Marshall,

"Incarnational Christology in the New Testament," in *Christ the Lord*, ed. Rowdon, 1-16.

40. 이 질문은 더 제한된 방식으로 다음 문헌들에서 다루어진다. J. Ernst, *Anfänge der Christologie*, SBS 57(Stuttgart: Katholisches Bibelwerk, 1972); W. Thüsing, *Erhöhungsvorstellung und Parusieerwartung in der ältesten nachö sterlichen Christologie*, SBS 42(Stuttgart: Katholisches Bibelwerk, 1970); idem, *Per Christum in Deum*(Münster.. Aschendorft, 1965)., H. R. Balz, *Methodische Probleme der neutestamentlichen Christologie*, WMANT 25(Neukirchen-Vluyn: Neukirchener Verlag, 1967).

41. R. G. Hamerton-Kelly, "The Idea of Pre-Existence in Early Judaism: A Study in the Background of New Testament Theology"(diss., Union Theological Seminary, New York, 1966)., idem, *Pre-Existence, Wisdom and the Son of Man*(Cambridge: Cambridge Univ. Press, 1973); and G. Schimanowski, *Weisheit und Messias: Die Jüdischen voraussetzungen der urchristlichen Präexistenzchristologie*, WUNT 2/17(Tübingen: J. C. B. Mohr[Paul Siebeck], 1985).

42. N. A. Dahl, "Christ, Creation and the Church," in *The Background of the New Testament and Its Eschatology: Studies in Honour of C. H. Dodd*, ed. W. D. Davies and D. Daube(Cambridge: Cambridge Univ. Press, 1954), 422-43.

43. 틀림없이 모세의 율법에 대한 바울의 상대화는 그가 상속한 유대 신앙에 관하여 매우 중요한 변경이었다. 그러나 위의 n.4를 참고.

44. G. F. Moore("Christian Writers on Judaism," HTR 14[1921]: 227-54. Moore는 고대 유대교의 "멀리 있는 신"에 대한 주장이 본질적으로 현대적이고 개신교적인 주장이며, 그것이 신학적으로 동기부여된 논쟁이라기보다는 고대 유대교 신앙에 대한 덜 객관적인 설명으로 볼만한 타당한 이유들이 있다는 것을 보여주었다.

45. Segal, *Two Powers in Heaven*, 244-59; Fossun, *The Name of God*.

46. Segal, *Two Powers in Heaven*.

47. 2장의 "실제"를 보면 "실제"라는 용어가 이 존재들이 의미하는 바를 이해하

는 데 특별히 도움이 되지 않는다는 나의 주장을 찾을 수 있다. 나는 "신성한 속성의 인격화"라는 용어가 그것들을 더 정확하게 묘사한다고 생각한다. 비록 고대 유대인 작가들이 그것들을 실제적인 존재 혹은 실제적인 존재와 신성한 발현 사이의 어떤 것으로 받아들여지도록 의도했다고는 생각하지 않지만, 그럼에도 불구하고 그것들에 대한 설명은 언어를 사용하며 어떤 신성한 대리인의 개념을 반영하는 것 같다.

48. P. J. Kobelski, *Melchizedek and Melchireša, CBQMS* 10(Washington, D.C.: Catholic Biblical Association, 1981)

49. *Wisdom of Solomon*, 10-11. "Wisdom"은 종교적 역사 속의 주요 사건들과 연관이 있지만 종말론적 역할은 여기나 그 어느 곳에서도 주어져 있지 않다.

50. *Apoc. Abr.* 11:1-3에 나오는 천사의 현현에 대한 묘사는 마치 에스겔 1장 26-28절에 나오는 것처럼 아마도 구약성서에 나오는 신의 현현과 천사의 현현을 닮는 것을 의도하고 있을 것이다. 다음에 나오는 문헌은 가데스 아스다롯이 바알의 이름과 연관이 있다는 참고문헌이다. Cf. the reference to 'Ashtart-Shem-Ba'l in the Eshmun'azar inscription, *ANET*, 662.

51. 사마리아 문서와 같이 모세가 종말론적 희망과 연관이 있다는 텍스트는 물론 다른 문헌들에서도 나타난다. 다음을 참고. W. A. Meeks, *The Prophet-King: Moses Traditions and the Johannine Christology*, NovTSup 14(Leiden: E. J. Brill, 1967), 216-57. 이러한 연관성은 이 자료들보다 훨씬 이전부터 있었을 것이다(기원후 4세기와 그 이후. 이에 관한 것은 다음을 참고. M. F. Collins, "The Hidden Vessels in Samaritan Traditions," *JSJ* 3(1972): 97-116. 내 요점은 모세와 같은 신적 대리자들에 할당된 역할의 특정한 속성은 고대 증거의 스펙트럼을 가로지르며 상당히 달라진다는 것이다.

52. 나는 이러한 존재들에 대한 관심이 이 시기에서 발생한 새로운 발전이었다고 주장하려는 것이 아니다. 신성한 대리인의 개념은 사실 유대교 전통에서 훨씬 더 오래된 기원을 가졌을 가능성이 높다. 그러나 이 질문은 여기서 다뤄지지 않는다.

53. D. M. Hay, *Glory at the Right Hand: Psalm 110 in Early Christianity* (Nashville: Abingdon Press, 1973).

54. W. Bousset, *Die Religion des Judentums im späthellenistischen*

Zeitalter, 3d ed., ed. H. Gressmann(Tübingen: J. C. B. Mohr[Paul Siebeck], 1926); hereafter cited as *Die Religion*.

55. 다음 문헌의 평가를 참고. E. P. Sanders in *Paul and Palestinian Judaism*, esp. 55-56; idem, *Jesus and Judaism*(Philadelphia: Fortress Press; London: SCM Press, 1985), 24-26, 360 n. 12; and Moore, "Christian Writers on Judaism," 241-48.

56. 부세의 *Die Religion*과 관련있는 부분은 다음과 같다. "Der Monotheismus und die den Monotheismus beschränkenden Unterströmmungen," 302-57.

57. Ibid., 319-31.

58. Ibid., 319, 329-31.

59. Ibid., 329. 그러나 다음을 참고. Moore, "Christian Writers on Judaism," esp. 227-53.

60. Ibid., 357. 여기서 부세는 천상의 어떤 선재한 존재로서의 부활하신 예수의 기원을 굉장히 이른 시기로 보고 있다("정말이지 원시 공동체의 신학에 기초하고 있다고 말할 수 있을 정도이다". 그는 *Mittelwesen*에 대해 관심을 둔 유대교에서의 준비과정 없이는 이러한 발전을 이해할 수 없다고 말한다. 이것은 그의 책 *Kyrios Christos*(119-152쪽)에서 발견된 것과는 사뭇 다른 것을 강조하고 있는 것 같다. 그 책에서 그는 예수를 고귀한 *Kyrios*로서 보는 견해에 대한 기원의 배경으로 "헬레니즘적"(비유대인) 기독교 공동체의 중요성을 거듭 주장하고 천사학(148쪽)과 같은 유대교적 요인의 영향력을 가능한 한 최소화한다. 그러나 한 가지 주목할 만한 점은, 그의 다른 책 *Die Religion*에서 그는 예수를 천상의 존재로 보는 관점을 "원시 공동체"에 기반을 하지 않고 유대인 유일신론의 약화가 "감시가 덜한 디아스포라 유대교의 집단"에서 더 완전하게 진전되었을 가능성이 있다고 여겼다는 것이다. 따라서 유대인 유일신론의 약화가 초기 기독교에 미치는 영향을 언급할 때에 그는 디아스포라 유대교를 지칭했던 것일지도 모른다. 만약 그렇다면 그가 지칭하는 "비유대인 기독교 원시 공동체"는 그 집단과 접촉했을 것이다(그러나 355-357쪽을 참고하라: "우리는 팔레스타인 랍비들이 관습적이고 독단적으로 옳았다고 생각해서는 안 된다. 바울의 동시대인 중 많은 수는 신비주의자이거나 광인들이었다." 그럼에도 불구하고, 내가 보기에는 두 책

에서 강조하는 부분들이 합치되지 않는 것 같다: *Kyrios Christos*에서는 초기 그리스도론의 형성에 있어서 이교도 사이비 종교의 영향을 주장하고, *Die Religion*에서는 위에서 설명한 유대교 종교 사상을 가리키고 있다. 초기 기독교의 발전에 대한 부세의 일반적인 견해와 특히 그가 "바울 이전의 헬레니즘적 공동체"를 강조하는 것에 대한 비판을 보려면 다음을 참고. Hengel, "Christology and New Testament Chronology," in *Between Jesus and Paul*, 30-47.

61. Bousset, *Die Religion*, 329.

62. Ibid., 329-30, "From this sort of religious expression to the cultus of angels is not a very far distance"(p. 330).

63. Ibid., 330.

64. Ibid., 331. 천사들에 대한 유대의 예배를 비난하는 것은 The *Kerygma Petrou* in Clement of Alexandria(*Strom*. 6.5.39-41)와 Origen(*Comm. Joh. 13.17*)에 나와 있다. 유대인들에 대한 이와 관련 있는 비평은 다음을 참고. Celsus in Origen *Contra Celsum* 1.26 and 5.6. The *Kerygma Petrou*에 대한 내용은 다음을 참고. E. Hennecke and W. Schneemelcher, *New Testament Apocrypha*(Philadelphia: Westminster Press; London: SCM Press, 1965), 2:94-102. 또한 부세는 *4 Ezra* 6:1-6을 로 천사들에 대한 유대인들의 숭배를 향한 것으로 보았는데, 나는 이 구절에서 그러한 견해를 요구하는 어떤 것도 찾지 못했다. 그 텍스트는 단순히 유대 전통의 친숙한 한 부분으로 다른 신들을 대항하는 논쟁을 반영하고 있을 가능성이 훨씬 더 높다(예: 사 41:28; 43:10-13; 44:2, 6, 24; 45:5-8, 12, 18, 21).

65. Bousset, *Die Religion*, 321.

66. P. Schäfer, *Rivalität zwischen Engeln und Menschen. Untersuchungen zur rabbinischen Engelvorstellung*(Berlin and New York: Walter de Gruyter, 1975), 9. 셰퍼의 연구는 랍비 자료들을 다루고 있지만, 그는 유대의 위조/유사 문헌과 쿰란 자료들의 개요를 제공한다(pp. 9-40. 다음 문헌도 참고. H. B. Kuhn, "The Angelology of the Non-Canonical Jewish Apocalypses," *JBL* 67(1948): 217-32.

67. S. F. Noll, "Angelology in the Qumran Texts"(Ph.D. diss., Manchester, 1979), 180.

68. Cf. H. Bietenhard, *Die himmtlische Welt im Urchristentum und Spätjudentum*, *WUNT* 2(Tübingen: J. C. B. Mohr[Paul Siebeck], 1951), 101-42.

69. H. B. Kuhn, "Angelology," esp. 219, 224, 230-32.

70. 확실히 하자면, 이러한 "종"들에 대한 구체적인 예시들은 숭배의 용어로 설명되며, 특히 주요한 천사 존재들이 그러한 용어로 설명된다. 내 논지는 이러한 다양한 존재들에게 주어진 숭배적 역할이 유대교 사상에서의 신의 대체물을 뜻하는 것이 아니라 하나님의 선택을 받은 사람을 대신하여 하나님과 그의 힘을 확대하려는 시도의 일부분이었다는 것이다.

71. Bietenhard, *Die Himmlische Welt*, 103. 이와 유사하게, 바빌론 포로기 이후 유대 종말론적 문헌에서의 천사의 역할에 대한 쿤의 조사는 "이 시대의 저술에는 천사를 하나님과 인간 사이의 중재자로서 여겨야만 하는 형이상학적인 계획이나 신을 초월하는 교리가 존재했다는 것을 분명하게 나타내는 질서 있는 패턴이 없다"는 결론을 내리게 했다(p. 230).

72. H. J. Wicks, *The Doctrine of God in the Jewish Apocryphal and Apocalyptic Literature*(New York: Ktav, 1971 [1915]. 또한 윜은 몇 개의 간과된 구절들을 가지고 그 사실들은 바빌론 포로기 이후의 유대 문헌의 저자들은 하나님이 "멀리 있지 않고 거의 손에 잡힐 만한 곳에 있다"고 상상했다는 것을 보여준다고 말한다(pp. 125-26. G. W. E. Nickelsburg와 M. E. Stone(*Faith and Piety in Early Judaism*[Philadelphia: Fortress Press, 1983])은 고대의 유대 문헌과 그 사상들의 전래를 제공하지만 구체적인 기도문과 다른 신앙적 관행들에 주의하지는 않는다.

73. J. H. Charlesworth, ed., *The Old Testament Pseudepigrapha*, 2 vols. (Garden City, N.Y.: Doubleday & Co., 1983, 1985), hereafter cited as *OTP*; and H. F. D. Sparks, ed., *The Apocryphal Old Testament*(Oxford: Clarendon Press, 1984), hereafter cited as *AOT*.

74. 고대 유대교에 대한 부세의 "disdain"에 대한 것은 다음을 참고. E. P. Sanders, *Jesus and Judaism*, 24-26; and Moore, "Christian Writers on Judaism," 252-54.

75. N. B. Johnson, *Prayer in the Apocrypha and Pseudepigrapha: A*

Study of the Jewish Concept of God, *SBLMS* 2(Philadelphia: Society of Biblical Literature, 1948. 존슨의 연구는 내가 여기서 거부하고 있는 관점이 단순히 무비판적인 가정이라는 것을 보여준다. 그는 자신이 추정한 바를 스스로의 연구로 반박하게 되었음에도 불구하고 바빌론 포로기 이후 유대 문헌에 나타난 천사적 대리인에 대한 믿음은 하나님이 세상에서 제거되었다는 것을 의미한다고 주장한다(65쪽. 이는 동일한 저서에서 몇 페이지 뒤에 적힌 다음의 진술에서 알 수 있다: "천사에 대한 믿음은 하나님이 우리의 세계로부터 멀리 떨어져 있음을 논리적으로[!] 암시해야 하지만, 유대인은 신이 내재한다는 것에 대한 믿음을 포기해야 한다는 강박을 느끼지 않았던 것으로 보인다."(69쪽. 나는 그의 문장 첫 부분에 등장하는 "논리"에 의해 그저 혼란스러울 따름이다.

76. 초기 기독교에 대한 배경으로서 고대 유대인의 신앙에 대한 연구는 다음을 참고. J. H. Charlesworth, "A Prolegomenon to a New Study of the Jewish Background of the Hymns and Prayers in the New Testament," *JJS* 33(1982): 265-85. See also J. N. Lightstone, *The Commerce of the Sacred: Mediation of the Divine among Jews in the Graeco-Roman Diaspora*(Chico, Calif.: Scholars Press, 1984)

77. 다음의 논의 참고. M. Simon, "Remarques sur l'angélolatrie juive au dübut de l'ère chrétienne." in *Académie des inscriptions et belles-lettres, comptes rendus des séances de l'année*, 1971, 120-35.

78. W. Lueken, Michael. *Eine Darstellung und Vergleichung der Jüdischen und der morgenländisch-christlichen Tradition vom Erzengel Michael*(Göttingen: Vandenhoeck & Ruprecht, 1898), 2-12. 여기에 따라오는 논의는 Lueken이 해당 사안들을 심각하게 오해했다는 것을 보여줄 것이다.

79. E. R. Goodenough, *Jewish Symbols in the Greco-Roman Period: Volume 2, The Archaeological Evidence from the Diaspora*(New York: Pantheon Books, 1953), 153-207, 229, 232. Goodenough는 천사의 이름, 특히 가장 널리 알려진 네 명의 대천사들-미가엘, 우리엘, 라파엘, 가브리엘-이 때로는 이교도 신들의 이름과 함께 종교적 주문 속에 등장한다는 것을 보여준다. 그러나 이러한 주문들이 유대인이 이교도 신들의 이름을 빌려 쓰는 것인지 아니면 이교도인들이 유대 전통에서 대천사의 이름을 빌려 쓰는 것인지는 아직

정확히 알 수 없음에도 불구하고, 전자의 이론에 기반한 구디너프의 주장은 지속적으로 이뤄지고 있다. Goodenough의 연구에 대한 리뷰는 다음을 참고. A. D. Nock, *Essays on Religion and the Ancient World* (Cambridge: Harvard Univ. Press, 1972), 2: 791-820, 877-918.

80. Schäfer, *Rivalität*, 67-72.

81. n. 21 above.

82. Siter가 관찰했듯이, "그러나 천사들에 대한 간헐적인 호소(*Bitte*)는 실제로 그 천사들에 대한 기도(*Beten*)가 아니다." 다음을 참고. F. Stier, *Grott und sein Engel im alten Testament* (Münster: Aschendorffschen, 1934), 147 n. 64.

83. Contra Lueken, *Michael*, 11 n. 2.

84. Goodenough, *Jewish Symbols*, 2:145-46.

85. A. Deissmann, *Light from the Ancient East* (London: Hodder & Stoughton, 1927), 414-18. 그는 그곳에 새겨진 글을 번역본과 함께 제공한다. 구디너프의 열세 권의 저서 *Jewish Symbols*을 통틀어 본 비문이 천사에 대한 유대인 기도의 최상의 증거로 제시되어 있다는 점에 주목해라. 다음을 참고. Simon, "Remarques," 123-24.

86. A. L. Williams, "The Cult of Angels at Colossae," *JTS* 10(1909): 423. See the recent discussion of the *Testament of the Twelve Patriarchs* in *OTP*, 1:775-81; and in J. H. Charlesworth, *The Pseudepigrapha and Modern Research with a Supplement* (Chico, Calif.: Scholars Press, 1981), 211-20.

87. Kobelski, *Melchizedek*, 139. A similar notion is found in Dan. 12:1 and *T. Mos.* 10:2-3.

88. 이 구절의 헬라어 원문에 있는 변형을 주목: "너를 위해 탄원을 하다(*paraitoumenō*)" 대신에 "너와 함께 가다"(*parepomenō*)가 있다. 후자는 출 23:20-21에 사용되고 있는 단어이다. 헬라어의 변이에 대한 내용은 다음을 참고. M. de Jonge, *The Testaments of the Twelve Patriarchs: A Critical Edition of the Greek Text* (Leiden: E. J. Brill, 1978), 109.

89. Williams, "The Cult of Angels at Colossae," 423.

90. 우리는 선재(pre-incarnate)하는 그리스도를 지칭하는 호칭으로서 "천사"라는 용어의 사용을 다음에 나오는 참고문헌에서 볼 수 있다. Justin Martyr(e. g., *Dial.* 56:4, 10; 61:1ff.. 그리스도의 선재(pre-existence)에 대한 Justin의 관점은 다음을 참고. D. C. Trakatellis, *The Pre-Existence of Christ in the Writings of Justin Martyr*, HTRDR 6(Missoula, Mont.: Scholars Press, 1976).

91. 다음을 주목. Josephus, *Antiquities* 8.2.5. 그는 솔로몬이 병의 치유와 축귀를 위해 작성한 주문을 언급한다. 이러한 능력을 소유한 솔로몬에 대한 고대의 유대 전통에 관한 더 완전한 정보는 다음의 논의를 참고. D. C. Duling, *OTP*, 1:935-59.

92. Williams, "The Cult of Angels at Colossae," 424-25; L. H. Schiffman, "Merkavah Speculation at Qumran: The 4Q *Serekh Shirot Olat ha-Shabbat*," in *Mystics, Philosophers, and Politicians: Essays in Jewish Intellectual History in Honor of Alexander Altmann*, ed. J. Reinharz and D. Swetschinski(Durham, N.C.: Duke Univ. Press, 1982), 17-47. 그는 천상에 관한 난해한 추측으로 인한 천사의 이름들의 확산은 기원후 66-73년의 봉기보다 먼저 발생하지는 않았다고 말한다(46쪽).

93. Simon, "Remarques," 124-25. 큰 자신감을 가지고 그는 초대 기독교 세기에 프리지아 안에 있던 "유대인 혹은 유대교" 분파 안에서 행해진 천사에 대한 예배를 말하고 있는 듯 보인다(132쪽. 그는 그의 주장을 골 2:16-19에 대한 잘못된 해석에 근거를 두는 것 같이 보인다(cf. Simon, "Remarques," 126-28).

94. 다음을 참고. the *Mekilta* on Exod. 20:4, 20; Targum *Pseudo-Jonathan* on Exod. 20:20. 이 구절에서 묘사된 위와 같은 문서들과 다른 랍비 문서들은 다음에서 논의된다. Schäfer, *Rivalität*, 67-74; and in Lueken, *Michael*, 6-7.

95. Schäfer, *Rivalität*, 67, 68, 70, 72, 74.

96. Ibid., 74. 이는 다음에 나오는 내용들의 추이로 보인다. Schiffman, "Merkavah Speculation at Qumran," 46.

97. Segal, *Two Powers in Heaven*, 73. 한 기독교인으로서 이단에 대한 식별은 다음에서 뒷받침된다. R. T. Herfod, *Christianity in Talmud and Midrash*(London: Williams and Norgate, 1903), 285-86; E. E. Urbach, *The*

Sages: Their Concepts and Beliefs (Jerusalem: Magnes Press, 1979), 139. 여기서 이 이단의 입장은 구약성서에 있는 두 번째 신성한 인물을 보여주는 텍스트를 찾으려 함으로써 기독교인들이 예수에 대한 그들의 예배를 정당화하는 시도를 반영하는 듯 보인다. 다음을 참고. Tustin Martyr's *Dialogue with Trypho*.

98) Segal, *Two Powers in Heaven*, 70-71.

99. Williams, "The Cult of Angels at Colossae," 413-14.

100. 예를 들어, 골로새서 2장 18절의 RSV 번역본은 본 현상에 대한 이러한 이해를 반영하는 것 같다: "자멸과 천사에 대한 숭배를 고집하는 것." 이 부분을 제외하고는 빈틈없는 그의 에세이에서 시몬은 이 구절을 골로새 지역에 있는 천사 숭배 사이비 집단의 명백한 증거로 받아들인다("Remarques," 127-128쪽. 이러한 구절의 해석은 헨겔이 "기독교 이전 프리지아와 같은 지역에서 유대인의 영향 아래의 천사 숭배"를 언급한 것의 근거가 되었을 것이다. 다음을 참고. Hengel, *The Son of God*, 85 n. 146.

101. F. O. Francis, "Humility and Angelic Worship in Col. 2:18,'" *ST* 16(1962): 109-34., reprinted in *Conflict at Colossae: A Problem in the Interpretation of Early Christianity Illustrated by Selected Modern Studies*, ed. F. O. Francis and W. A. Meeks, rev. ed. (Missoula, Mont.: Scholars Press, 1975), 163-95. Francis는 유대인들이 천사들이 천상의 의례에 참여하는 것에 관심이 있다는 초기 유대의 증거들에 대해 익숙하다는 것을 보여준다. 골 2:18에 대한 Francis의 해석은 다음을 참고. W. Carr, *Angels and Principalities: The Background, Meaning and Development of the Pauline Phrase hai archai kal hai exousial* (Cambridge: Cambridge Univ. Press, 1981), 69-71; C. A. Evans, "The Colossian Mystics," *Bib* (1982): 188-205; and R. Yates, "The Worship of Angels(Col. 2:18)," *Exp Tim* 97(1985): 12-15. 천사들의 천상에서 행하는 의례에 대한 관심의 가장 초기 예시 중 하나는 쿰란에서 발견된 the Angel Liturgy이다. 다음을 참고. Schiffman, "Merkavah Speculation at Qumran"; and now C. Newsom, *Songs of the Sabbath Sacrifice: A Critical Edition*, HSS 27(Atlanta: Scholars Press, 1985. 쉽게 접근 가능한 번역본과 간략한 논의는 다음을 참고. G. Vermes, *The Dead Sea*

Scrolls in English, 2d ed. (Baltimore: Penguin Books, 1975), 210-12.

102. E. Schweizer(*Der Brief an die Kolosser*[Zürich: Benziger Verlag, 1976], 122-24. Schweizer는 천사들의 예배는 그 자체로 의미를 가진다고 주장하지만, 나는 그의 주장이 설득력 없다고 본다.

103. 내가 신세를 지고 있는 이 구절들의 논의는 다음을 참고. Williams, "The Cult of Angels at Colossae," 426-28, and Simon, "Remarques," 125-32.

104. Origen, *Contra Celsum* 5:6(cf. 1:26).

105. 오리겐의 인용은 고위천사들을 언급하는 것이 아니고 그 서술의 느낌에 영향을 주지 않는 어투에 있어서 작은 변형을 말하고 있는 것이다.

106. 여기 번역된 서술은 시리아 교정본이고, 나는 다음에 나오는 번역을 사용하였다. Williams, "The Cult of Angels at Colossae," 426.

107. Simon, "Remarques," 126-32. Cf. Lueken(*Michael*, 5), Simon은 the *Kerygma Petrou* 구절을 "유대인들 사이에서 행했던 천사에 대한 예배의 직접적인 증언"으로 여긴다.

108. Simon, "Remarques," 126.

109. 나는 모세의 율법을 이러한 열등한 권능으로 단정 짓지 않았으며, 바울 또한 그렇게 하지 않았을 것이라 생각한다. 나는 두 부분 모두에서 바울이 염려하는 바를 이해한다. 그것은 비유대인들이 그리스도 안에서 선택된 사람들의 완전한 일원이 되기 위해 이러한 의식적 관행을 지켜야 할 필요가 있는지에 의문이다. 이론상으로 나는 그가 유대 기독교인들이 모세의 율법을 계속 준수하는 것에 *교회의 온전한 구성원으로서 비유대인 개종자들을 받아들일 수 있는 수용력에 지장을 주지 않는 한* 반대하지 않았다는 것에 동의한다. 그러나 이러한 구절들은 일찍부터 기독교인에 의해 유대교에 대한 비판으로 해석되었다는 것이 분명해 보이며 바울이 가지고 있던 그의 비유대인 사명에 대한 근본적인 우려는 근래에 이르기까지 그의 사상에 대한 기독교 신학적 해석에서 간과되었다. 이에 대한 더 깊은 논의는 다음을 참고. E. P. Sanders, *Paul, the Law, and the Jewish People*; and H. Räisänen, *Paul and the Law*(Tübingen: J. C. B. Mohr[Paul Siebeck]; Philadelphia: Fortress Press, 1983).

110. 그러나 유대인이 영향을 주는 고대 주술적 문서들에 대한 연구는 과장되어서는 안 된다. 다음을 참고. M. Smith, "The Jewish Elements in the Magical

Papyri," in *Society of Biblical Literature 1986 Seminar Papers*, ed. K. H. Richards(Atlanta: Scholars Press, 1986), 455-62.

111. Bousset, *Die Religion* 342-57, for his treatment of "Die Hypostasen Vorstellung."

112. G. F. Moore, "Intermediaries in Jewish Theology," *HTR* 15(1922): 41-85.

113. H. L. Strack and P. Billerbeck, *Kommentar zum Neuen Testament aus Talmud und Midrasch*(Munich: C. H. Beck, 1922-28), 2:302-33

114. Bousset, *Die Religion*, 342 n. 1.

115. Ibid., 342, 343. 부세는 의인화된 지혜 외에도 신의 영광(*doxa/kābôd, shekinah*), "신의 말씀"(*logos, memra*), 신의 영, 신의 이름(342-350쪽)을 실재의 범주에 포함시켰다. 그는 또한 필로에 대해 개별적으로 다룬 부분을 두었는데, 그는 필로가 고대 유대교에서 실재를 가장 훌륭하게 설명하였다고 여겼다 (351-354쪽. 후자 인용구에 대한 경멸적인 어조는 고대 유대교를 향한 부세의 특징적인 태도를 보여준다.

116. *memra*에 관하여는 다음을 참고. R. Hayward, *Divine Name and Presence: The Memra*(Totowa, N.J.: Allanheld, Osmun & Co., 1981. 그 용어의 정밀한 의미에 대한 Hayward의 정의가 받아들여지든 아니든 간에, 최소한 그는 *memra*가 근본적인 위격으로는 제대로 이해될 수 없다는 것을 분명하게 보여주었다. *Schekinah*에 대한 것은 다음을 참고. A. M. Goldberg, *Untersuchungen über die Vorstellung von der Schekinah in der frühen rabbinischen Literatur*(Berlin: Waltter deGrnyter, 1969): and E. E. Urbach, "The Shekina-The Presence of God in the World" in *The Sages*, 1:37-65.

117. G. Pfeifer, *Ursprung und Wesen der Hypostasenvorstellungen im Judentum*(Stuttgart: Calwer Verlag, 1967), 102-3. Pfeifer는 그가 조사한 106개의 문서와 그 저자들에 대해서 그들 중 69개는 위격 개념에 대한 증거를 담고 있지 않다고 지적한다. 나머지 부분들에서도 위격이라는 용어는 대단한 중요성을 나타내고 있지 않다.

118. Ibid., 66. S. 올얀은 서구 셈족 종교의 실체화에 대한 주요 연구 프로젝트를 진행하고 있다. 그는 나에게 이러한 발전이 있다는 증거가 적어도 청동기 시

대로 거슬러 올라가며, 기원전 1천 년 중반부터 신들의 측면을 실체화하려는 경향이 분명히 증가했다는 것을 알려준다. 그러나 그는 진정한 실체화란 희생제물과 같은 종교적 숭배를 받는 인물이 포함되어야 한다는 것에 동의한다. 이는 주목해야 할 만한 점인데, 나는 바빌론 포로기 이후의 유대교에서 의인화된 신적 속성에 대한 종교적 숭배의 결핍을 강조하기 때문이다. 이러한 종교적 숭배는 이 존재들이 다른 현대 종교의 "실체화된" 존재들과 같지 않다는 것을 암시하기에 중요하다.

119. 이 정의는 다음을 참고. W. O. E. Oesterley and G. H. Box, *The Religion and Worship of the Synagogue*, 2d ed. (London: Isaac Pitman & Sons, 1911), 195. 이는 또한 Ringgren에게 받아들여졌다. H. Ringgren, *Word and Wisdom: Studies in the Hypostatization of Divine Qualities and Functions in the Ancient Near East* (Lund: Hakan Oholsson, 1947), 8. 이것은 부세가 그의 저서 *Die Religion* 342쪽에서도 동의했던 정의인 것 같다(파이퍼가 그의 저서 *Ursprung und Wesen der Hypostasenvorstellungen* 14-16쪽에서 "실체"를 정의하려는 시도에 대한 논의를 참고하라.) 올얀은 실체화란 추상적인 특성/특징, 신의 칭호나 별칭, 혹은 신을 숭배하는 데 사용되는 품목(성전, 제단 등)이 새로운 신으로 취급되어 종교적 숭배를 받거나 둘 이상의 신의 이름이 결합되어 본래 있던 신들로부터 독립된 새로운 신을 이루는 과정으로 묘사한다.

120. 다음을 참고. R. Marcus, "On Biblical Hypostases of wisdom," *HUCA* 23(1950-51): 157-71; and A. Gibson, *Biblical Semantic Logic* (Oxford: Basil Blackwell, 1981), 92-96. 또한 본서의 2장을 참고.

121. 다음을 참고. C. C. Rowland, *The Open Heaven: A Study of Apocalyptic in Judaism and Early Christianity* (New York: Crossroad; London: SPCK, 1982), 94-113.

122. Fossum, *The Name of God*; G. Quispel, "Gnosticism and the New Testament," in *The Bible and Modern Scholarship*, ed. J. P. Hyatt (Nashville: Abingdon Press, 1965), 252-71; idem, "The Origins of the Gnostic Demiurge," in *Kyriakon. Festshrift Johannes Quasten*, ed. P. Gran field and J. A. Jungman (Münster: Aschendorff, 1970), 1:271-76.

123. Fossum, *The Name of God*, v.

124. R. Bauckham, "The Worship of Jesus in Apocalyptic Christianity," *NTS* 27(1980-81): 322.

125. Fossum은 Simon Magus는 한 신적 존재로 여겨졌고 이는 그의 생애 동안 그의 추종자들의 숭배를 받는 역할을 했을 것이라고 주장한다. 내가 Simon을 다루며 Fossum의 견해를 비판한 본서의 3장을 참고.

126. E. G. Kraeling, *IDB*, 2:83-85; idem, "New Light on the Elephantine Colony," *BA* 15/3(1952): 50-67; A. Vincent, *La religion des Judéo-araméens d'Eléphantine*(Paris: Librairie orientaliste Paul Geuthner, 1937); and M. H. Silverman, *Religious Values in the Jewish Proper Names at Elephantine*, *AOAT* 217(Neukirchen-Vluyn: Neukirchener Verlag, 1985. 바빌론 포로기 이전의 이스라엘 종교와 그것의 가나안 배경에 관한 것은 다음을 참고. J. Day, "Asherah in the Hebrew Bible and Northwest Semitic Literature," *JBL* 105(1986): 385-408; J. A. Emerton, "New Light on Israelite Religion: The Implications of the Inscriptions from Kuntillet 'Ajrud," *ZAW* 94(1982): 2-20; and S. Olyan, *Asherah and the Cult of Yahweh in Istael*, *SBLMS*(Atlanta: Scholars Press, forthcoming).

127. 헬라의 개혁파와 다른 동화(assimilation)에 대한 논의는 다음을 참고. Hengel, *Judaism and Hellenism*, 1:267-309.

128. M. F. Collins, "The Hidden Vessels in Samaritan Traditions," *JSJ* 3(1972): 99. 사마리아인들의 연구는 다음을 참고. I. Macdonald, "The Discovery of Samaritan Religions," *Religion* 2(1972): 141-53; R. Pummer, "The Present State of Samaritan Studies II," *JSS* 22(1977): 27-47; and the following works: J. Bowman, *The Samaritan Problem: Studies in the Relationships of Samaritanism, Judaism and Early Christianity*(Pittsburgh: Pickwick Press, 1975); H. G. Kippenberg, *Gerizim und Synagoge. Traditionsgeschichtliche Untersuchungen zur samaritanischen Religion der aramäischen Periode*(Berlin: Walter de Gruyter, 1971); R. J. Coggins, *Samaritans and Jews: The Origins of Samaritanism Reconsidered*(Oxford: Basil Blackwell, 1975); and S. J. Isser, *The Dositheans,. A Samaritan Sect*

in Late Antiquity(Leiden: E. J. Brill, 1976).

129. 다음을 참고. U. Wilckens, *Weisheit und Torheit*, BHT 26(Tübingen: J. C. B. Mohr[Paul Siebeck], 1959); H. Hegermann. *Die Vorstellung vom Schtöpfungsmittler im hellenistischen Judentum und Urchristentum*, TU 82(Berlin: Akademie-Verlag, 1961); H. F. Weiss, *Untersuchungen zur Kosmologie des hellenistischen und palästinischen judentums*, TU 97(Berlin: Akademie-Verlag, 1966); B. L. Mack, *Logos und Sophia. Untersuchungen zur Weisheitstheologie*(Göttingen: Vandenhoeck & Ruprecht, 1973); Hamerton-Kelly, *Pre-Existence, Wisdom and the Son of Man*; B. A. Pearson, "Hellenistic-Jewish Wisdom Speculation and Paul," in *Aspects of Wisdom in Judaism and Early Christianity*, ed. R. L. Wilken(Notre Dame: Univ. of Notre Dame Press, 1975), 43-66.

130. 다음을 참고. Dunn, *Christology in the Making*, 163-250.

131. 지혜의 개념에 대한 바울의 추측은 다음을 참고. Pearson, "Hellenistic-Jewish Wisdom Speculation and Paul." 초기 사도 요한의 배경에 관한 증거를 요약한 것은 다음을 참고. E. J. Epp, "Wisdom, Torah, Word: The Johannine Prologue and the Purpose of the Fourth Gospel," in *Current Issues in Biblical and Patristic Interpretation: Studies in Honor of M. C. Termey*, ed. G. F. Hawthorne(Grand Rapids: Win. B. Eerdmans, 1975), 128-46.

132. 예를 들면 Bousset, *Die Religion*, 357와 본서의 1장.

133. 고대 유대의 지혜 전통에 대한 논의는 다음을 참고. G. von Rad, *Wisdom in Israel*(Nashville: Abingdon Press; London: SCM Press, 1972); J. L. Crenshaw, *Old Testament Wisdom: An Introduction*(Atlanta: John Knox Press, 1981); Ringgren, *Word and Wisdom*; and J. Marböck, *Weisheit im Wandel. Untersuchungen zur Weisheitstheologie bei Ben Sira*(Bonn: Peter Hanstein, 1971).

134. 나는 '*amôn*에 대해서 "유아" 혹은 "어린 아이"와 같은 해석보다 이 해석에 동의한다. 예를 들면 다음과 같다. Ringgren, *Word and Wisdom*, 102-3.

135. 지혜를 토라와 동일시하는 것은 다음을 참고. J. T. Sanders, *Ben Sira*

and Demotic Wisdom, *SBLM* 28(Chico, Calif.: Scholars Press, 1983), 16-17, 24-26.

136. 대안적 인물들에 대한 논의는 다음을 참고. Ringgren, *Word and Wisdom*, 128-49; and E. Schüssler Fiorenza, "Wisdom Mythology and the Christological Hymns of the New Testalment," in *Aspects Of Wisdom in Judaism and Early Christianity*, ed. R. L. Wilken, 17-41.

137. 다음을 참고. Schüssler Fiorenza's discussion of "reflective mythology," ibid.

138. 다음을 참고. Urbach, *The Sages*, 1:198-201.

139. 이에 대한 고전 연구들은 다음을 참고. E. R. Goodenough, *By Light, Light*(New Haven: Yale Univ. Press, 1935); and H. A. Wolfson, *Philo: Foundation of Relifious Philosophy in Judaism Christianity and Islam*, 2, vols.(Cambridge: Harvard Univ. Press, 1947. 입문자들에게 가장 시작하기 좋은 자료는 다음과 같다. S. Sandmel, *Philo of Alexandria: An Introduction*(New York: Oxford Univ. Press, 1979); Sandmel, E. Hilgert, and P. Borgen in *ANRW* 2. 21/1. 필로의 로고스 교리와 이 교리의 유대의 지혜에 대한 사변과의 관계는 다음을 참고. Mack, *Logos und Sophia*. See also Dunn, *Christology in the Making*, 220-30; and L. K. K. Day, *The Intermediary World and Patterns of Perfection in Philo and Hebrews*, *SBLDS* 25(Missoula, Mont.: Scholars Press, 1975).

140. 다음을 참고. Segal, *Two Powers in Heaven*, 159-81, 38-56, 85-89, 98-108. Segal은 이러한 언어가 천상에 하나의 신보다 많은 신들이 있다는 개념을 정당화하기 위해서 영지주의 공동체들에 의해 활용되어졌다는 것을 보여준다. 또한 랍비 문헌들에 나오는 하나님의 두 속성(the two *middoth*)-"정의"와 "자비"-에 대한 논의는 다음을 참고. Urbach, *The Sages*, 1:448-61. 이러한 의인화들은 하나님은 자비하시다는 특징을 강조하기 위해 만들어진 이야기(*haggadah*)에 주로 나타난다. 다음을 참고. N. A. Dahl and A. F. Segal, "Philo and the Rabbis on the Names of God," *JSJ* 9(1978): 1-28.

141. Cf. *Quaest, Exod* 2.68

142. 신적 속성과 활동들의 의인화는 하나님의 영광(*kābôd*), 이름, 음성, 말,

팔, 얼굴, 권세 혹은 힘, 정의, 진리, 의로움, 자비, 그리고 법을 포함한다. 다음을 참고. Pfeifer, *Ursprung und Wesen der Hypostasenvorstellungen im Judentum*. Shekinah에 대한 논의와 하나님을 말하는 랍비의 방식에 대한 논의는 다음을 참고. Goldberg, *Untersuchungen über die Vorstellung von der Scheikinah*; 그리고 Urbach, *The Sages*, 1:37-65. 이전 논의였던 Moore, "Intermediaries in Jewish Theology"도 참고. Moore는 위격들은 고대 유대의 종교 언어에 등장하는 현상일 뿐이라고 주장한다. 이에 대하여는 다음을 참고. Marcus, "On Biblical Hypostases of Wisdom."

143. 위의 pp. 35-39를 참고.

144. 현대 언어학의 관점에서 바라보는 위격에 관한 논의는 다음을 참고. Gibson, *Biblical Semantic Logic*, 92-96.

145. 예를 들어 Ringgren, *Word and Wisdom*; Bousset, *Die Religion*; and Fossum, *The Name of God*.

146. Dunn, *Christology in the Making*, 163-76, 213-30. 나는 그리스도의 선재 개념 대한 초기 기독교 교리의 기원과 의미에 관하여 신학성서의 주요 텍스트들에 대한 그의 해석에 설득이 안 된다.

147. Schüssler Fiorenza, "Wisdom Mythology," esp. 26-33.

148. Marcus, "On Biblical Hypostases of Wisdom," esp. 167-71.

149. Fossum, *The Name of God*, 345-46. *2 Enoch* 30:8은 하나님이 인간을 창조하기 위해 그의 지혜를 사용하였다고 말하지만, 30장 11-12절을 보면 우리는 인간이 위대하고 영광스러우며 "또한 나의 지혜를 갖기 위해" 창조되었다고 적혀 있는 것에 주목해야 한다. 이는 지혜가 공유될 수 있는 신성한 속성임을 암시한다. 포섬은 링그렌의 저서 *Word and Wisdom*이 지속적인 영향력을 가지고 있음을 보여준다. 링그렌이 고대 유대교에서 의인화된 신의 속성을 실체로 해석한 것은 mana에서부터 다신교를 거쳐 유일신론으로 발전한다는 진화론적 이론에 대항하여 "신의 속성을 실체화한 것은 다신교의 기원과 성장에 상당한 역할을 했다"(193쪽)는 그의 주장을 뒷받침하기 위해 고안되었다. 나는 이 논쟁이 고대 유대교 문헌에 대한 그의 해석에 너무 큰 영향을 미쳤으며, 따라서 그가 유대교에서 신의 속성을 의인화하는 것에 대한 의미와 의의를 문헌 자체에서나 고대 유대인들의 종교생활에서 찾기보다는 다신교에 발전에 대한 그의 이론에서 더 많이

찾았다고 추측한다. 그는 고대 유대교에서 신의 속성의 의인화를 통해 새로운 신이 탄생하지는 않았다고 언급했지만(192쪽) 이러한 언급이 유대교에서 신의 속성이 의인화된다는 것이 어떤 의미를 갖는지에 대한 그의 전체적인 이해를 의심하게 한다는 점을 인식하지 못했다.

150. 고대 유대교 안에서 신성한 이름의 종교적 중요성에 대해서는 다음을 참고. Urbach, *The Sages*, 1:124-34; and Bietenhard, *TDNT*; 5:252-70.

151. 이 중요한 구별은 다음에서 논의. Gibson, *Biblical Semantic Logic*, 92-96.

152. *요셉과 아스낫(Joseph and Asenath)*에 대한 간략한 소개와 이에 대한 참고문헌 목록은 다음을 참고. Charlesworth, *The Pseudepigrapha and Modern Research*, 137-40. My quotations are from *AOT*, 465-504.

153. H. F. Weiss, *Untersuchungen zur Kosmologie*, esp. 318-31. 로고스에 대해서 바이스는 "필로에게 로고스는 절대적으로 독립적인 존재를 나타낸 것이 아니라, 단지 신이라는 개념의 한 측면을 나타냈다"(320쪽)고 적었다. 그리고 고대 유대교의 의인화된 속성에 대해서 나는 바이스의 설명이 꽤 적절하다고 생각한다. "필로에서는 랍비의 유대교에서와 마찬가지로 지혜, 토라, 로고스가 각각 세상과 인간을 향해 있는 하나님의 측면일 뿐이다. 즉 창조(그리고 구원)를 표현함에 있어 그가 드러내는 행위를 나타낸다"(330쪽. 구디너프(Goodenough) 또한(*By Light, Light*) 필로가 신의 속성을 실체화하려는 이교도적 경향에 저항하였으며 (45쪽) 필로가 말하는 "힘"에 대한 이야기는 하나님에 대해 생각하는 인간적인 사고방식에 불과하다는 점에 주목했다(45-46쪽. 내가 생각하기에 파이퍼는 (*Ursprung und Wesen der Hypostasenvorstellungen im Judentum*) 필로가 진행한 신성한 "힘"에 대한 논의가 세상의 직접적인 영향에서 신을 배제하며 그것이 두드러진 실체화의 개념에 해당한다고 잘못 생각하였다(103쪽. 파이퍼는 필로가 하나님이 세상에 대해 영향력을 미치며 그러한 행위들이 드러내는 것보다 하나님은 훨씬 더 위대하다고 단언하기 위해 노력한다는 점을 이해하지 못했다.

154. 다음에 나오는 같은 논점을 참고. Dunn, *Christology in the Making*, 170.

155. Hengel, *Judaism and Hellenism*, 1:153-56. Hengel은 바빌론 포로기

이후의 유대교는 많은 위격(hypostasis)으로 특징지어질 수 있다는 부세의 견해에 찬성하지만 또한 그러한 인물들은 유대인들의 종교적 헌신에 어떠한 역할도 갖지 않았다는 것을 인정한다(ibid., 1:155, agreeing with Pfeifer, *Ursprung*, 16).

156. Goodenough, *By Light, Light*, 38-39. Note, e.g., Philo *Conf. Ling.* 168-75; *Leg. Alleg.* 3.115; *Spec. Leg.* 4.92, 123, 168; 3.111; *Quaest. Gen.* 2.75.

157. 그리스 언어와 사상에 대한 익숙함에도 불구하고, *Wisdom of Solomon* 은 유대교 전통을 상당히 강조하고 있다. 예를 들어, 경건하지 않게 "법에 반하는 죄악"을 책망하며(2장 12절) "삶에 대한 태도가 타인과 구별되며", "이상한 방식을 고수하고" 경건하지 않은 방식을 "불결하다"고 여기는(2장 15-16절) 의인에 대한 묘사를 볼 수 있고, 이는 그 방식을 준수하지 않는 비유대인의 관점에서 그것을 준수하는 유대인을 향한 인식을 보여준다. 비록 부활에 대한 노골적인 언어가 사용되지는 않고 있으나, 그러한 종말론적 희망은 3장 1-8절의 구절 등에 드러나 있다. 이는 의인이 "국가를 다스리고 민족을 통치할" 신성한 "방문"의 시간에 대해 말하고 있다.

158. 예를 들면 Philo *Fug.* 101, "chiefest of all Beings intellectually perceived"; *Opf. Min.* 24-25. "The world discerned only by the intellect is nothing else than the Word of God .... The world described by the mind, would be the very Word of God."

159. D. S. Russell, *The Old Testament Pseudepugrapha* (Philadelphia: Fortress Press, 1987).

160. 다음을 참고. Segal, *Two Powers in Heaven*, 218, and n. 97(also pp. 65-69 of this chapter).

161. 주로 '에녹전통'의 초기 단계들을 다루고 있는 다음을 참고. J. C. VanderKam, *Enoch and the Growth of an Apocalyptic Tradition*, CBQMS 16(Washington, D.C.: Catholic Biblical Association, 1984); 또한 고대 유대교에서 에녹의 종교적 중요성에 대한 논의는 다음을 참고. P. Grelot, "La légende d'Henoch dans les apocryphes et dans la bible," *Recherches de*

science religieuse 46(1958): 5-26, 181-210, esp. 199-210.

162. 예를 들어, Charlesworth, *The Pseudepigrapha and Modern Research*, 143; and J. C. VanderKam, *Textual and Historical Studies in the Book of Jubilees*, HSM 14(Missoula, Mont.: Scholars Press, 1977. 이 인용구들의 출처는 다음과 같다. *AOT*, 10-139.

163. 또 다른 근거는 헬라 버전이 에녹에 대해 모든 세대들을 향한 "회개의 모범"이라고 부르는 다음 문헌에서도 찾아볼 수 있다. *Sir.* 44:16; 여기서 *Sirach* 의 히브리어 문서는 에녹을 뒤따르는 세대들을 위한 "지식의 표시"(a sign of knowledge)라고 부른다. 아마도 창세기 5:24을 암시하는 것 같은 다음을 참고. Grelot, "La légende d'Henoch," 181-83. Cf. also *Wis.* 4:10-15

164. 다음을 주목. *T. Zeb.* 3:4 to the "law of Enoch."

165. *T. Abr.* 13:21-27(as in *AOT*; cf. 11:6ff. in *OTP*)는 "이는 심판하는 주다"라고 주장하며 최후의 심판에서 에녹의 행위를 인간 행위들의 기록자로 제한한다. 이것은 *에녹1서(1 Enoch)*에서 종말론적 심판을 직접 수행하는 "인자"로 묘사된 에녹의 역할과 확실히 대조적으로 보인다(e.g., 49:4; 55:4; 69:27.

166. 다음을 참고. D. W. Suter, *Tradition and Composition in the Parables of Enoch*, SBLDS 47(Missoula, Mont.: Scholars Press, 1979); 그리고 M. Black, *The Book of Enoch or 1 Enoch: A New English Translation*(Leiden: E. J. Brill, 1985. 다른 영어 번역본과 입문적인 논의는 다음에 나와 있다. *OTP* 1:5-89 and in *AOT*, 196-319.

167. 예를 들어, Charlesworth, *The Pseudepigrapha and Modern Research*, 103-6; *OTP*, 1:91-22 1; *AOT*, 321-62.

168. 이 전통의 성장에 관한 내용은 다음을 참고. Grelot, "La légende d'Henoch"; and VanderKam, *Enoch and the Growth of an Apocalyptic Tradition*.

169. "인자"라는 호칭이 복음서들에서도 예수가 자기를 표현하는 용어로 자주 등장하기 때문에, 이 용어에 대한 배경과 의미에 관한 방대한 양의 학문적 연구들이 있다. 예를 들어 다음을 참고. M. Casey, *Son of Man*; Lindars, *Jesus Son of Man*; and C. Colpe, *TDNT*, 8:400-77.

170. *에녹1서(1 Enoch)* 51:3의 원문들에서는 "그의 보좌"와 "나의 보좌" 사이에

차이가 있다. 62:2에서는 모든 원문이 "천사들의 주(the Lord of Spirits)가 그의 영광의 보좌에 앉았다"라고 하지만, 이는 그 상황이 보좌에 앉은 "선택받은 자"를 요구하는 것이라 종종 주장된다. 다음을 참고. Black, *The Book of Enoch*, 235.

171. 이 본문에서 "선택된 자"라는 문구가 등장하지는 않지만, 46:2에 "모든 영위의 주님이 그를 택하셨다"고 적혀 있다. 따라서 그는 분명히 다른 곳에서 "선택된 자"라고 언급된 그 인물일 것이다. 이에 대한 다니엘서 7:9-14의 영향력은 털실처럼 흰 머리를 가진 것으로 묘사된 하나님과(46:1; 다니엘서 7:9 후반부를 참고) 두 번째 인물에 대한 설명 중 "인간의 아들"로 표현된 부분(46:2; 다니엘서 7:13을 참고)에서 찾을 수 있다. 선택된 자를 "인간의 아들"로 표현한 부분은 다니엘서 7:13-14의 영향을 명백히 받은 바로 이 본문이 처음이라는 점이 주목할 만하다.

172. 이 구절에 대한 논평은 다음을 참고. Black, *The Book of Enoch*, 206-9; and L. Hartman, *Prophecy Interpreted*(Lund: C. W. K. Gleerup, 1966), 118-26.

173. 일부 학자들은 다니엘 7:13-14에 나오는 이 인간형상의 표상이 저자에 의해 오직 "가장 높은 자의 성자들"의 상징으로 의도된 형상이라고 주장한다. 이러한 주장은 다음을 참고. M. D. Hooker, *The Son of Man in Mark*(London: SPCK, 1967. 다른 학자들은 이 표상을 진정한 천상의 존재로 여긴다. 이에 대한 내용은 다음을 참고. Rowland, *The Open Heaven*.

174. 71:15에서 에녹은 종말론적 소망(앞으로 올 세상)과 관련되어 있고, 그는 하나님의 은총에 대한 영원한 향유를 약속받는다("너는 영원무궁토록 이[평안] 것을 누릴 것이다". 또한 그는 택함 받은 자들이 그의 길을 함께 걸을 것이고, 그와 함께 영원한 축복에 참여할 것이라 당부받는다(71:16. *에녹1서(1 Enoch)*의 오래된 영어 번역본인 R. H. Charles의 책 *Apocrypha and Pseudepigrapha of the old Testament*, 2 vols. (Oxford: Clarendon Press, 1913)는 원문의 의미와 다르거나 타당한 이유 없이 교정을 하며 "인자"를 에녹으로 식별하는 것에 대해서 모호하게 만든다.

175. 예를 들어 다음의 문헌들을 참고. J. H. Charlesworth, "The SNTS Pseudepigrapha Seminars at Tübingen and Paris on the Books of Enoch,"

NTS 25(1979): 315-23; and M. A. Knibb, "The Date of the Parables of Enoch: A Critical Review," *NTS* 25(1979): 345-59; and C. L. Mearns, "Dating the Similitudes of Enoch," *NTS* 25(1979): 360-69.

176. P. S. Alexander, "The Historical Setting of the Hebrew Book of Enoch," *JJS* 28(1977): 156-80; and *OTP*, 1:223-53.

177. 메타트론에 관하여는 다음 문헌들을 참고. H. Odeberg, *3 Enoch* (Cambridge: Cambridge Univ. Press, 1928; reprinted with prolegomenon by J. C. Green field, New York: Ktav, 1973), 79-146; G. Scholem, *Jewish Gnosticism, Merkabah Mysticism and Talmudic Tradition*, 2d ed. (New York: Jewish Theological Seminary, 1965), 42-55; S. Lieberman, "Metatron, the Meaning of His Name and His Functions," appendix in I. Gruenwald, *Apocalytic and Merkabah Mysticism* (Leiden: E. J. Brill, 1980), 235-41; 그리고 *OTP*, 1:243-44에 나오는 알렉산더(Alexander)의 논의와 참고문헌들을 참고. 위에 나오는 모든 증거들은 최고 천사 추론은 훨씬 이전의 발상이었지만, "메타트론"은 그러한 발상에 관하여 비교적 최근의 변이라는 것을 보여준다.

178. *AOT* Black(*The Book of Enoch*, 251)에 대한 Knibb의 번역은 이 진술의 첫 부분을 다음과 같이 더 자유롭게 번역한다. "나의 전신 두려움으로 약해진다." 그리고 그는 60:3에 나오는 비슷한 표현을 인용한다.

179. 나는 여기서 F. I. Andersen in *OTP*, 1:91-221에 의한 넘버링과 번역을 따른다.

180. "바울의 그리스도론의 발전과 연대기"에 관한 M. Casey의 논의에 몇 가지 중대한 결점이 있더라도, 나는 그가 "중재적" 존재들이라고 묘사되는 방식으로 많은 변이들을 만들어 낸 고대 유대교의 "역동적이고 창조적인 가공"을 강조하고자 하는 부분에는 동의한다.

181. W. A. Meeks, "The Divine Agent and His Counterfeit in Philo and the Fourth Gospel," in *Aspects of Religious Propaganda in Judaism and Early Christianity*, ed. E. Schüssler Fiorenza, 43-67, esp. 45.

182. Meeks, *The Prophet-King*; idem, "Moses as God and King," in *Religions in Antiquity: Essays in Memory of Erwin Ramsdell*

Goodenough, ed. J. Neusner(Leiden: E. J. Brill, 1968), 354-71. 또한 모세는 이방 자료들을 다루었다. 이에 대한 것은 다음을 참고. J. G. Gager, *Moses in Greco-Roman Paganism*, SBLMS 16(Missoula, Mont.: Scholars Press, 1972).

183. 예를 들어 다음을 참고. L. Rost, *Judaism Outside the Hebrew Canon*(Nashville: Abingdon Press, 1976).

184. 이것은 헬라어 *hōmoiōsen auton doxē hagiōn*를 번역한 것이다. 천사적 존재들을 의미하는 "거룩한 이들"에 관한 것은 다음을 참고. *Sir.* 42:17; Deut. 33:3; Job 5:1; *1 Enoch* 1:9; 9:3; *Ascen. Isa.* 6:8; 10:6. Cf. Philo's description of Abraham(Sac. 5) as made "equal to the angels"(*isos angelois gegonos*).

185. R. Smend(*Die Weisheit des Jesus Sirach. Hebräisch und Deutsch*[Berlin: G. Reimer, 1906])은 히브리어 구절 [*we yikanehôh be*]'*elôhim*를 복원하고 "Er gab ihn den Ehrennamen eines Gottes"라고 만든다. W. O. E. Oesterley(*The Wisdom of Jesus the Son of Sirach or Ecclesiasticus*[Cambridge: Cambridge Univ. Press, 1912], 204)는 R. Smend가 복원한 구절을 인정하며 이렇게 번역한다: "And he be-titled him with (the name of) God." Oesterley는 집회서(Sirach)의 자신의 번역에서 이후에 이런 구문을 만든다: "He made him glorious as God"(*The Wisdom of Ben-Sira*[London: SPCK, 1916]. F. Vattioni(*Ecclesiastico: Testo ebraico con apparto critico e versioni greca, latina e siriaca*[Naples: Istituto Orientale di Napoli, 1968])는 "And he titled him, though a man, 'god'"으로 번역될 수 있는 히브리어 "*we [yikanehoh iš] 'elôhim*"를 제시한다.

186. M. R. James, trans., *The Biblical Antiquities of Philo*(New York: Ktav, 1971[1917]. 모세가 시내산을 등반한 것에 대한 초기 추론의 추가적인 증거가 있다. 모세의 시내산 등반에 대한 랍비 전통의 논의는 다음을 참고. D. J. Halperin, *The Merkabah in Rabbinic Literature*(New Haven, Conn.: American Oriental Society, 1982), 128-33; and Meeks, *The Prophet-King*, 205-9.

187. Charlesworth, *The Pseudepigrapha and Modern Research*, 110-11;

Meeke, *The Prophet-King*, 147-50; C. R. Holladay, "The Portrait of Moses in Ezekiel the Tragedian," in *Society of Biblical Literature 1976 Seminar Papers* (Missoula, Mont.: Scholars Press, 1976), 447-52; P. W. van der Horst, "Moses' Throne Vision in Ezekiel the Dramatist," *JJS* 34(1983): 21-9; H. Jacobson, "Mysticism and Apocalyptic in Ezekiel's Exagoge," *ICS* 6(1981): 272-93; idem, *The Exagoge of Ezekiel* (Cambridge: Cambridge Univ. Press, 1983); and the review essay by P. W. van der Horst, "Some Notes on the *Exagoge* of Ezekiel," *Mnemosyne 37*(1984): 354-75. The surviving portion was preserved by the church father Eusebius, *Praeparatio Evangelica* (9.28.2-4; 29.5-16), who was quoting from the work of the ancient historian Alexander Polyhistor, *Peri Ioudaion*. The Greek text is published in A.-M. Denis. *Fragmenta Pseudepigraphorum quae supersunt Graeca* (Leiden: E. J. Brill, 1970), 207-16; B. Snell, *Tragicorum Graecorum Fragmenta I* (Göttingen: Vandenhoeck & Ruprecht, 1971), 288-301; and in Jacobson, *The Exagoge of Ezekiel*, 50-67(Greek with translation on facing papers.

188. 모세는 규칙, 보좌, 왕권의 상징으로 묘사되고, 전 세계와 그 아래와 위에 있는 모든 것을 바라본다. 이러한 설명은 모세가 선지자적 지식을 가지고 있다고 말하는 것이다.

189. Meeks, *The Prophet-King*, 148-49; van der Horst, "Moses' Throne Vision," 25. 이와 비슷한 견해는 다음을 참고. Goodenough, *By Light, Light*.

190. Jacobson, "Mysticism and Apocalyptic in Ezekiel's Exagoge," esp. 272-78.

191. Holladay, "The Portrait of Moses in Ezekiel the Tragedian." Holladay는 이방인들을 향한 유대인들의 선전의 한 부분과 같은 연극을 본다. Meeks(*The Prophet-King*, 149)은 이를 유대인 청중들을 위해 의도된 건전한 놀이문화로 본다. Jacobson(*The Exagoge of Ezekiel*, 18)과 van der Horst("Some Notes on the Exagoge of Ezekiel," 358, 366)는 이를 이방인들에 대중점을 두며 유대인들과 이방인들이 섞인 의도된 청중들로서 본다.

192. Holladay에 대한 Jacobson의 비평("Mysticism and Apocalyptic in

Ezekiel's Exagoge," 287-89)과, 그가 어떻게 그 저자가 꿈의 장면에서 유대와 헬라 두 전통 모두를 이용하는지 보여주는 그의 논의(*The Exagoge of Ezekiel*, 89-97)를 참고.

193. Meeks, *The Prophet-King*. 신의 보좌가 아니라는 다른 유대 문서들로부터 이 구절을 구별하려는 Holladay의 시도는 나는 성공했다고 본다. 확실히 여러 변형된 형태의 글들이 있지만, 근본적으로는 유사점이 더 많다.

194. Jacobson("Mysticism and Apocalyptic in Ezekiel's Exagoge," 279)은 이 표상을 신의 대리자로 보며, 에스겔이 고의적으로 하나님과 직접적으로 연관된 모세 전통들을 거부했던 것으로 여긴다.

195. Jacobson(*The Exagoge of Ezekiel*, 90-92)은 시편 110:1-2; 147:4, 이사야 40:26, 다니엘 7:13-14, 에녹1서(1 Enoch) 25:3와 같은 구절들이 유대인 독자들을 위해 이 형상의 배경을 반영하고 있는 것이라며 바르게 지적한다.

196. 아브라함이 천상으로 들어 올려져 별들의 질서를 보았다는 다음의 문헌과 비교. Pseudo-Philo *Bib. Ant.* 18:5. 그러나 the *Exagōgē*에서 그 별들의 거동은 그들이 살아있는 존재들, 즉 천사들이라는 것에 대한 암시일 것이다.

197. 다음을 참고. Jacobson, *The Exagoge of Ezekiel*, 201 n. 14

198. 나는 제이콥슨의 관점이 설득력 있다고 생각하지 않는다. 그는 그가 직접 인용한(*The Exagoge of Ezekiel*) 문학적 전통의 영향을 받아 생겨났을지도 모르는 *Exagōgē*내의 비전과 해석의 특징적인 면모들을 과장하여 이야기하고 있다. 반면, 이 환상의 장면이 "모세의 신격화를 분명히 암시하고 있다"는 반 데르 호스트의 주장("Moses' Throne Vision")은 과장처럼 보인다. 모세가 왕좌에 앉는 것은 모세가 하나님을 대신하여 통치자(아마도 우주의 통치자)로 임명되었다는 사실 이상으로 무언가를 의미하지 않는다.

199. 다음 문헌들을 참고. Goodenough, By *By Light, Light*, 199-234; Meeks, *The Prophet-King*, 100-30; idem, "Moses as God and King"; idem, "The Divine Agent and His Counterfeit"; C. R. Holladay, *Theios Aner in Hellenistic Judaism*, SBLDS 40(Missoula, Mont.: Scholars Press, 1977), 103-98; R. Williamson, "Philo and New Testament Christology," in *Studia Biblica 1978: III*, ed. E. A. Livingstone(Sheffield: JSOT Press, 1980), 439-45; B. L. Mack, "Imitatio Mosis," *Studia Philonica 1*(1972): 27-55. Cf. also

W. Richardson, "The Philonic Patriarchs as *Nomos Empsuchos*," in *Studia Patristica I*, ed. K. Aland and F. L. Cross(Berlin: Akademie-Verlag, 1957), 515-25.

200. 나는 다음 문헌을 인용한다. the LCL twelve-volume edition of Philo, ed. and trans. F. H. Colson, G. H. Whitaker, and R. Marcus(Cambridge: Harvard Univ. Press, 1929-53).

201. 다음을 참고. the treatment of Philo's references to Exod. 7:1 by Holladay, *Theios Aner in Hellenistic Judaism*, 108-55.

202. 집회서(*Sir.*) 45:2의 히브리어 본문은 출애굽기 7:1을 암시하며 모세를 "신"으로 비유하는 것이 필로보다 선행하며, 알렉산드리아뿐만 아니라 팔레스타인에도 낯익은 것이라고 말한다.

203. 예를 들어, 필로가 모세를 "신과 인간 사이의 어떤 탁월한 존재"(The Divine Agent and His Counterfeit)라고 보는 믹스의 설명은 모세가 하나님의 지식을 취득하고 하나님의 인격적 특징을 함유하였다는 점에서 그가 다른 인간들이나 심지어 신적인 존재들보다도 우위에 놓였다는 것으로 이해되어야 한다. 그러나 그가 이러한 위치에 놓였던 이유는 오직 다른 사람들의 종교적 신앙의 본보기가 되기 위해서였다.

204. 따라서 나의 입장은 구디너프의 입장(*By Light, Light*)과는 다르다. 그는 필로가 모세를 "신성한 주"로서 여기는 입장을 옹호한다고 생각했다. 그는 필로가 "위대한 인물과 영웅들을 신격화하는 대중적 경향"에 철저히 사로잡혀 있으며, 이것이 그의 유일신적 전통과 대척점에 존재하는 것으로 묘사했다. 나는 필로가 모세의 칭송을 윤리적이고 철학적으로 각색한 내용을 대표하고 있으며, 하나님이 지명한 최고 대리자이자 천상의 대사로서의 관념에 대한 간접적인 증거만을 제공하였음을 제안한다.

205. Philo: *Vit. Mos.* 1.158; *Prob. 42-44' Somn. 2.187-89; Mut. 19, 125-29; Sac. 8-9; Leg. Alleg. 1.40-41; Migr. Abr. 84; Det. 160-62;* and the Greek fragment in *Quaest. Exod.* 2.6.

206. Holladay, *Theios Aner in Hellenistic Judaism*, 108-55. Holladay는 Philo의 모든 구절들을 신중하고 심도있게 검토한다.

207. 다음을 참고. *Holladay's concluding comments to his discussion*

of Philo's references to Exod. 7:1, ibid., 154-55. 또한 다음 문헌도 참고. Meeks, "The Divine Agent and His Counterfeit." Meeks는 헬레니즘적 왕의 전통들과 Philo와의 상호작용을 지적한다.

208. Goodenough, *By Light, Light*, 223-34.

209. Cf. Holladay, *Theios Aner in Hellenistic Judaism*, 155-98.

210. Goodenough, *By Light, Light*, 226.

211. Meeks, "Moses as God and King," 354-65; idem, "The Divine Agent and His Counterfeit," 45-49. Goodenough himself had earlier shown in Philo the influence of Hellenistic ideals of kingship(*By Light, Light*, 181-87); idem, "The Political Philosophy of Hellenistic Kingship," in *Yale Classical Studies*, ed. A. H. Harmon(New Haven: Yale Univ. Press, 1928), 1:55-102.

212. Meeks, "The Divine Agent and His Counterfeit," 49-54. Philo의 polemic에 대한 주요 예시는 다음 문헌을 참고. *Flaccus and The Embassy to Gaius*.

213. Vol. 10 of the LCL edition of Philo에 있는 모세에 관한 많은 언급들을 참고(378-390쪽. Meeks는 또한 모세가 다양한 고대 유대인과 사마리아인 자료들 속에서 높은 존경의 대상이 되고 있다는 것을 보여주었다(*The Prophet-King*, 100-257쪽. 비록 이 자료들의 대부분이 필론 이전의 것이 아니며, 이러한 후기 자료에서 모세에 관해 언급된 모든 것들이 Philo 이전의 시기로 거슬러 올라간다고 쉽게 추측할 수는 없지만, 그럼에도 불구하고 모세가 그 안에서 중요한 인물로 여겨졌다는 사실은 아마 모세를 하나님이 임명하신 대리자로서 생각하는 일반적 전통이 상당히 오래되었다는 증거가 될 것이다.

214. 다음을 참고. the index of names in vol. 10 of the LCL edition of Philo(pp. 271-80, 280-86. 또한 예를 들면 다음을 참고. the representation of Adam as God's "viceroy"(*hyparchōn*) deemed "worthy of second place" in Philo *Opf. Mun.* 148.

215. 이 문서는 다음에서 인용. Origen *Comm. Joh.* 2.31 그리고 *Philocalia* 22.15. 헬라어 문서는 다음 문헌에 인쇄. Denis, *Fragmenta Pseudepigraphorum*, 61-62. 다음 문헌에 나오는 논의를 참고. by J. Z.

Smith, "The Prayer of Joseph," in *Religions in Antiquity*, ed. Neusner, 253-94.

216. J. Z. Smith("The Prayer of Joseph," 254)는 이 작업이 Nicephorus의 Stichometry에서 묘사되는 것에 주목한다.

217. 이러한 진술은 우리엘로부터 나왔다. 이 진술을 야곱에 관한 참고자료로 삼기 위해서는 그것을 직접적인 인용구가 아닌 간접적인 인용구로 여겨야 한다. 그러나 만약 이를 직접적인 인용구로 해석하기를 선호한다면, 이 진술은 우리엘이 바로 지상에 내려온 천사라는 주장이 될 수 있다.

218. Ibid., 281-92.

219. Ibid., 259-71.

220. 에녹1서(*1 Enoch*) 51:4-5가 천사로서 특정 족장들을 천사로서 묘사하는 것은 의로운 자들에 대한 보상의 더 큰 개념의 일부라는 것을 제시하며 모든 선택 받은 자들은 천상에서 천사들이 될 것을 약속하고 있는 것 같다는 점을 주목. 이와 같은 발상의 수정된 모습은 막 12:24/ 마 22:30/ 눅 20:36일 것이다.

221. Meeks, "Moses as God and King," 365-71; idem, "The Divine Agent and His Counterfeit," esp. 49-54; Grelot, "La légende d'Henoch," 191-210.

222. Cf. J. J. Collins, "The Heavenly Representative: The 'Son of Man' in the Similitudes of Enoch," in *Ideal Figures in Ancient Judaism: Profiles and Paradigms*, ed. J. J. Collins and G. W. E. Nickelsburg(Chico, Calif.: Scholars Press, 1980), 111-34; and Grelot, " La légende d'Henoch," 2-7-10.

223. Goodenough, *By Light, Light*, 263

224. Ibid., 233. 구디너프는 여기서 모세에 대한 언급을 그리스도로 향하는 "기독교의 신비"(Christian mystics)의 기도에 비유한다.

225. 다음의 문헌들을 참고. *By Light, Light* by A. D. Nock in *Gnomon* 13(1937): 156-65; reprinted in Nock, *Essays on Religion and the Ancient World*, 1:459-68. Cf. E. R. Goodenough, "Literal Mystery in Hellenistic Judaism," in *Quantulacumque: Studies Presented to Kirsopp Lake*, ed. R. P. Casey(London: Christophers, 1937), 227-41; M. Smith, "Goodenough's

Jewish Symbols in Retrospect," *JBL* 86(1967): 53-68.

226. 예를 들면 다음을 참고. Williamson, "Philo and New Testament Christology," 442; M. Casey, "Chronology and the Development of Pauline Christology," 127,130; van der Horst, "Moses' Throne Vision," 26 n. 40.

227. 하나님을 제외한 대상에 대한 어떠한 숭배도 거부하는 다음을 참고. *Spec. Leg.* 1.13-31,

228. 다음을 참고. Meeks, *The Prophet-King*, 125 n. 3: "The 'prayer' addressed to Moses as Hierophant(*Somn.* 1.164f.) is quite possibly rhetorical, though admittedly the language is strong."

229. Isser, *The Dositheans*; idem, "Dositheus, Jesus and a Moses Aretalogy," in *Christianity, Judaism and Other Greco-Roman Cults: Studies for Morton Smith at Sixty, Part Four*, ed. J. Neusner(Leiden: E. J. Brill, 1975), 167-89.

230. 다음 문헌들의 논평을 참고. W. A. Meeks, "Simon Magus in Recent Research," *RelSRev* 3(1977): 137-42; and Pummer, "The Present State of Samaritan Studies II," esp. 27-35. Cf. K. Rudolf, "Simon-Magus oder Gnosticus?" TRu 42(1977): 279-359. Major studies include K. Beyschlag, *Simon Magus und die christliche Gnosis*, WUNT 16(Tübingen: J. C. B. Mohr[Paul Siebeck], 1975); and G. Lüdemann, *Untersuchungen zur simonianischen Gnosis*(Göttingen: Vandenhoeck & Ruprecht, 1975. Cf. also R. Bergmeier, "Die Gestalt des Simon Magus in Act 8 und in der simonianischen Gnosis-Aporien einer Gesamtdeutung," *ZNW* 77(1986): 267-75. 사도행전 8:9-13에 나오는 시몬에 대한 "크다 일컫는 하나님의 능력"(the power of God which is called great)이라는 찬사는 시몬이 숭배의 대상이었다는 확실한 조짐으로 받아들여져서는 안 된다. 이에 대한 것은 다음 문헌을 참고. Meeks, "Simon Magus," 139.

231. 고대 유대교의 천사론에 대한 조사는 다음 문헌들을 참고. L. Hackspill, "L'angelologie juive à l'époque neo-testamentaire," *RB* 11(1902): 527-50; J.-B. Frey, "L'angelologie juive au temps de Jésus-Christ," *RSPT*(1911): 75-

110; J. Barbel, *Christos Angelos*(Bonn: Peter Hanstein, 1964 [1941]), 1-33; H. B. Kuhn, "The Angelology of the Non-Canonical Jewish Apocalypses"; B. Tsakonas, "The Angelology According to the Later Jewish Literature," Theologica 34(1963): 136-51; Schäfer, *Rivalität*, 9-74; Cart, *Angels and Principalities*, 25-40; Bietenhard, *Die himmlische Welt*, 101-42; Noll, "Angelology in the Qumran Texts." For specialized discussion of angels in rabbinic sources, see Urbach, "The Celestial Retinue," in *The Sages*, 1:135-83, and Schäfer, *Rivalität*. For Old Testament, see W. H. Heidt, *The Angelology of the Old Testament*(Washington, D.C.: Catholic University of America, 1949); Stier, *Gott und sein Engel*; and R. Yates, "Angels in the Old Testament," *ITQ* 38(1971): 164-67.

232. 이 자료들은 바빌론 포로기 이후 유대인들의 천사론에 대한 연구에서 종종 간과된다. 신약의 자료들에 대한 연구는 다음 문헌들을 참고. H. Schlier, *Principalities and Powers in the New Testament*(QD 1/3; Freiburg: Verlag Herder; London: Thomas Nelson & Sons, 1961); idem, "The Angels According to the New Testament," in *The Relevance of the New Testament*(London: Burns & Oates; New York: Herder & Herder, 1967), 172-92; G. B. Caird, *Principalities and Powers: A Study in Pauline Theology*(Oxford: Clarendon Press, 1956); W. Wink, *Naming the Powers: The Language of Power in the New Testament*(Philadelphia: Fortress Press, 1984.

233. 에녹2서(*2 Enoch*) 1-9에 나오는 승천에 대한 긴 묘사를 주목해야 한다. 이에 대한 보충 설명은 다음 문헌을 참고. A. F. Segal, "Heavenly Ascent in Hellenistic Judaism, Early Christianity, and Their Environment," *ANRW* 2. 23/2:1333-94.

234. 이 주요 천사 개념에 대한 가장 이른 단계는 구약성경의 몇몇 내러티브에 나오는 "주의 천사"에 관한 배경일 것이다(예: 창 16:7-14. 이 표상에 대한 연구는 다음을 참고. Stier, *Gott und sein Engel*.

235. Lueken, *Michael*, esp. 133-66.

236. 천사에 대한 유대인의 숭배 문화를 다룬 루켄(Lueken)의 사례는 앞서 2장

에서 논의한 본문을 잘못 해석한 것이다. 그의 방법론에 오류가 있는 것은 기독교 이전 유대인들이 인지하고 있던 천사론을 묘사하는 것에 있어서 랍비들의 자료와 교부들의 자료를 너무 단순하게 다루었기 때문이다. 앞서 내가 언급한 바 있듯이, 그는 유대교와 기독교를 비교하는 내용에서도 때때로 신학적으로 극단적인 견해를 표출한다.

237. Barbel, *Christos Angelos*. 1964년 판은 차후 1941년까지의 문헌들에 관해 논의하는 추가적인 장을 포함하고 있다(335-353쪽. 다음을 참고. A. Bakker("Christ an Angel? A Study of Early Christian Docetism," *ZNW* 32[1933]: 255-65), who depends too heavily upon Harris's "Testimony Book" hypothesis to be of much value(see J. R. Harris, *Testimonies*, 2 vols. [Cambridge: Cambridge Univ. Press, 1916, 1920].

238. M. Werner, *Die Entstehung des christlichen Dogmas*(Bern: Paul Haupt, 1941; 2d ed., 1954. Werner prepared an edition for translation by S. G. F. Brandon: *The Formation of Christian Dogma*(New York: Harper & Brothers, 1957); 나는 1965년 Beacon Press에서 출판한 판을 말하고 있는 것이다.

239. Ibid., vii.

240. Ibid., 120-30. 베르너(Werner)의 논지에서 파생된 한 가지 결과는, 그가 그리스도라는 인물에 관한 정통 기독교의 가르침보다 아리우스의 그리스도론을 훨씬 더 진실하게 보존된 초기 가르침으로 여겼다는 것이다.

241. 승임 받은 예수가 천사적 존재로 이해됐다는 신약성경의 *Kyrios*에 대한 사용을 자신의 논증에 대한 증거로 삼으려던 그의 시도는 정당하게 무시되었다.

242. W. Michaelis, *Zur Engelchristologie in Urchristentum: Abbau der Konstruktion Martin Werners*(Basel: Heinrich Majer, 1942. Michaelis의 영향은 다음을 참고. J. Daniélou, *The Theology of Jewish Christianity*(Philadelphia: Westminster Press; London: Darton, Longman & Todd, 1964[1958]), 118 n. 3. 후속 연구 결과를 보여주는 베르너(Werner)의 분석은 다음을 참고. Barbel, *Cristos Angelos*, 341-44, 347-50.

243. G. Kretschmer, *Studien zur frühchristlichen Trinitätstheologie*(Tübingen: J. C. B. Mohr[Paul Siebeck], 1956).

244. Daniélou, *The Theology of Jewish Christianity*.

245. 비슷한 접근은 다음을 참고. R. N. Longenecker, *The Christology of Early Jewish Christianity*(London: SCM press, 1970); esp. 26-32 on "Angelomorphic Christology"; and idem, "Some Distinctive Early Christological Motifs," *NTS* 14(1967/68): 529-45.

246. Dunn, *Christology in the Making*, 149-5.

247. Ibid., e.g., 149, 154, 158; cf. also 162.

248. Segal, *Two Powers in Heaven*, 208.

249. Rowland, *The Open Heaven*, 94-113, esp. 112-13; idem, "A Man Clothed in Linen: Daniel 10.6ff. and Jewish Angelology," *JSNT* 24(1985): 99-110; idem, "Apocalyptic Visions and the Exaltation of Christ in the Letter to the Colossians," *JSNT* 19(1983): 73-83; idem, "The Vision of the Risen Christ in Rev. i.13ff: The Debt of an Early Christology to an Aspect of Jewish Angelology," *JTS* 31(1980): 1-11.

250. 예를 들어 다음을 참고. Fossum(*The Name of God*, 315-17) on Col. 1:15-20; see also idem, "Jewish-Christian Christology and Jewish Mysticism," *VC* 37(1983): 260-87; idem, "Kyrios Jesus as the Angel of the Lord in Jude 5-7," *NTS* 33(1987): 226-43.

251. 다음을 참고. Hengel, *The Son Of God*, 46-48; Balz, *Methodische Probleme der neutestamenitlichen Christologie*, 87ff.

252. C. C. Rowland, "The Influence of the First Chapter of Ezekiel on Jewish and Early Christian Literature"(Ph.D. thesis, Cambridge University, 1974).

253. 다음을 참고. W. Zimmerli, *Ezekiel 1, Hermeneia*(Philadelphia: Fortress Press, 1979), 236.

254. Ibid., 236.

255. 이후에 나는 에스겔 8:2-4이 하나님과 그의 "영광"(*kābôd*)의 나눠짐을 보여준다는 의견을 살펴볼 것이다.

256. Rowland, "The Vision of the Risen Christ," esp.1-4.

257. 또한 에스겔과 다니엘 모두 천상의 존재에 대한 유대의 전통적인 내용들을

적용하고 있으며, 두 책의 내용 사이에 있는 유사성이 의식적인 차용(conscious borrowing)을 시사한다고 보기는 어렵다. 로우랜드(Rowland)가 주장한 "에스겔 1장과의 밀접한 관계"는 다소 과장된 표현이다.

258. 더 자세한 논의는 다음을 참고. Rowland, "The Vision of the Risen Christ."

259. 다니엘 8:11에 나오는 "군대의 주재"(the Prince of the host)는 하나님인가, 아니면 특별히 중요한 천사들의 군주인가? 만약 후자라면, 이는 다니엘 12:1에 나오는 "큰 군주" 미가엘을 의미하는 것인가?

260. 예를 들어 M. Black, "The Throne-Theophany Prophetic Commission and the 'Son of Man,'" in *Jews, Greeks and Christians: Religious Cultures in Late Antiquity*, ed. R. G. Hamerton-Kelly and R. Scroggs(Leiden: E. J. Brill, 1976), 57-73; and M. Casey, *Son of Man*, esp. 7-50.

261. 고대 유대인들과 기독교의 자료들에 나오는 "인자"(the Son of man) 표상에 대한 설명은 다니엘 7:13-14의 "인자" 표상과 다윗 왕조와의 연관성을 강조하는 다음을 참고. M. Casey, *Son of Man*. See also W. Bittner, "Gott-Menschensohn-Davidsohn. Eine Untersuchung zur Traditionsgeschichte von Daniel 7,13f.," *Freiburger Zeitschrift für Philosophie und Theologie* 32(1985): 343-72.

262. 에녹2서(*2 Enoch*)에 대한 참고자료는 다음을 참고. *OTP* 1:91-221.

263. E. P. Sanders, "Testament of Abraham," *OTP* 1:882.

264. 나는 다음의 번역본을 인용한다. G. Vermes, *The Dead Sea Scrolls in English*, 145-46. For the Hebrew text, see E. Lohse, *Die Texte aus Qumran*, 3d ed. (Munich: Kösel-Verlag, 1981), 219. 이는 천상의 존재들("gods"-elim) 가운데서 미가엘 천사의 승임과 다니엘 2:26-27에 나오는 지상의 선택받은 자들의 승임의 연관성을 나타낸다. 이 유사성은 다니엘 7:13-14에 나오는 표상을 천상의 한 존재, 즉 미가엘로 여기는 것에 대한 추가적 근거를 제공할 것이다.

265. 쿰란 문서들 안에 나오는 미가엘에 대한 전반적인 논의는 다음을 참고. Noll, "Angelology in the Qumran Texts," esp. 171-215.

266. 유대교와 기독교에서의 미가엘에 대한 역사적 논의는 다음을 참고. J. P.

Rohland, *Der Erzengel Michael: Arzt und Herr*(Leiden: E. J. Brill, 1977).

267. 다음을 참고. Kobelski, *Melchizedek*. Kobelski는 멜기세덱에 대한 쿰란의 자료들을 면밀히 분석한다. 다음 번역본도 참고. *11Q Melchizedek in Vermes, The Dead Sea Scrolls in English*, 265-68. Vermes, Kobelski, 그리고 다른 학자들도 멜기세덱과 미가엘은 쿰란 공동체에서 같은 존재를 지칭하는 상호적 이름들이었다는 결론을 내린다(e.g., Kobelski, *Melchizedek*, 139. 다음을 참고. Noll, "Angelology in the Qumran Texts," 57-71.

268. 멜기세덱은 심지어 *4 QAmram*이라고 알려진 단편적인 쿰란 문서에서도 등장하지만, 그 문서는 확실히 이렇다고 하기에는 너무 손상이 되었다 (Kobelski, *Melchizedek*, 24-36. The Angel Liturgy of Qumran에 등장하는 멜기세덱에 대한 다음 참고자료를 주목. Newsom, *Songs of the Sabbath Sacrifice*, 133-34.

269. 이 번역은 다음에서 왔다. Kobelski, *Melchizedek*, 7-9.

270. "멜기세덱은 미가엘의 전통적인 면모들을 가지고 있으면서, 동시에 천상의 의회에서 심판하기 위해 나서기도 하며, 사람들을 속죄하기까지 이른다. 이런 식으로 유일신론과 이원론을 조화시키는 다른 어떤 쿰란 본문도 존재하지 않는다."

271. 나는 *OTP*, 1:681-705에 있는 이 텍스트에 대한 영어 번역본 영어의 표현법을 따른다. 다음 번역도 참고. *AOT*, 363-91.

272. 이 표상의 이름은 슬라브 원문(the Slavonic manuscripts)에 따라 달라지지만, 이는 일반적으로 여기서 인정된 복원이 맞다는 것에 동의한다.

273. *Apoc. Abr.* 10:17는 다른 문서들에서 하나님의 대천사로 묘사되는 미가엘을 언급한다.

274. 요셉과 아스낫(*Joseph and Asenath*)에서 아스낫에게 나타난 이름 없는 천사도 하나님의 대행으로서 하나님께 권위를 받은 "왕의 종"으로 나온다(14:9. 이와 비슷하게, 에스겔의 엑사고개(*the Exagoge of Ezekiel*)에서 모세가 본 보좌에 앉은 표상도 왕의 지팡이를 지니고 있고 왕관을 썼다(lines 68-82).

275. 다음 문헌에 나오는 번역을 참고. *OTP*, 1:497-515 그리고 in *AOT*, 915-25. 나는 *OTP*의 분할에 따른 텍스트를 인용한다. 다음 문헌들에 나오는 논평들을 참고. R. Bauckham, "The Apocalypses in the New Pseudepigrapha,"

JSNT 26 (1986): 100-103. Cf. *4 Ezra* 4:36-39 and *2 Bar.* 75:1. 앞의 두 참고자료들에서, 천사는 분명하게 예레미엘이고(그 이름이 조금 다르게 보이더라도), 선견자들은 이 표상을 승임 받은 용어로 지칭하는 듯이 보인다.

276. *OTP* 2:177-247에 나오는 번역을 참고. 날짜와 기원에 대해서는 다음을 참고. ibid., 187-88; 그리고 *AOT*, 465-503.

277. C. Burchard, *OTP*, 2:225 (n. p).

278. Ibid., 2:225 (n. k).

279. 로고스에 대한 Philo의 자료들은(본서의 2장) 이 표상에 대한 호칭으로 "천사"라는 용어를 사용한다는 것을 상기하라. 로고스가 Philo에게 뭐였든 간에, 그가 하나님의 대리자나 대신(大臣)으로서 이 표상에 대해 "천사"라는 단어를 사용하는 것은 이 알렉산드리아 유대인도 고위 천사 추론을 알고 있었다는 것을 보여준다.

280. 에녹2서(*2 Enoch*)의 인용구들은 다음 문헌에서 왔다. *OTP*, 1:93-221.

281. 그리스도와 성령이 하나님께 예배하는 데에 참여한다고 말하는 초기 기독교 문서 *The Ascension of Isaiah*(9:40-42) 참고. 그러나 그리스도가 하나님과 더불어 경배를 받는다는 그리스도에 대한 기독교의 독특한 대우는 8:18과 9:27-35에서 반영된다.

282. 찬미가와 여러 문헌들의 텍스트에 등장하는 천사들에 관한 Noll의 논의는 다음을 참고. Noll, "Angelology in the Qumran Texts," 72-129. 선택받은 자들과 천사들의 친교에 관한 설명은 같은 책 184-199쪽.

283. Vermes 안에 있는 쿰란 문헌들의 텍스트를 참고. *The Dead Sea Scrolls in English*, 149-213. 천사 문헌 텍스트는 다음을 참고. Newsom, *Songs of the Sabbath Sacrifice*.

284. Fossum, *The Name of God*.

285. Ibid., esp. 307-21.

286. Philo가 로고스는 "하나님의 이름"(*onoma theou*)으로 불릴 수 있다고 말하는 것은 전반적으로 명확하지 않다는 것에 주목해야 한다. 이는 성경에서 로고스가 "신"(*theos*)이 표현되거나 "보여진다"고 여기는 그의 관념을 반영하고 있는 것일 수 있다. Fossum은 이 구절이 당연히 로고스는 하나님(YHWH)의 의인화를 의미한다고 보는 듯하지만, 이는 논쟁의 여지가 있다.

287. Fossum, *The Name of God*, 310(in the discussion of Metatron), and his summary, 333.

288. Ibid., 333.

289. 포섬(Fossum)은 탈무드의 본문 *b. Ber.* 7a에서 랍비 이스마엘이 (허구적으로) 예루살렘의 거룩한 성전에 들어간 것을 통해서 하나님의 고위 천사가 숭배를 받는 전통이 있음을 암시하고 있는 것 같다. 그곳에서 그는 "높고 숭고한 왕좌에 앉아 있는 제왕 Akatriel Yah"와 만난다. 이 인물은 그에게 이렇게 말한다: "내 아들 이스마엘아, 나를 향한 찬양을 올려다오." 그러나 이 본문과 에녹 3서(*3 Enoch*) 15B:4에서 "Akatriel Yah"는 분명하게 하나님을 지칭하는 이름이다. 그 이름은 오직 후기 유대교 문헌에서만 천사의 이름으로 사용되며, 이러한 후기 문헌에서는 그 존재가 더 이상 숭배의 대상이 아니다.

290. Rowland, "The vision of the Risen Christ"; 같은 책, *The Open Heaven*, 94-113. Rowland에 대한 나의 비평은 다음과 같은 나의 에세이 나와 있다. "The Binitarian Shape of Early Christian Devotion and Ancient Jewish Monotheism," in *Society of Biblical Literature 1985 Seminar Papers*, ed. K. H. Richards(Atlanta: Scholars Press, 1985), 377-91.

291. Rowland, *The Open Heaven*, 103.

292. Ibid., 96.

293. Ibid., 97.

294. Ibid., 100.

295. Ibid., 101-3.

296. Cf. ibid., 96.

297. 나에게 보낸 편지에서(30 August 1986), Fossum은 에스겔 3:23을 신의 보좌로부터 인간형상의 *kābôd*의 분리에 대한 증거로 인용한다. 그러나 나에게 그 구절은 하나님의 영광에 대한 영구적인 분리에 대하여 어떠한 조짐도 제공하지 않는 것으로 보인다.

298. Rowland, *The Open Heaven*, 101-3.

299. Fossum, *The Name Of God*, 318-21.

300. Ibid., 318. 이 견해는 다음 문헌에도 나와 있다. Segal, *Two Powers in Heaven*, 196.

301. 출애굽기 23:20에서 그 다음 구절인 21절에 대한 암시도 Yahoel이 "주님의 천사"로 소개된다는 점을 증명하지는 못한다. 그는 특정 구약성경의 본문에서 하나님과 거의 구별이 불가능하다. 출애굽기 23:20-21의 이 인물을 가리키고 있는 것 같지는 않다.

302. Fossum, *The Name of God*, 319-20; Rowland, *The Open Heaven*, 102-3.

303. Ibid., 103.

304. Ibid., 102-3; Fossum, *The Name of God*, 320.

305. 이 구절은 로우랜드(Rowland)의 *The Open Heaven*, 103에 나오는 주장이다. 포섬(Fossum, *The Name of God*, 320)은 "아마도 그 보좌는 비었을 것"이라고만 말한다.

306. 다음을 주목. I. Chernus, "Visions of God in Merkabah Mysticism," *JSS* 13(1983): 123-46. Chernus는 유대 신비주의가 하나님과 그의 영광의 가시적인 일부 의인화 사이를 구별했다는 Scholem, Quispel, 그리고 다른 학자들의 견해에 이의를 제기한다. Cf. Fossum, *The Name of God*, 178-79 n. 311.

307. Segal, *Two Powers in Heaven*, esp. 33-155.

308. Ibid., 187.

309. 1세기 유대교에 대한 지식의 한계를 언급한 후, 세갈(Segal)은 다음과 같이 말한다. "그래서 우리는 그 어떤 신학적 체제가 1세기에 이단으로 불렸을지, 혹은 이단을 정의하는데 관심이 있는 중심 세력이 존재했는지조차 확신할 수 없다. 그러나 일부 종말론적 집단이 1세기부터 독립된 세력을 지녔거나 랍비들의 전임자들과 같은 다른 집단이 그들을 이단자라고 불렀을 가능성을 완전히 배제할 수는 없다."

310. Meeks, *The Prophet-King*. See my discussion of Meeks's work in chap. 3.

311. Dunn, *Christology in the Making*.

312. N. A. Dahl, *The Crucified Messiah and Other Essays* (Minneapolis: Augsburg Publishing House, 1974), 10-36.

313. Hengel(*The Son of God*, 58) warns about taking earliest Christology as "a simple reproduction of earlier Jewish speculations about hypostases

and mediators."

314. See Hengel, *The Son Of God*, 59-66; and Kramer, *Christ, Lord, Son of God*, 108-11.

315. Hengel, *The Son of God*, 60.

316. Hay, *Glory at the Right Hand*, 61.

317. On the backgrounds of phil. 2:5-11, see esp. R. P. Martin, Carmen Christi, rev. ed. (Grand Rapids: Baker Book House, 1984); and Deichgräber, *Gotteshymnus und Christushymnus*, 118-33. Note also T. Nagata, "Philippians 2:5-11: A Case Study in the Contextual Shaping of Early Christology"(Ph.D. thesis, Princeton Theological Seminary, 1981. On the function of the passage in its present context, see L. W. Hurtado, "Jesus as Lordly Example in Philippians 2:5-11," in *From Jesus to Paul: Studies in Honour of Francis Wright Beare*, ed. P. Richardson and J. Hurd(Waterloo, Ont.: Wilfrid Laurier Univ. Press, 1984), 113-26.

318. Kramer(*Christ, Lord, Son of God*, 65-71)는 찬송의 기원을 바울 이전의 "헬레니즘의 이방인" 교회에 위치시키는 설득력 없는 시도를 한다.

319. 이 본문의 배경이 되는 것으로 추정되는 찬송가가 팔레스타인의 배경에서 비롯되었는지, 혹은 디아스포라 유대 기독교 배경에서 비롯되었는지에 대해서는 의견이 분분하다. Deichgräber는 후자를 지지하지만, G. G. Stroums)는 전자, 즉 그 찬송가를 "팔레스타인 배경 기독교 내의 상위 계층"과 연결 짓는다("Form(s) of God: Some Notes on Metatron and Christ," HTR 76[1983]: 282); 이러한 입장에 관하여 가장 잘 알려진 문헌은 다음과 같다. E. Lohmeyer, *Kyrios Jesus. Eine Untersuchung zu Phil 2, 5-11*(Heidelberg: Winter, 1928. 또한 이에 대한 최근 연구는 다음을 참고. Martin, *Carmen Christi*, xxv-xxxiii.

320. 헬라어 구약의 일부 초기 사본에서 *Yahweh라*는 용어를 다루는 방식은 매우 흥미롭지만 결정적인 단서가 되는 것은 아니다. 우리는 헬라어를 사용하던 유대교 회당에 있는 기록물들 중 필사본들이 신적 이름을 나타내기 위해 사용했던 부분을 이 원고의 독자들이 *pipi*로 발음했다고 생각하기는 어렵다. 필로와 요세푸스는 *Kyrios*가 일반적인 헬라어 *qere*이거나 또는 구두의 등가물이었다

는 것을 주장한다. 다음을 참고. Fitzmyer, *A Wandering Aramean*, 119-23.

321. 고린도전서에 대한 주석은 다음을 참고. C. H. Giblin, "Three Monotheistic Texts in Paul," *CBQ* 37(1975): 527-47; Thüsing, *Per Christum in Deum*, 225-58; Dunn, *Christology in the Making*, 179-83; and Horsley, "The Background of the Confessional Formula in 1 Kor. 8:6," 130-34.

322. 따라서 당시의 이방 종교 작가들에게 "하나의 신"(*heis theos*)이라는 문구와, 이와 비슷한 전치사적 공식("누구로부터" 등)을 사용하는 것 사이의 관련성은 매우 한정적이다. 이 작가들은 "하나의 신"이 다른 모든 신들의 배제를 요구한다는 바울의 본질적인 유대적 관점을 공유하지 않는다. 다음을 참고. Conzelmann, *1 Corinthians*, 139-45; W. A. Meeks, *The First Urban Christians*(New Haven: Yale Univ. Press, 1983), 91, 228 n. 93. 이방 종교 작가들의 레퍼런스를 다루는 문헌에 관한 내용은 다음을 참고. Horsley, "The Background of the confessional Formula in 1 Kor. 8:6,"

323. 물론 *Shema*는 신 6:4-9, 11:13-21, 민 15:37-41에서 비롯된 기독교 이전 유대인들의 고백이다. 신 6:4의 헬라어는 다음과 관련있다–*kyrios ho theos hēmōn kyrios heis estin*("The Lord our God is one Lord" or "The Lord our God, the Lord is one". Dunn(*Christology in the Making*, 180)은 바울이 여기서 "이전과 같지 않는 방식으로 아버지 하나님과 주 그리스도 사이에 있는 *Shema*를 나눈다"고 말한다.

324. *eidōlon*에 대해서는 다음을 참고. F. Büchsel, *TDNT*, 2:375-81.

325. 예를 들어, 필로(Philo)는 "Wisdom, by whose agency the universe was brought to completion"이라고 언급한다. 이에 대해서는 다음을 참고. *Det.* 54(cf. *Fug.* 109).

326. W. A. Elwell, "The Deity of Christ in the Writings of Paul," in *Current Issues in Biblical and Patristic Interpretation*, ed. Hawthorne, 297-308.

327. C. H. Talbert, *What is a Gospel? The Genre of the Canonical Gospels*(Philadelphia: Fortress Press, 1977), 25-52. He discusses pagan ideas of deified heroes(using his essay "The Concept of Immortals in Mediterranean Antiquity," *JBL* 94[1975]: 419-36); but cf. Aune, "The Problem of the Genre of the Gospels," esp. 18-38. 여기서 탈버트(Talbert)의

입장은 복음서가 구조화된 서술적 방식과 관련이 있으며, 예수가 유일한 하나님의 주요 대리인으로서 존재했다는 초기의 근본적 개념과는 크게 관련이 없다. 이에 대해서는 다음을 참고. Nock, *Essays on Religion and the Ancient World*, 2:928-39.

328. 홀라데이(Holladay)가 보여준 것처럼, 모세를 "신"으로 지칭하는 필로(Philo)조차도 그것을 비유적으로만 의미했다는 명확한 증거를 제시한다. 본서의 3장을 참고. 또한 이와 같은 유대인의 태도를 보여주는 행 12:21-23; 14:11-15를 참고.

329. 비록 "변이"라는 용어가 일상적 대화에서는 대개 경멸적인 의미를 담고 있지만, 나는 여기에서 그런 의미를 의도하는 것이 아니다. 하나의 종 내에서 갑작스럽고 중대한 발전을 가리키는 생물학에서의 용어를 고려하며 사용하였다.

330. J. Wach, *Sociology of Religion* (Chicago: Univ. of Chicago Press, 1944), 25. 이 인용문은 "컬트"에 대한 Wach의 정의, 즉 한 공동체에 의해 제공되는 종교적 헌신의 형식적이고 기업적 기능을 대표한다. 나는 그의 정의가 "컬트"를 정의하기에는 너무 허술하다고 생각하고, 도리어 넓은 의미의 종교적 헌신을 규정하는 데 훨씬 더 유용하다는 것을 알게 되었다. 이와는 반대로, 성스러운 장소와 시간, 사제들, 신성한 행동 등을 요구하는 불트만(R. Bultmann)의 "컬트"에 대한 정의는 조직화된 종교의 다양성을 허용하기에는 너무 좁은 정의이다(*Theology of the New Testament*, 2 vols. [New York: Charles Scribner's Sons, 1951, 1955], 1:121).

331. D. E. Aune, *The Cultic Setting of Realized Eschatology in Early Christianity*, NovTSup 28(Leiden: E. J. Brill, 1972), 9-11.

332. Wainwright on "The Worship of Jesus Christ," in *The Trinity in the New Testament*, 93-104. Wainwright는 그리스도를 향한 짧은 찬미가와 기도, 야훼에서 그리스도로 옮겨온 OT 인용문, "숭배"라는 단어와 상통하는 의미의 그리스어 등에 대해 간략히 논의한다.

333. Bousset, *Kyrios Christos*, 119-52; Bultmann, *Theology of the New Testament*, 1:42-53.

334. A. Deissmann, *Light from the Ancient East* (Grand Rapids: Baker Book House, 1965 [1927]), 382 n. 2; idem, *Paul: A Study in Social and*

Religious History (New York: Harper & Row, 1957), 113-32; J. Weiss, *Earliest Christianity*, 2 vols. (New York: Harper & Row, 1959), 1:37-38.

335. 다음 문헌들을 참고. Aune, *The Cultic Setting*, 5: "Perhaps the single most important historical development within the early church was the rise of the cultic worship of the exalted Jesus within the primitive Palestinian church." Cf. Bultmann, *Theology of the New Testament* (1:51): "In any case, the earliest Church did not cultically worship Jesus, even if it should have called him Lord; the Kyrios-cult originated on Hellenistic soil." 초기 기독교 예배에 관한 다수의 일반적 연구들이 있지만, 그 연구들은 대개 예수를 향한 헌신에 충분히 초점을 두지 않는다. 예를 들면, 다음의 문헌들을 참고. C. C. Richardson, "Worship in NT Times, Christian," *IDB*, 4:883-94; O. Cullmann, *Early Christian Worship*, SBT 10(London: SCM Press, 1953); G. Delling, *Worship in the New Testament* (Philadelphia: Westminster Press, 1962); F. Hahn, *The Worship of the Early Church* (Philadelphia: Fortress Press, 1973); R. P. Martin, *Worship in the Early Church* (Grand Rapids: Wm. B. Eerdmans, 1974); C. F. D. Moule, *Worship in the New Testament* (London: Lutterworth Press, 1961).

336. 그리스도를 향한 찬미가들에 관하여 초기 증거들의 개요는 다음을 참고. Martin, *Carmen Christi*, 1-13. On NT hymns to Christ, see J. T. Sanders, *The New Testament Christological Hymns*, SNTSMS 15(Cambridge: Cambridge Univ. Press, 1971); Deichgräber, *Gotteshymnus und Christushymnus*; K. Wengst, *Christologische Formeln und Lieder des Urchristentums* (Gütersloh: Gerd Mohn, 1972); Hengel, "Hymns and Christology," in *Between Jesus and Paul*, 78-96.

337. 누가복음에 있는 예수 탄생 이야기의 찬송가 본문을 언급하고 넘어가야 하는데, 이 찬송가가 초기 기독교에서 작곡된 것인지, 아니면 기독교 이전의 독실한 유대인 공동체에서 내려온 것인지에 대해서는 의견이 분분하다. 이에 대하여는 다음을 참고. R. E. Brown, *The Birth of the Messiah* (Garden City, N.Y.: Doubleday & Co., 1977).

338. Delchgräbel, *Gotteshymnus und Christushymnus*, 60-61, 207-8.

339. 이것은 다음 문헌들에서 상당히 설득력 있게 강조되었다. Hengel, *Between Jesus and Paul*, 78-96; Martin, "Some Reflections on New Testament Hymns," in *Christ the Lord*, ed. Rowden, 37-49.

340. J. D. G. Dunn, *Jesus and the Spirit* (London: SCM Press; Philadelphia: Westminster Press, 1975), esp. 157-96.

341. Bousset, *Kyrios Christos*, 119-52; Wainwright, *The Trinity in the New Testament*, 87.

342. 쿰란 찬미가 두루마리(1QH)는 전적으로 하나님을 찬양하는 데 전념한다. 천사에 대한 예배는 천사를 찬양의 대상으로 삼지 않고, 그 대신 천상과 지상의 연합에 대한 쿰란의 신념을 증언하며 천사들이 천상에 바치는 예배를 묘사하고 있다. 다음을 참고. K. E. Grözinger, *Musik und Gesang in der Theologie der frühen jüdischen Literatur* (Tübingen: J. C. B. Mohr[Paul Siebeck], 1982).

343. 골 3:16-17을 참고. 이 본문의 증언은 여기에서 "하나님께" 드리는 것과 "주께" 드리는 것으로 구분되어 있으나, "주께"로 읽어도 전혀 어색하지 않는 엡 5:19과의 조화를 통해 후자가 파생되었다는 가정 하에 전자가 선호된다.

344. 그리스도를 향한 또 다른 찬가들은 벧후 3:18과 아마도 딤후 4:18일 것이다. 다음을 참고. Wainwright, *The Trinity in the New Testament*, 93-96.

345. 계시에 관하여는 다음을 참고. E. Schüssler Fiorenza, *The Book of Revelation: Justice and Judgment* (Philadelphia: Fortress Press, 1985).

346. Wainwright, *The Trinity in the New Testament*, 97-101. See also A. Hamman, "La prière chrètienne et la prière païenne, formes et differences," *ANRW* 2. 23/2:1190-1247; and H. Schönweiss et al., *NIDNTT* 2:855-86.

347. 행 4:24에서 하나님은 *despotēs*라는 용어로 호칭된다. 이는 저자가 *kyrios* 예수와 하나님을 구별하려는 시도를 보여주고 있는가? 그러나 행 4:29를 보면 하나님을 *kyrios*라고 일컬으며 기도를 계속하는데, 이는 고귀한 예수를 일컫는 일관된 용어가 당시에 없었다는 것을 보여준다.

348. 여기서와 다른 곳들에서도 이는 모두에게 바울의 친필 서신이라 인정되는 서신들의 증거들을 인용하기에 충분하다.

349. Bultmann, *Theology of the New Testament*, 1:128.

350. Dunn, *Jesus and the Spirit*, 199-300; E. Schweizer, *Church Order in the New Testament* (London: SCM Press, 1961).

351. Wainwright, *The Trinity in the New Testament*, 99-100.

352. 마라나타(*maranatha*)에 관하여는 다음을 참고. O. Cullmann, *The Christology of the New Testament*, rev. ed. (Philadelphia: Westminster Press; London: SCM Press, 1963), 195-237; J. A. Fitzmyer("The Semitic Background of the New Testament *Kyrios*-Title," 115-42); K. G. Kuhn, "*maranatha*," *TDNT*, 4:466-72; and D. Flusser, "Paganism in Palestine," 1078-79. 그러나 그 구호가 초기 기독교 공동체에서 올 수 없다는 플루서(Flusser)의 견해는 설득력이 없다.

353. Bultmann, *Theology of the New Testament*, 1:52; and the review of the various attempts by Bousset and Bultmann to avoid the force of the *maranatha* expression(in Cullmann, *The Christology of the New Testament*, 214).

354. 피츠메어(Fitzmyer, *A Wandering Aramean*, 123-27)는 *marêh*의 사용에 관하여 신중한 평가를 제공한다.

355. 초기 유대인들의 언어적 기독에 관하여는 다음을 참고. S. Talmon, "The Emergence of Institutionalized Prayer in Israel in the Light of the Qumran Literature," in *Qumran: Sa piété, sa théologie et sa milieu*, ed. M. Delcor(Leuven: Leuven Univ. Press, 1978), 265-84. 고대 유대의 예배에 대한 일반적인 묘사는 다음을 참고. A. Cronback, "Worship in NT Times, Jewish," *IDB*, 4:894-903.

356. 때로 "이름"은 "예수 그리스도," "주 예수," 혹은 "우리 주 예수 그리스도"이다. 다음의 본문들을 참고. 행 2:38; 8:16; 고전 1:2, 10; 기타. "이름"의 사용은 다음 문헌을 참고. Kramer, *Christ, Lord, Son of God*, 75-80.

357. 이에 대한 더 깊은 논의는 다음을 참고. Hartman, "Baptism 'Into the Name of Jesus,'" 21-48. 이 의식에 대한 일반적인 논의는 다음을 참고. G. R. Beasley-Murray, *Baptism in the New Testament*, rev. ed. (Grand Rapids: Wm. B. Eerdmans, 1962).

358. 이런 관습의 기원과 예수 이름과의 연계성의 배경을 설정하는 데 있어 초기 및 셈어적(Semitic-language) 설정을 가정하는 이유들 중에는, 그 문구를 헬라어로 표현하는 데 있어 "in"(*en*), "into"(*eis*), "upon"(*epi*) 등의 변화가 존재한다는 점이 있다. 따라서 *le shem*과 같은 셈어적 표현을 번역하는 데 있어 다양한 해석이 가능하다. 이에 관하여는 다음을 참고. Hartman, "Baptism 'Into the Name of Jesus,'" 24-28.

359. Hartman, "Baptism 'Into the Name of Jesus,'" 26.

360. Ibid., 27.

361. Ibid., 35-37.

362. H. Räisänen, "Galatians 2:16 and Paul's Break with Judaism," *NTS* 31(1985): 543-53.

363. Kramer, *Christ, Lord, Son of God*, 77-78.

364. 구약의 표현은 *Yahweh*에 대한 희생과 같은 광신적 행동을 가리키는 것 같다는 점을 유의해야 한다. 따라서 그러한 표현을 예수를 숭배하는 기도로서 받아들였다는 점은 유대인들의 헌신에 관하여 분명한 혁신이라 할 수 있다.

365. Kramer, *Christ, Lord, Son of God*, 79. Cf. P. Vielhauer, *Aufsätze zum Neuen Testament* (Munich: Chr. Kaiser, 1965), 141-98.

366. Kramer, *Christ, Lord, Son of God*, 79.

367. Conzelmann, *1 Corinthians*, 23; 그러나 부활하신 주님을 "부르짖으며 기도하는" 행위가 그에게 바치는 기도에 포함되는 것으로 보아서는 안 된다는 콘젤만의 주장은 기독교인들 내의 예배 모임에서뿐만 아니라 그들의 일상생활 속에서도 그리스도를 정기적으로 불렀다는 것을 뒷받침하는 나의 증거에 의해 반박될 수 있다. 유대 기독교인들의 그러한 호소는 기도라는 것이 특징적으로 하나님께 바쳐지는 것으로 이해하는 데 전혀 방해가 되지 않았다. 그럼에도 불구하고 *정기적으로, 그리고 공동의 예배 모임 속에서* 하나님은 물론 그리스도에게도 호소하는 관습은 유일신교적 헌신의 중요한 방점이며, 여전히 "하나의 신"에 대한 믿음에 헌신하는 전통 안에 있는 어떠한 관행들과 마찬가지로 기도라고 볼 수 있다.

368. "무엇을 하든지 다 주 예수의 이름으로 하라"고 권면하는 골 3:17을 참고. 골로새서가 바울의 친서가 맞다면, 이 언급은 그러한 사상에 대한 초기 자료의

표시로서 더욱 중요하다.

369. Thüsing, *Erhöhungsvorstellung und Parusieerwartung in der ältesten nachösterlichen Christologie*.

370. Aune, *The Cultic Setting*. Aune acknowledges as important further confirmation the work of H.-W. Kuhn, *Enderwartung und gegenwärtiges Heil. Untersuchungen zu den Gemeindeliedern von Qumran* (Göttingen: Vandenhoeck & Ruprecht, 1966).

371. 이러한 관행에 대하여는 다음을 참고. H. Lietzmann, *Mass and Lord's Supper*, with "Introduction and Further Inquiry" by R. D. Richardson(Leiden: E. J. Brill, 1979).

372. Conzelmann, *1 Corinthians*, 195-96 for references. The Hebrew terms are *kibbel min* ("receive") and *masar le* ("hand on").

373. 따라서, Conzelmann (*1 Corinthians*, 201-2)이 26절은 "바울의 설명"이 시작하는 것이라고 여김에도 불구하고, 그는 "이것 역시 전통적인 용어에 기대고 있다"는 것을 인정한다.

374. 그리스도론적 호칭들에 초점을 맞추는 것에 대한 비평은 다음을 참고. L. E. Keck, "Toward the Renewal of New Testament Christology," *NTS* 32(1986): 362-77.

375. Cf. D. E. Aune. Prophecy in *Early Christianity and the Ancient Mediterranean World* (Grand Rapids: Wm. B. Eerdmans, 1983), 257. 그는 "예수는 주"라는 구문을 예언적 표현, 특히 "인식의 신탁"(recognition oracle) 으로 간주한다. 그러나 만약 그렇다면, 이 "신탁"은 바울이 롬 10:9에서 인용한 "비예언적" 고백과 형태적으로 거의 구별할 수 없다.

376. 초기 기독교의 예언은 최근 여러 출판물들의 주제가 되어 왔기에 여기에서 그것의 윤곽을 충분히 다루기는 어렵다. 가장 최근의 문헌은 다음과 같다. Aune, *Prophecy in Early Christianity*, who also gives full citation of other literature; and D. Hill, *New Testament Prophecy* (Richmond: John Knox Press, 1979).

377. 보링(M. E. Boring)에 따르면("How May We Identify Oracles of Christian Prophets in the Synoptic Tradition? Mark 3:28-29 as a Test

Case," *JBL* 91 [1972] : 501-21) 예언이란 항상 부활한 그리스도가 당사자에게 직접적으로 말을 거는 형식이다. 그러나 힐(D. Hill)은 ("Prophecy and Prophets in the Revelation of St. John," *NTS* 18[1971-72]: 401-18) 이러한 경우는 예외적으로 행해졌을 뿐이며, 이 점에서 요한계시록은 기독교의 예언 중 매우 특이한 사례라고 주장한다. Cf. Aune, *Prophecy in Early Christianity*, 233-35.

378. Aune, *Prophecy in Early Christianity*, 416 n. 13.

379. 이러한 과정에 대한 고전적 논의는 다음을 참고. H. G. Barnett, *Innovation: The Basis of Cultural Change* (New York: McGraw-Hill Book Co., 1953).

380. 예수의 사역에 관하여는 다음을 참고. E. P. Sanders, *Jesus and Judaism*. Cf. Rowland, *Christian Origins*, 122-87.

381. 이 견해에 대한 변호는 다음을 참고. H. E. Tödt, *The Son of Man in the Synoptic Tradition* (Philadelphia: Westminster Press; London: SCM Press, 1965. 그러나 나 혼자만 그의 견해가 설득력이 없다고 여기는 사람이 아니다. 예를 들면 다음 문헌을 참고. Lindars, *Jesus Son of Man*.

382. 로우랜드(Rowland, *Christian Origins*, 187-93)는 부활절 경험에 대한 신중한 논의를 제공한다. 부활된 예수의 모습에 관하여는 다음을 참고. J. E. Alsup, *The Post-Resurrection Appearance Stories of the Gospel Tradition* (London SPCK, 1975).

383. 사도행전의 역사적 가치에 대한 강한 변호는 다음을 참고. M. Hengel, *Acts and the History of Earliest Christianity* (Philadelphia: Fortress Press; London: SCM Press, 1979).

384. 다메섹 도상에서 부활한 예수를 본 바울의 환상에 대한 논의는 다음을 참고. Kim, *The Origin of Paul's Gospel*, esp. 223-33.

385. A. F. Segal, "Paul and Ecstasy," in *Society of Biblical Literature 1986 Seminar Papers*, ed. Richards, 555-80. 그는 바울의 경험들을 고대 유대인들의 신비적 경험의 맥락 안에서 다룬다. 다음 문헌도 참고. J. O. Tabor, *Things Unutterable: Paul's Ascent to Paradise in Its Greco-Roman, Judaic, and Early Christian Contexts* (Lanham, Md.: University Press of America,

1986. 갈 1:11-17이 "환상이거나 신비적 조우"라고 언급하는 것에 의문을 제기하는 다음 문헌과 비교. B. R. Gaventa, *From Darkness to Light: Aspects of conversion in the New Testament* (Philadelphia: Fortress Press, 1986).

386. 가벤타(Gaventa, *From Darkness to Light*, 39)는 개종 경험(conversion experiences)을 세 가지 타입으로 분석한다: 교체(alternation), 개종과 같은 동향(pendulum-like conversion), 그리고 변화(transformation. 그녀는 바울의 경험을 마지막 범주로 분류한다.

387. *doxa*("glory")에 관하여는 다음을 참고. G. von Rad, *TDNT*, 2:233-52.

388. 더 구체적인 논의나 다른 문헌들의 레퍼런스에 대하여는 다음을 참고. Kim, *The Origin of Paul's Gospel*, 5-13.

389. Ibid., 8.

390. Rowland, "The vision of the Risen Christ."

391. Newsom, *Songs of the Sabbath Sacrifice*, 17-21.

392. 요한이 그의 환상은 "주의 날에"(계 1:10) 일어났다는 것에 주목하라. 아마도 이는 기독교인들의 공동체에서, 특히 이 특별한 예배의 날에는 그러한 종교적 경험이 기대되었다는 것을 보여준다. 바울이 "계시"(*apokalypsis*)를 초기 기독교 예배 모음에서의 경험에 관하여 익숙한 타입으로서 포함하는 고전 14:26과 비교.

393. 니케아신조와 관련 있는 영어 본문들은 다음을 참고. H. Bettenson, *Documents of the Christian Church*, 2d ed. (London: Oxford Univ. Press, 1963), 34-37. 공의회에 대한 더 깊은 논의는 다음을 참고. J. N. D. Kelly, *Early Christian Doctrines*, 2d ed. (New York: Harper & Row, 1960), 223-51; W. H. C. Frend, *The Rise of Christianity* (Philadelphia: Fortress Press, 1984).

394. Hengel, *Between Jesus and Paul*, 30-47.

395. 오순절운동에 대한 소개는 다음을 참고. W. J. Hollenweger, *The Pentecostals* (Minneapolis: Augsburg Publishing House, 1972).

396. R. Bauckham(*Jude, 2 Peter*, Word Biblical Commentary 50[Waco: Word Books, 1983], 97)은 예수에 대한 레퍼런스로서 하나님에 대한 구약 본문들의 창의적 재해석은 팔레스타인 유대 기독교에서 시작했다고 주장한다. 다

음을 참고. D. Juel, *Messianic Exegesis*(Philadelphia: Fortress Press, 1987).

397. 나는 "제약"(constraints)이라는 용어를 다음 문헌에서 빌린다. A. E. Harvey, *Jesus and the Constraints of History*(Philadelphia: Westminster Press; London: SPCK, 1982); 특히 다음을 참고. chap. 7, "The Son of God: The Constraint of Monotheism." 그러나 나는 예수가 신약성서에서 신(theos)으로 불렸다는 하비(Harvey)의 잘못된 생각으로 인해 초기 그리스도론적 신념과 관행들에 대한 그의 단순한 이해를 반대한다.

398. J. D. G. Dunn, "Was Christianity a Monotheistic Faith from the Beginning?" SJT 35 (1980): 303-36. 초기 그리스도론이 유일한 하나님에 대한 전통적인 관심에서 벗어나기 위한 시도가 아니라고 한 던(Dunn)의 주장은 타당하다. 그러나 내가 볼 때, 그는 초기 그리스도론의 문제를 너무 허술하게 해결하려 하는데, 이는 그가 초기 기독교의 헌신적 삶에서 고귀한 그리스도의 지위를 보여주는 제시된 증거들을 제대로 다루지 못했기 때문이다.

399. R. T. France, "The Worship of Jesus: A Neglected Factor in Christological Debate?" in *Christ the Lord*, ed. Rowdon, 17-36.

400. 최초의 제자들은 승임받은 예수에게 기도했으며, 예수를 향한 숭배적 예배의 초기 출현을 "기독교의 역사적 기원에 대한 모든 논의의 가장 중요한 단계"로 인식하는 다음 문헌을 참고. J. Weiss, *Earliest Christianity*, 1:37.

401) 스타크(R. Stark)의 영향력 있는 연구들은 종교 운동들의 성정 연구에 대한 좋은 소개이다. 예를 들어, 다음을 참고. R. Stark, "The Rise of a New World Faith," *RRR* 26(1984): 18-27; idem, "How New Religions Succeed: A Theoretical Model," in *The Future of New Religious Movements*, ed. D. Bromley and P. E. Hammond(Macon: Mercer Univ. Press, 1986); 같은 저자, "Jewish Conversion and the Rise of Christianity: Rethinking the Received Wisdom," in *Society of Biblical Literature 1986 Seminar Papers*, ed. Richards, 314-29.

402) 이에 관련된 입문적 논의는 다음을 참고. R. Stark, "A Taxonomy of Religious Experience," JSSR 5(1965): 97-116. See also, e.g., A. Hardy, *The Spiritual Nature of Man: A Study of Contemporary Religious Experience*(Oxford: Clarendon Press, 1979.

403) 바넷(Barnett)은 종교적 혁신에 관한 예시들을 문화적 혁신에 대한 일반적 이론의 틀에 포함시킨다.

404) 예를 들어, 다음 문헌들을 참고. J. Daniélou, *Gospel Message and Hellenistic Culture*(London: Darton, Longman & Todd; Philadelphia: Westminster Press, 1973); E. Osborn, *The Beginning of Christian Philosophy*(Cambridge: Cambridge Univ. Press, 1981).

405. 나의 박사학위 논문(1973)은 신약성서의 본문비평에 관한 연구였으며, 후에 약간 수정된 형태로 출판되었다: Larry W. Hurtado, *Text-Critical Methodology and the Pre-Caesarean Text: Codex W in the Gospel of Mark*(Grand Rapids: Eerdmans, 1981. 따라서 초기 "예수숭배"에 대한 연구로 방향을 바꾸게 된 것은 박사 과정 이후의 후속 프로젝트 때였다. 나는 (이 주제와 관련하여 종종 출판을 하는 등) 본문비평에 관한 사안들에 깊은 관심을 유지해 왔지만, 1970년대 후반부터 대부분의 시간을 초기의 "예수숭배"에 대한 역사적 질문에 할애하였다.

406. Wilhelm Bousset, *Kyrios Christos: A History of the Belief in Christ From the Beginnings of Christianity to Irenaeus*, trans. J. E. Steely(Nashville: Abingdon Press, 1970; 이 저서는 내가 새로운 도입부를 삽입하여 재출판되었다(Waco, TX: Baylor University Press, 2013. 이 번역본은 다음 출판사에서 다섯 번째 독일어 판으로 출판되기도 하였다(Göttingen: Vandenhoeck & Ruprecht, 1964), 1921년에 나온 두 번째 독일어 판의 재판본이다. 초판은 1913년에 출판되었다.

407. Larry W. Hurtado, "New Testament Christology: A Critique of Bousset's Influence," *TS* 40(1979): 306-17. 독일어 번역본은 나중에 나왔다: "Forschungen zur neutestamentlichen Christologie seit Bousset: Forschungsrichtungen und bedeutende Beiträge," *Theologische Beiträge* 11(1980): 158-71.

408. 다수의 저자가 쓴 다음의 최근 책을 참고. *"Who Is This Son of Man?" The Latest Scholarship on a Puzzling Expression of the Historical Jesus*, ed. Larry W. Hurtado and Paul Owen(London: T&T Clark, 2011), 그리고

주요 사안들에 대한 나의 견해는 다음을 참고. "Summing Up and Concluding Observations," 159-77. 또 다른 논문에서 나는 부세(Bousset)가 단언한 "인자"에 대한 추정을 지적하였다: "Fashions, Fallacies, and Future Prospects in New Testament Studies," *JSNT* 36(2014): 307-12(299-324).

409. Esp. Bousset, *Kyrios Christos*, 119-52, 그리고 다양한 학문적 연구들에 대한 나의 비평과 인용은 다음과 같다: "New Testament Christology," 312-16. 여기서 다룬 사안에서 대해서 부세(Bousset)는 그의 Göttingen 동료의 다음 글에 동의하였다: Wilhelm Heitmller, "Zum Problem Paulus und Jesus," *ZNW* 13(1912): 320-37, 재출판본은 다음과 같다. *Das Paulusbild in der neueren deutschen Forschung*, ed. K. H. Rengstorf(Darmstadt: Wissenschaftliche Buchgesellschaft, 1964), 124-43.

410. 다음을 참고. Bousset, *Kyrios Christos*, xii-xiv.

411. For example, J. A. Fitzmyer, "The Semitic Background of the New Testament Kyrios Title," in *A Wandering Aramaen: Collected Aramaic Essays*(Missoula: Scholars Press, 1979), 115-42; 같은 책, "New Testament *Kyrios* and *Maranatha* and Their Aramaic Background," in Fitzmyer, *To Advance the Gospel: New Testament Studies*(2nd edn; Grand Rapids: Eerdmans, 1998), 218-35. 사실 *Mārêh*라는 단어는 신적 지위를 내포할 수 없었다는 개념에 대해서 훨씬 이전부터 반박 가능한 자료가 있었다: Martin Hengel, *Between Jesus and Paul*(London: SCM, 1983), 162-63(n. 43).

412. 나는 여기서 이후에 "팔레스타인"이라 불리는 "로마의 유대지역"을 언급하는 것이다.

413. *OGOL* 이전에 있었던 특정 문서들에 대한 연구에 더해서, 나는 다음과 같은 문헌들을 인용한다: entries on "Christ," "God," and "Gospel(Genre)" in *DJG*; "Lord" and "Son of God" in *DPL*; "Chistology" in *DLNTD*; "Philippians 2:6-11," in *Prayer from Alexander to Constantine: A Critical Anthology*, ed. Mark Kiley(London: Routledge, 1997), 235-39; "First-Century Jewish Monotheism," *JSNT* 71(1998): 3-26; "Christ-Devotion in the First Two Centuries: Reflections and a Proposal," *TJT* 12(1996): 17-33;

"The Binitarian Shape of Early Christian Worship," in *The Jewish Roots of Christological Monotheism: Papers from the St. Andrews Conference on the Historical Origins of the Worship of Jesus*, ed. Carey C. Newman, James R. Davila and Gladys S. Lewis(Leiden: Brill, 1999), 187-213; "Jesus' Divine Sonship in Paul's Epistle to the Romans," in *Romans and the People of God*, ed. Sven K. Soderlund and N. T. Wright(Grand Rapids: Eerdmans, 1999), 217-33; "Pre-70 C. E. Jewish Opposition to Christ-Devotion," *JTS* 50(1999): 35-58; "Religious Experience and Religious Innovation in the New Testament," *JR* 80(2000): 183-205; "Paul's Christology," in *The Cambridge Companion to St. Paul*, ed. J. D. G. Dunn(Cambridge: Cambridge University Press, 2003), 185-98.

414. Larry W. Hurtaido, *Lord Jesus Christ: Devotion to Jesus in Earliest Christianity*(Grand Rapids: Eerdmans, 2003.

415. *OGOL*, 2.

416. Andrew Chester, "High Christology Whence, When and Why?" *EC* 2(2011): 22-50(citing 38).

417. Chester, "High Christology," 39.

418. Crispin Fletcher-Louis, "A New Explanation of Christological Origins: A Review of the Work of Larry W. Hurtado," *TynBul* 60(2009): 161-205(citing 164-65. 나는 나의 견해에 대한 플래처 루이스(Fletcher-Louis)의 기술을 몇 가지 사안에 있어서 심각한 오류라고 생각하기 때문에 그의 비평은 나에게 종종 매우 벗어난 것으로 보인다. 다음 글에 나오는 나의 응답을 참고. L. W. Hurtado, "The Origins of Jesus-Devotion: A Response to Crispin Fletcher-Louis," *TynBul* 61(2010): 1-20.

419. Fletcher-Louis, "A New Explanation," 165.

420. Richard Bauckham, "Devotion to Jesus Christ in Earliest Christianity: An Appraisal and Discussion of the Work of Larry Hurtado," in *Mark, Manuscripts, and Monotheism: Essays in Honor of Larry W. Hurtado*, ed. Chris Keith and Dieter T. Roth(London: Bloomsbury T&T Clark, 2014), 176-200(citing 176. 나는 보컴(Bauckham)의 주요 강조점들에 대한 요약을

나의 연구인 *OGOL*에서 칭찬받을 만큼 적절하게 정밀하다고 여긴다(176-82).

421. Bauckham, "Devotion," 176-77.

422. Ibid., 177.

인명 색인

구디너프 (E. R. Goodenough) 50, 80, 107
놀 (S. F. Noll) 44, 135
다니엘루 (J. Daniélou) 118
던 (J. D. G. Dunn) 17, 18, 76, 118, 149
데이스만 (A. Deissmann) 50, 160
로우랜드 (C. C. Rowland) 120, 138
루에켄 (W. Lueken) 116
링그렌 (H. Ringgren) 76
무어 (G. F. Moore) 60
미카엘리스 (W. Michaelis) 117, 119
믹스 (W. A. Meeks) 92, 95-96, 102, 149
바벨 (J. Barbel) 117
베르너 (M. Werner) 117, 119
베이스 (J. Weiss) 160
보컴 (R. Baucham) 63, 211
부르크하르트 (C. Burchard) 130
부세 (W. Bousset) 40, 41, 43-49, 61, 69, 205
불트만 (R. Bultmann) 166
비에텐하르트 (H. Bietenhard) 45
빌러벡 (P. Billerbeck) 60
샌더스 (E. P. Sanders) 24, 125
세갈 (A. F. Segal) 36, 55, 119, 145
세퍼 (P. Schäfer) 44, 53, 54
슈바이처 (A. Schweitzer) 117

스미스 (J. Z. Smith) 104
스트랙 (H. L. Strack) 60
시몬 (M. Simon) 110
언 (Aune D. E.) 174, 179
웨인라이트 (A. W. Wainwright) 167
윅스 (H. J. Wicks) 46
짐멀리 (W. Zimmerli) 122
쿤 (H. B. Kuhn) 44
크레이머 (W. Kramer) 172
크레츠머 (G. Kretschmar) 118
튀싱 (W. Thüsing) 174
파이퍼 (G. Pfeifer) 61
포섬 (J. E. Fossum) 36, 63, 64, 77, 120, 137-138
프란시스 (F. O. Francis) 56
피오렌자 (E. S. Fiorenza) 76
하트먼 (L. Hartman) 170
할러데이 (C. R. Holladay) 17, 19, 95, 101
호르트 (P. W. van der Horst) 95
헤이 (D. M. Hay) 153
헹겔 (M. Hengel) 152

유일한 하나님, 그리고 예수

초판 1쇄 발행일 2021년 6월 9일

- ■지은이   래리 허타도
- ■옮긴이   박운조
- ■펴낸이   방주석
- ■본문편집   민상기
- ■표지디자인 방나예
- ■영업책임   정진혁
- ■펴낸곳   베드로서원
- ■주 소   10252 경기도 고양시 일산동구 고봉로 776-92
- ■전 화   031-976-8970
- ■팩 스   031-976-8971
- ■이메일   peterhouse@daum.net
- ■등 록   2010년 1월 18일 / 창립일 : 1988년 6월 3일

책값은 뒤표지에 있습니다.
ISBN 979-11-973100-8-9 03230

베드로서원은 말씀과 성령 안에서 기도로 시작하며
영혼이 풍요로워지는 책을 만드는 데 힘쓰고 있으며,
문서선교 사역의 현장에서 세계화의 비전을 넓혀 가겠습니다.

ⓒ이 출판물은 저작권법에 의해 보호를 받는 저작물이므로
무단 전재와 무단복제를 할 수 없습니다.